精品课程新形态教材

21世纪应用型人才培养教材

新时代创新型人才培养精品教材

企业经营

ERP沙盘模拟实训教程

主　编　吕　明　宋珊珊

副主编　黄　莉　张现琴

中国海洋大学出版社

CHINA OCEAN UNIVERSITY PRESS

·青岛·

图书在版编目（CIP）数据

企业经营ERP沙盘模拟实训教程/吕明，宋珊珊主编．
—青岛：中国海洋大学出版社，2017.7（2024.5重印）
ISBN 978-7-5670-1526-5

Ⅰ.①企…　Ⅱ.①吕…②宋…　Ⅲ.①企业管理-计
算机管理系统-高等学校-教材　Ⅳ.①F270.7

中国版本图书馆CIP数据核字（2017）第186446号

出版发行	中国海洋大学出版社			
社　　址	青岛市香港东路23号		**邮政编码**	266071
出 版 人	杨立敏			
网　　址	http://pub.ouc.edu.cn			
电子信箱	2880524430@qq.com			
订购电话	010-82477073（传真）		**电　　话**	010-82477073
责任编辑	赵　冲			
印　　制	涿州汇美亿浓印刷有限公司			
版　　次	2017年7月第1版			
印　　次	2024年5月第2次印刷			
成品尺寸	185 mm×260 mm			
印　　张	16.5			
字　　数	335千			
印　　数	10000—15000			
定　　价	38.00元			

前　言

党的二十大报告中指出："加强基础学科、新兴学科、交叉学科建设，加快建设中国特色、世界一流的大学和优势学科。"

当前，已有越来越多的学校开设企业模拟经营课程，并在学生群体中广受欢迎，该课程也被很多企业引入到员工的培训中，并在企业员工中获得颇多赞誉。企业模拟经营课程以沙盘的形式将企业经营过程抽象，将所有学生分为六家企业，每家企业中设置 CEO 和生产、营销、财务、采购四个部门，由 CEO 指挥控制各部门工作，各部门间相互协调，完成各年度经营工作。在一年经营中，各家企业需要经历一个包含生产、采购、营销、财务和战略规划等内容的完整企业流程。所有六家企业从同一起点开始经营，实行分组对抗，经过六年经营，最终得到各自的经营成绩。企业沙盘模拟课程通过动手与动脑在课堂上的结合，激发学生的学习兴趣，既丰富了学生对企业经营过程的感性认识，又使学生在经营过程中得到思维锻炼，是一门在企业管理类专业课程中具有重要地位的课程。

本教材从学生特点出发，按照对沙盘逐步理解深入的顺序，依次对沙盘模拟的基本概念、沙盘盘面、模拟运营规则、起始年经营、预算管理、经营分析、团队运营总结等课程内容进行讲解，并在模块八中给出一个完整的实战案例，供读者进行实战数据分析。本教材突出对规则的讲解、市场的分析、预算管理的逐步演示，使学生可以逐步掌握沙盘经营的各环节工作，并能通过自主分析找到适合自己企业发展的合理路径。本教材融入了企业管理、市场营销、会计学、财务管理等学科知识，并力求课程内容循序渐进、逐步展开。

本书适合于企业管理、市场营销、电子商务、会计、物流管理、财务管理等专业学生使用，也适用于普通沙盘模拟经营初学者。

由于编者水平有限，书中不足之处在所难免，敬请读者批评指正。

编　者

目录 CONTENTS

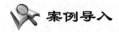 **案例导入**

生活中的 ERP

一天中午，丈夫在外给家里打电话："亲爱的老婆，晚上我想带几个同事回家吃饭可以吗？"（订货意向）

妻子："当然可以，来几个人，几点来，想吃什么菜？"

丈夫："6个人，我们7点左右回来，准备些酒、烤鸭、西红柿炒蛋、凉菜、蛋花汤……，你看可以吗？"（商务沟通）

妻子："没问题，我会准备好的。"（订单确认）

妻子记录下需要做的菜单（MPS 计划），具体要准备的东西有鸭、酒、西红柿、鸡蛋、调料……（BOM 物料清单）后，发现需要：1只鸭蛋，5瓶酒，10个鸡蛋，4个番茄，……（BOM 展开），炒蛋需要6个鸡蛋，蛋花汤需要4个鸡蛋（共享物料）。

妻子打开冰箱一看（库房），只剩下2个鸡蛋（缺料）。于是她来到自由市场。

妻子："请问鸡蛋怎么卖？"（采购询价）

小贩："1个1元，半打5元，1打9.5元。"

妻子："我只需要8个，但这次买1打。"（经济批量采购）

妻子："这有一个坏的，换一个。"（验收、退料、换料）

回到家中，准备洗菜、切菜、炒菜……（工艺路线），厨房中有燃气灶、微波炉、电饭煲……（工作中心）。妻子发现拔鸭毛最费时间（瓶颈工序，关键工艺路线），用微波炉自己做烤鸭可能就来不及（产能不足），于是决定在楼下的餐厅里买现成的（产品委外）。

下午4点，电话铃又响了，儿子打来电话："妈妈，晚上几个同学想来家里吃饭，你帮忙准备一下。"（紧急订单）

"好的，儿子，你们想吃什么，爸爸晚上也有客人，你愿意和他们一起吃吗？"

"菜你看着办吧，但一定要有西红柿炒鸡蛋。我们不和大人一起吃，6：30左右回来。"（不能并单处理）

"好的，肯定让你们满意。"（订单确认）

鸡蛋又不够了，打电话叫小贩送来。（紧急采购）

6：30，一切准备就绪，可烤鸭还没送来，急忙打电话询问："我是李太太，怎么订的烤鸭还没送来。"（采购委外单跟催）

"不好意思，送货的人已经走了，可能是堵车吧，马上就会到的。"

正在这时，门铃响了。"李太太，这是您要的烤鸭。请在单上签字。"（验收、入库、转应付帐款）

6：45，女儿的电话："妈妈，我想现在带几个朋友回家吃饭可以吗？"（又是紧急订购意向，要求现货）

"不行呀，女儿，今天妈妈已经需要准备两桌饭了，时间实在是来不及，真的非常抱歉，下次早点说，一定给你们准备好。"（这就是 ERP 的使用局限，要有稳定的外部环境，

要有一个起码的提前期)

送走了所有客人，疲惫的妻子坐在沙发上对丈夫说："亲爱的，现在咱们家请客的频率非常高，应该要买些厨房用品了（设备采购），最好能再雇个小保姆（连人力资源系统也有缺口了）。"

丈夫："家里你做主，需要什么你就去办吧。"（通过审核）

妻子："还有，最近家里花销太大，用你的私房钱来补贴一下，好吗?"（最后就是应收货款的催要）

清理完厨房和餐桌后，妻子拿着计算器，准确地算出了今天的各项成本（成本核算）和节余原材料（车间退料），并计入了日记账（总账），把结果念给丈夫听（给领导报表），丈夫说："值得，花了 145.49 元，请了好几个朋友，感情储蓄账户增加了若干（经济效益分析）。今后这样的感情投资晚宴还会经常举办……"妻子说："可以考虑，你就全权处理吧!"（预测公司未来发展）

（资料来源：互联网）

以上案例将生产型企业 ERP 系统运作的术语运用到生活中，请通过案例对 ERP 的功能作用及工作流程做初步认识理解。

模块一

认识ERP沙盘

任务一 认识 ERP

一、什么是 ERP

企业资源计划（Enterprise Resource Planning，ERP），是指利用信息科学的最新成果，根据市场需求对企业内部和其供需链上各环节的资源进行全面规划、统筹安排和严格控制，以保证人、财、物、信息等各类资源得到充分、合理的应用，实现信息流、物流、资金流、增值流和业务流的有机集成，从而达到提高生产效率、降低成本、满足顾客需求、增强企业竞争力的目的。

ERP 建立在信息技术基础上，利用现代企业的先进管理思想，全面集成企业所有资源信息，包括厂房、生产线等硬件资源，也包括人力、管理、融资能力、组织结构、员工的劳动热情等软件资源，为企业提供决策、计划、控制与经营业绩评估，使企业的生产过程能及时、优质地完成客户的订单，最大程度地发挥这些资源的作用，并可根据客户订单及生产善及时做出调整资源的决策。ERP 管理平台的实质在于，在资源有限的条件下，不断优化资源利用，提升管理质量，力求做到利润最大，成本最低。

二、ERP 发展历程

1. ERP 发展阶段

ERP 发展主要分为五个阶段。

（1）第一阶段，订货点法。

订货点法主要目的是解决库存控制问题。20 世纪 40 年代，计算机系统尚未出现，为控制企业库存，避免出现超量存储或库存缺货，会采用预先设定订货点的方式，当库存量降低至订货点时，即发出订单补充库存，确保库存量降低至安全库存时，所订购的物料或产品刚好到达仓库。如图 1-1 所

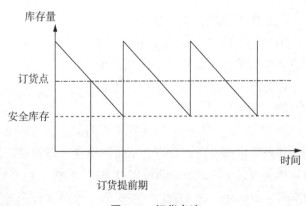

图1-1 订货点法

示，订货点法有一定的局限性，因其未按照各种物料真正需用的时间来确定订货日期，容易造成库存积压。

（2）第二阶段，时段式 MRP（物料需求计划）阶段。时段式 MRP 是出现于 20 世纪 60 年代的一种管理技术与方法，它主要关注物料管理问题，MRP 的发展主要是基于对"在需求的时候提供需要的数量"的重要认识，将物料需求区分为独立和相关需求，通过产品结构将所有物料的需求联系起来，并对物料的库存状态数据引入时间分段概念如图 1-2 所示。

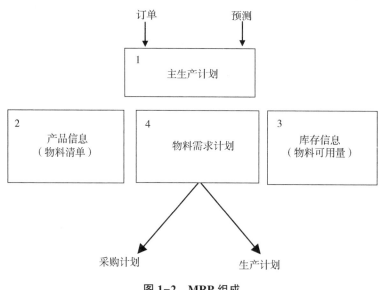

图 1-2 MRP 组成

（3）第三阶段，闭环式 MRP

20 世纪 70 年代，为解决采购、库存、生产、销售的管理问题，在物料需求计划基础上发展出生产能力需求计划、车间作业计划及采购作业计划，把生产能力需求计划、车间作业计划和采购作业计划纳入 MRP，形成封闭的系统，在计划执行过程中，利用来自车间、供应商和计划人员的反馈信息，进行计划的调整平衡。

（4）第四阶段，MRP Ⅱ

20 世纪 80 年代，基于计算机网络技术的发展，在闭环 MRP 基础上，进一步加入财务管理和模拟的能力，从而形成集采购、库存、生产、销售、财务、工程技术为一体的系统，称为制造资源计划，简称 MRP Ⅱ。

（5）第五阶段，ERP

20 世纪 90 年代，从 80 年代主要面向企业内部资源全面计划管理逐步发展为有效利用和管理整体资源，将企业的"三流"资源，即物流资源、资金流资源和信息流资源进行全面集成管理，从而使企业能更加灵活、"柔性"地开展各项业务活动，在激烈的市场竞争中取得竞争优势。20 世纪 90 年代初，美国加特纳公司（Gartner Group Inc）首先提出了企业资源计划（Enterprise Resource Planning）的概念，ERP 就此产生并风靡全球。

三、ERP 的计划层次

计划与控制是 ERP 的核心，ERP 系统可划分为企业经营规划、销售规划/生产规划、主生产计划、物料需求计划、车间作业控制及采购作业管理共五个计划层次。如图 1-3 所示划分计划层次的目的一方面是为了体现计划管理由宏观到微观，由战略到战术、由粗到细的深化过程。另一方面是为了明确责任，不同层次计划的制订或实施由不同的管理层负责。其中，企业经营规划、销售规划/生产规划、主生产计划由决策层负责，物料需求计划由管理层负责，车间作业控制及采购作业管理则属于操作层。

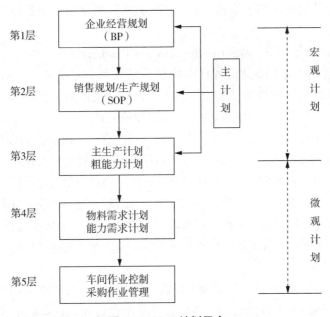

图 1-3　ERP 计划层次

1. 企业经营规划

企业经营规划即战略规划，是对企业长远发展进行规划，确定企业的经营目标和策略，是其他各层计划的基础。

企业经营规划主要包括：产品开发方向及市场定位，预期的市场占有率；营业额、销售收入与利润、资金周转次数、销售利润率和资金利润率；长远能力规划、技术改造、企业扩建或基本建设；员工培训及职工队伍建设。

2. 销售规划/生产规划

销售与生产规划是为了体现企业经营规划而制定的产品系列生产大纲，其目的是在企业的经营规划与详细计划和执行过程中起到关键的连接作用，把战略级的经营规划与主生产计划连接起来，并协调市场、销售、工程技术、计划、生产、物料和财务等职能部门，形成企业共同的计划目标。

3. 主生产计划

主生产计划是生产计划的详细表达，它根据客户合同和预测，把销售与生产规划中的产品系列具体化，确定出厂产品的具体时间，并具体到产品品种、型号，确定每一具体的最终产品在每一具体时间段内生产数量的计划。主生产计划将第 2 层次中生产计划的内容作进一步的细分，起着承上启下、从宏观到微观计划过渡的作用。物料需求计划、车间作业计划、采购计划均来源于主生产计划；同时，主生产计划又是联系客户与企业销售部门的桥梁。主生产计划必须是可执行的，其编制和控制是否得当，在相当大程度上关系到 ERP 系统的成败，其在 ERP 系统中起着"主控"作用，因而称为"主"生产计划。

在运行主生产计划时要相伴运行粗能力计划，只有经过按时段平衡了供应与需求后的主生产计划，才能作为物料需求计划的输入信息。粗能力计划是一种计算量较小、占用计算机机时较少、比较简单粗略、快速的能力核定方法，通常只考虑关键工作中心及相关的工艺路线。

4. 物料需求计划（MRP，Material Requirement Planning）

物料需求计划是根据产品结构各层次物品的从属和数量关系，以每个物品为计划对象，以完工时期为时间基准倒排计划，按提前期长短区别各个物品下达计划时间的先后顺序，制订出生产产品所需的各种零部件生产计划和采购计划。

制订物料需求计划前，必须具备主生产计划、物料清单（BOM）和库存记录。主生产计划指明在某一计划时间段内应生产出的各种产品和备件，物料清单（BOM）指明物料间的结构关系，以及每种物料需求的数量，库存记录反映每一物料的现有库存量和计划接受量。

能力需求计划（CRP）把物料需求计划的物料数量转化为标准负荷小时，将物料需求转化为能力需求，从而帮助企业在分析物料需求计划后产生出一个切实可行的能力执行计划，其制订过程是一个平衡企业各工作中心所要承担的资源负荷和实际具有的可用能力的过程。

5. 车间作业控制

车间作业控制是在 MRP 所产生的加工制造订单基础上，按照交货期的前后、生产优先级选择原则以及车间的生产资源情况，将零部件的生产计划以订单的形式下达给适当的车间。其目标是按物料需求计划的要求，按时、按质、按量、低成本地完成加工制造任务。

车间作业控制由车间管理人员根据物料清单编排工序加工计划，下达车间生产任务单，填写领料单安排领取物料，并在制造过程中控制生产进度，监控生产活动全过程，随时了解掌握制造现场各工作中心、各工序的工作进度和完工状况、生产现场的用料和不良品情况，进行必要的调度，直至生产产品下线进入库存，以确保及时完成生产订单。

采购作业管理是为了向企业提供满足生产和管理所需要的各种物料而必须采取的各种管理性的和事务性的活动，是降低企业经营成本的重要环节。

思考题：

1. ERP 在企业中具有什么作用？
2. 常用的 ERP 软件有哪些？ERP 软件主要包含哪些功能？
3. 为什么在本模块中特别强调 ERP 系统的计划层次？

任务二　认识 ERP 沙盘

一、沙盘

影视中经常可见到军事沙盘，它根据地形图，航空照片或实地地形，以立体模型的方式将作战地形按一定比例，用泥沙、兵棋和其他材料堆制而成，用以研究地形、敌情、作战方案，组织协同和军事训练等。

除了军事外，沙盘还被运用到很多领域，如建筑沙盘、心理游戏沙盘以及 ERP 企业模拟沙盘等。

二、ERP 沙盘

1. 什么是 ERP 沙盘及沙盘模拟

ERP 沙盘就是将企业的厂房、生产设备、仓库、原材料、资金、订单等各类资源以实物的形式直观地展现出来。

沙盘模拟是由学生组建成若干相互竞争的企业团队，依循一套事先定义的规则，利用沙盘载体模拟六年企业运营，使学生从中体会企业经营管理的战略制定、营销、生产、采购、财务等各环节工作，培养其逻辑思维能力和创新精神。

2. ERP 沙盘模拟的意义

（1）ERP 沙盘模拟可使学生体验生产型企业的完整经营流程

在沙盘模拟的六年经营时间里，从年初工作到四个季度的日常运营再到年末处理，每个企业团队将会经历战略制定、现金预算、产品研发、生产线安排、生产排程、筹资、订单争取等工作，并且这些工作将以运营流程为线索串联起来，使学生在课堂上就能充分体验到企业的经营流程。

（2）ERP 沙盘模拟使学生体会到企业战略的意义

企业的发展离不开战略，战略涉及企业的整体性、长期性、基本性问题，由于以往课堂教学的局限性，学生对战略的理解只停留于概念，而通过 ERP 沙盘模拟实战，面对实际的企业发展问题，将使学生对竞争战略、营销战略、开发战略等有切身体会，因而能深刻体会到战略在企业经营发展中所具有的重要意义。

（3）ERP 沙盘模拟能使学生理解团队合作的重要性

ERP 沙盘模拟对抗中，当面对生存危机或发展选择时，团队成员间往往存在分歧，需要成员间进行充分沟通，探讨企业发展的合理路径，并需要最终达成一致意见才能继续完成经营任务。因此，通过 ERP 沙盘模拟，可使学生意识到团队合作的重要性，只有学会在团队中各司其职，并充分听取他人意见，才能实现团队默契配合，达到团队的预期目标。

（4）ERP 沙盘模拟使学生体会独立思考和创新的意义

与现实中企业竞争一样，对手不同，竞争环境不同，同样的战略在不同的 ERP 沙盘模拟竞争中可能会得出不同的结果。在 ERP 沙盘模拟教学中，教师要做好学生思考的引导工作，对经营的每一环节并不会提供标准答案。ERP 沙盘模拟迫使学生从依赖教师给出答案的传统学习习惯中跳出，对经营问题作出独立思考，并根据自己的思考结果做出经营决策，再根据运营结果对自己的决策合理性做出分析，在下一步经营中做更深入的思考，修正错误的决策，不断提高经营业绩。由于经营过程的动态变化，使学生不能墨守成规，照搬他人经营方案，要通过不断积累经验提高其决策和规划的能力，在此基础上寻求经营决策的创新，才能在竞争中立于不败之地。

三、ERP 沙盘盘面及组成

1. 用友 ERP 企业经营模拟完整盘面

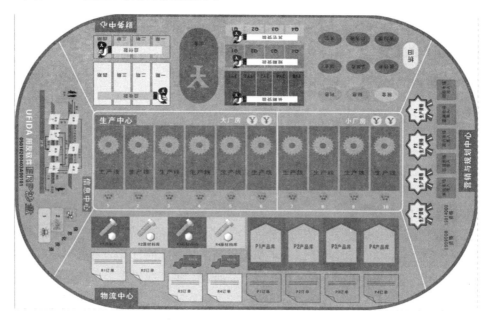

图 1-4　用友 ERP 沙盘盘面

企业经营模拟共设置六家企业，每家企业经营的平台都有同一个盘面，如图 1-4 所示。

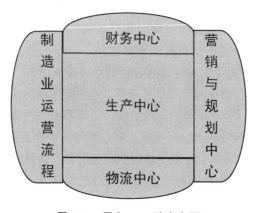

图 1-5　用友 ERP 沙盘盘面

2. 企业经营模拟沙盘盘面组成

ERP 沙盘按照部门工作划分为四个中心，分别是生产中心，财务中心，物流中心，营销与规划中心。

（1）生产中心

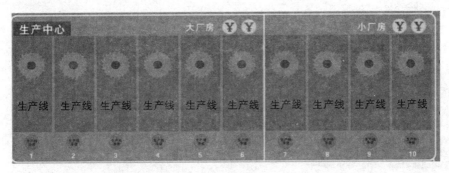

图 1-6 生产中心

生产中心主要包含厂房和生产线，如图 1-6 所示。

企业可以使用的厂房只有两个，即一个大厂房和一个小厂房，其中，大厂房最多可建 6 条生产线，小厂房最多可建 4 条生产线，所以一个企业可建的生产线最多为 10 条。厂房右上方价值符号处用于标示购置厂房的价值。

企业可以在厂房中空置的地方建设新生产线，可选的生产线类型有手工生产线、半自动生产线、全自动生产线和柔性生产线，各种生产线的购买价格、安装周期、生产周期、转产周期、变卖残值等参数各有不同。生产线下方的净值用于摆放生产线的现值，标识用于摆放生产线正在生产的产品种类。

（2）财务中心

财务中心包含各类账款和资金。现金库用于存放现金；应收账款和应付账款分别用于放置应收应付的票据，并要求按账款的账期分期放置，账期按季度划分为一期至四期；长期贷款、短期贷款、其他贷款用于借贷时记录所欠贷款的金额和还款时间，其中长期贷款以年为单位计算还款时间，短期贷款和其他贷款以季度为单位计算还款时间；费用区域主要用于放置年度运营中所产生的费用，如管理费、维修费等如图 1-7 所示。

图 1-7 财务中心

（3）物流中心

物流中心主要包含产品和原材料两部分。产品分为 P1、P2、P3、P4 四种，分别有对应的产品库，产品库的下方是企业在市场上拿到的订单存放位置；原材料也分为四种，分别为 R1、R2、R3、R4，由于原材料订购有提前期，对应原材料库，分别设置有原料订单和在途位置项如图 1-8 所示。

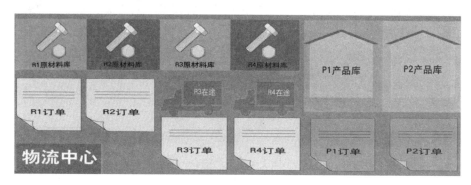

图 1-8　物流中心

（4）营销与规划中心

营销与规划中心主要包含产品研发任务、ISO 认证任务、市场开拓任务。产品研发完成时，将取得对应的产品生产资格，ISO9000 和 ISO14000 也需要经过一定时间才能认证完成，与之类似，市场开拓也需要花费一定时间和费用才能实现开拓，只有开拓完成的市场才能进入该市场获取订单，销售产品如图 1-9 所示。

图 1-9　营销与规划中心

思考题：

1. 你对哪个部门的工作更感兴趣，希望在沙盘模拟经营中负责哪个部门运营？

2. 沙盘模拟中各部门之间存在什么关系？

3. 身处沙盘经营团队中，你如何保证与其他部门工作相互衔接？

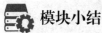 **模块小结**

　　本模块的学习旨在为学生介绍 ERP 沙盘模拟的基本概念，通过对什么是 ERP、ERP 发展的阶段、ERP 计划层次，ERP 沙盘、ERP 沙盘盘面及盘面组成的一一讲解，使学生对企业经营模拟有一个基本认知，为后续对沙盘模拟经营中的流程、操作、战略规划的讲解做好准备。本模块的最后部分，特别介绍了沙盘盘面的组成，对盘面中的每一组成部分都做了较为详细的介绍，意在使初学者通过对盘面细节的了解，初步认识到今后经营将涉及到的领域，能理解企业各部门间的业务关联，从而能在企业经营阶段，更快地进入角色，积极参与团队经营工作。

模块二

模拟企业的设定

任务一 企业的组织结构设计

一、企业组织结构设计要素

企业是以盈利为目的法人实体和市场竞争实体，任何企业都有自己的组织结构，管理者在进行组织结构设计时，须考虑六个关键因素，即：工作专门化、部门化、命令链、控制跨度、集权与分权、正规化（组织中的工作实行标准化的程度越高就意味着员工决定自己工作方式的权力越小）。以下将就除正规化外的其他五个要素做分析。

1. 劳动分工与专业化

（1）分工、专业化与协作

分工与专业化是同一事物的两个方面，分工被视为生产过程的相对分散，这里的生产过程既包括单一产品的生产过程，也包括整个社会再生产过程。专业化被视为某种生产要素在这些分散的生产"片断"上的相对集中。分工后，因为"片断"具有了相对独立性，又需要对整个生产过程上的若干"片断"进行整合，这就是协作，协作就是担负不同专业化操作的劳动者所进行的生产过程上的协调或生产活动上的合作。

（2）分工协作与生产效率

分工是为适应生产率提高要求而产生的，而分工和专业化所产生的效率来源于各个劳动者有差异的劳动能力的充分发挥及劳动者合作所产生的协调力，可从企业分工协作和社会分工协作两个层面对其加以领会。

1）企业内分工可减少企业投入和增加产出，从而提高生产效率

第一，分工可使劳动者的劳动技巧获得提高（熟能生巧）；

第二，分工能减少劳动转换时间（减少一个人从事多项工作所需要的诸项工作之间转换而花费的时间）；

第三，分工促进了先进劳动工具和机器的发明和使用（由分工带来的操作简化是导致机器发明的重要原因）；

第四，分工便于对生产要素进行重组，从而使各要素充分发挥优势，并相互协调，提高生产效率。

2）分工提高社会经济效率

第一，企业专业化经营使企业家智慧和精力更集中，使产品和服务精益求精，使专业

化经营企业能够更好地改进技术，节约原材料和提高生产效率；

第二，市场通过价格竞争机制优胜劣汰，促使生产同类产品的企业降低成本和增加产出，并在竞争中达到社会各产品生产的最佳比例。

2. 管理幅度与管理层次

（1）管理幅度的基本含义

是指一个主管能直接有效地指挥和监督下属的数量。受行业特点、人员素质、工作性质、环境特征影响，管理幅度确定没有统一方法，须因地制宜。

（2）管理层次的含义

由于管理幅度的限制，大规模组织的主管人员需将部分管理工作委托给其他人员进行，同理，下级管理人员也需将部分管理工作委托其他人员，如此层层委托，使得组织管理工作形成管理层次。管理层次是指组织中从最高主管到一般工作人员间的不同管理层级。层次多少，应根据组织任务量和组织规模大小而定，规模大、任务重，则层次可多设。

（3）管理幅度与管理层次的关系

两者呈反比例关系，这就决定了组织具有两种基本组织结构形态，即扁平结构形态和锥形结构形态。扁平：管理幅度较大，管理层次较少。锥形：管理幅度较小，管理层次较多地呈现高、尖、细特征的金字塔形态。

3. 集权与分权

（1）集权与分权的含义

集权指将组织中的权力集中到较高的管理层次，分权指将组织中的权力分散到整个组织中。不存在绝对集权和分权，职权绝对分散意味着没有上级主管人员，绝对集中意味着没有下层主管人员。

（2）影响集权与分权程度的主要因素

1）决策的代价

重大决策所承担责任重大，因此不宜分权。

2）决策的影响面

影响面大的决策，需要决策内容的集中和统一，兼顾方面多，决策权应集中使用。

3）组织的规模

组织规模大则宜分权。

4）主管人员的素质与数量

如果数量充足，经验丰富，训练有素，管理能力强，则多分权，反之集权。

5）控制技术的完善水平

组织拥有较完善控制技术及手段，则可较多实施分权。

6）环境影响

环境变化越快，变化程度越大，新问题就越多，环境就越不稳定，各层主管人员管理幅度越受到限制，决策的权力就应相对集中。

4. 直线与参谋

管理人员根据工作方式与具体作用分为直线主管和参谋两种类型。

（1）直线关系及其特点

由于管理幅度的限制而产生的管理层次间的领导关系就是直线关系。

直线关系是上级指挥下级的关系，其实质上是一种命令关系，是组织中各级管理人员的主要关系。规定和规范直线关系是组织设计的重要内容。

（2）参谋关系及其特点

具有不同专业知识的助手通常被称为"参谋人员"。直线主管为了弥补专业知识的需要而产生的服务和协助的关系就是参谋关系。为方便参谋机构的工作，直线主管也会授予参谋部分职能权力，但他们仍是同层次直线主管的助手，主要任务还是提供某些专门服务，进行某些专项研究，提供某些对策建议。

5. 部门化

（1）企业部门的基本含义

企业部门化，是指按照某一特性进行任务归集，由特定的主管人员管辖一个特定领域。划分部门的目的有两个：一是将性质和内容相同或相似的工作归集在一起，便于相互间的协作和统一管理；二是有利于明确权力和责任。企业部门化是在企业横向分工的基础上进行的。

（2）现代企业部门划分的主要方法

1）职能部门化（如图 2-1 所示）

图 2-1　职能部门化

遵循专业化原则，以企业工作或任务的性质作为部门划分的基础，并按照任务重要程度，划分为生产、采购、会计、人事等主要职能部门和其他从属部门。大多数企业都以职能化为原则。

优点：能充分发挥专业优势，使主管人员将注意力集中在企业关键业务上，有利于目标实现。

缺点：易产生部门主义或本位主义，给部门间协调带来困难。

2）产品部门化（如图 2-2 所示）

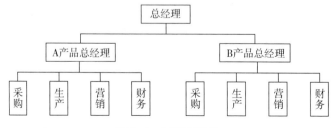

图 2-2　产品部门化

产品部门化即是把同一产品的采购、生产、销售等工作集中在同一部门进行。

优点：有利于发挥人员的技能和专业知识，有利于部门内的协调，以及产品的增长和发展，也利于主管部门（总部）对各部门的业绩做出评价。

缺点：要求更多的人具有全面管理的能力，产品部经理如同在管理一个单独的公司，各分部形成以利润为目标的责任中心，增加了主管部门（总部）控制、协调的难度。

3）区域部门化（图2-3）

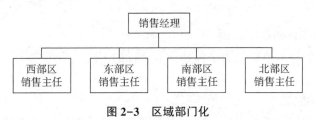

图2-3　区域部门化

按地理范围划分管理部门，划分的依据：文化环境往往决定人群的价值观，因而劳动态度、对物质利益或工作成就重视程度及消费偏好不一样，因此宜采用不同的人事管理或销售方法。

优点：有利于改善区内协调，各部门可针对地域特点开展经营管理工作，也利于培养管理人才。

缺点：需要更多独当一面的管理人才，同时造成主管部门的控制不便，区域部门间协调也有困难。

（4）其他方法

对象部门化，按企业服务的对象类型划分部门。

过程部门化，企业按照生产过程来划分部门。

设备部门化，按照设备来进行部门划分。

综合部门化，综合考虑前面的多个划分依据进行的部门划分。

6. 企业组织设计的影响因素和设计原则

（1）企业组织设计的影响因素

1）企业战略

战略是关于企业整体工作全局性、长期性的谋划，是实现企业目标的各种计划和策略选择的总称。企业战略选择的不同，主要在两个方面影响到组织结构。一是不同的战略要求不同的业务活动，从而直接影响到管理职务的设计；二是战略重点的改变，会引起企业组织的工作重点的改变，进而使企业内各项管理职务及其部门间的关系发生变化。

2）企业环境

企业环境是指存在于企业之外，同时又制约和影响企业生存与发展的各种外部因素之和。环境对企业组织设计的影响主要表现在三个方面：一是对组织结构的整体特征产生影响；二是对企业内各部门的关系产生影响；三是对企业内职务和部门的设计产生影响。

成功的企业需要根据外部环境的不确定性设计不同类型的组织结构，并通过加强计划和对环境的预测减少不确定性。

3）企业技术

企业的经营管理活动需要利用一定的技术，以及技术所反映的物质手段。技术以及技术设备的水平不仅关系经营效率和效果，且影响到企业工作的内容划分、职务的设定，以及员工的素质要求。技术复杂程度不同，结构的有效性也不同。

4）企业发展阶段

企业发展所处的阶段特性，主要体现在企业的规模，而规模被看作是影响企业组织结构的最重要的因素。

（2）企业组织设计的基本原则

企业组织设计的根本目的是为了保证企业目标的实现，要考虑工作的特点和要求，因事设职，因职用人。

1）统一指挥的原则

统一指挥是企业组织工作中的一条基本原则，在企业组织设计中就要遵循一个下级只能服从一个上级领导的原则，将各个职务形成一条连续的等级链，同时明确规定链条中职务之间的责任、权力关系，避免政出多门。

2）权责对等的原则

赋予某个部门或职务的权力既不应超过其应负的职责，也不应低于其应负的职责。

3）分工与协作原则

分工与协作是社会化大生产的客观要求，组织设计必须做到分工合理，协作明确。

4）精简的原则

精简是指在保证目标和任务顺利完成的前提下，将企业部门和职务的数量降到最低程度。受成本硬性约束，增加部门和职位意味着增加人员，就会增加企业直接成本和间接成本，最终影响经济效益。另外，部门和职务的增加还会造成企业内部管理关系的进一步复杂化，一定程度影响到权责的划分、工作的配合与协调。

二、企业组织结构的可选形式

合理的企业组织结构，从纵向看，应形成一个统一的、自上而下的、领导自如的指挥系统；从横向看，应是各部门、各环节密切配合的协作系统。组织结构的形式应与行业特点、企业规模、生产技术特点、市场需求变化，企业管理水平相适应。

1. 直线制（图 2-4）

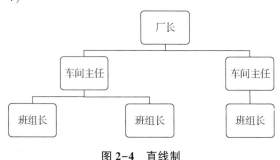

图 2-4　直线制

直线制又叫单线制，是最简单的组织形式，其特点是从最高管理层到最低管理层，上下垂直领导，各级领导者统一指挥并行使管理职能，不设专门的职能管理机构，命令传递和信息沟通只有一条直线通道。

优点：结构简单，权责分明，指挥与命令统一，联系简捷，决策迅速，用人较少，费用较低，工作效率较高。

缺点：没有专业的职能机构和人员做领导的助手，要求企业领导者成为全能人物，如果企业规模大产品复杂就会导致顾此失彼。

直线制只适合于产品单一、供销渠道稳定、工艺过程简单，规模较小的企业。

2. 职能制（图 2-5）

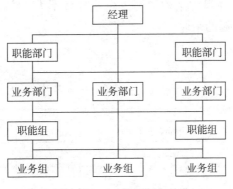

图 2-5　职能制

职能制是在直线制基础上发展起来的。在各级行政领导之下，按专业分工设置管理职能部门，各部门在其业务范围内有权向下级发布命令和下达指示，下级领导者或执行者既服从上级领导者即直线领导的指挥，也听从上级各职能部门的指挥。

优点：将企业管理工作按职能分工，适应了现代企业生产技术比较复杂、管理工作分工较细的特点，同时提高了管理的专业化程度，减轻各级领导者的工作负担。

缺点：易形成多头领导的情况，有可能妨碍企业的统一指挥，不利于建立健全责任制，影响整体工作效率的提高。

3. 直线职能制（图 2-6）

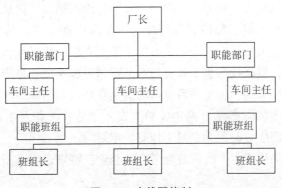

图 2-6　直线职能制

直线职能制又叫"生产区域管理制"，以直线制为基础，在各级行政领导者下设置相应的职能部门，分别进行专业管理，作为该级领导人的参谋部门，是企业管理机构的基本组织形式。职能部门拟订的计划、方案、命令，由企业行政领导者批准下达，职能部门不进行直接指挥，只起业务指导作用。

优点：吸收了直线制和职能制组织结构的长处，既保证了直线制的统一效果，又发挥了各职能结构和人员的专家作用，直线指挥人员就可以集中精力从事生产经营的组织指挥，搞好经营决策。这种组织结构便于严格遵守各自的职责，比较适应现代企业管理的要求，是当前企业较多采用的组织形式。

缺点：各专业分工的职能部门间横向联系较差，易产生工作脱节和矛盾，从而影响到企业整体的管理效率。这种组织结构适用于企业规模不大，产品品种不太复杂，工艺稳定，市场情况比较容易掌握的企业。

4. 矩阵制（图 2-7）

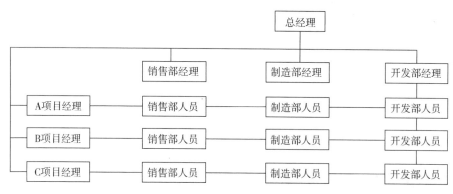

图 2-7 矩阵制

矩阵制又叫目标规划管理制，是一种较新颖的组织形式。矩阵制既有按管理职能设置的纵向组织系统，又有按规划项目（产品，工程项目）划分的横向组织结构。横向系统的人员是从各业务部门抽调，受双重领导，日常任务执行时受原属业务部门领导，参与项目小组工作则受项目负责人领导。项目小组不固定，任务完成则撤销这个小组仍回原单位工作。

优点：打破了传统的人员只受一个部门领导的管理原则，从而加强了管理部门间的纵向和横向联系，有利于各职能部门之间的配合，及时沟通信息，共同决策，提高工作效率；把不同部门的专业人员组织在一起，有助于激发人们的积极性和创造性，培养和发挥专业人员的团队效能，提高技术水平和管理水平；把完成某项任务所需的各种专业知识和经验集中起来，加速完成某一特定项目，从而提高管理组织的机动性和灵活性。

缺点：管理关系上的双重性，难免领导上发生矛盾；工作发生差错时，不易分清责任；成员不固定，易产生临时观念，对工作有一定影响。

短阵制组织形式适用于生产经营复杂多变的企业，特别适用于需要创新性和开发性的工作项目。

5. 事业部制（图2-8）

又叫联邦分权制，国外大型企业普遍采用这种组织形式。

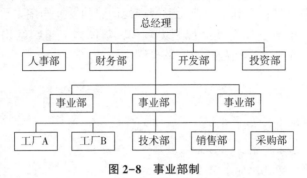

图2-8　事业部制

采用事业部制的企业在总公司的统一领导下，按产品或地区、市场的不同，分别建立经营事业部。事业部是一种分权制的组织形式，实行相对的独立经营，单独核算，自负盈亏。每一个事业部都是在总公司控制下的利润中心，又是产品责任单位或市场责任单位，有自己的产品和独立的市场。按"集中决策，分散经营"的管理原则，公司最高管理机构握有人事决策、财务决策、规定价格幅度、监督等大权，并利用利润等指标对事业部进行控制。事业部经理根据总公司要求进行工作，统一领导其主管的事业部及其组成单位。

优点：企业最高领导层可摆脱日常事务，集中精力搞好战略决策、长远规划和人才开发；事业部相对独立，自负盈亏，还有利于事业部间的竞赛，增强企业活力；有利于经营管理人才的培养；可充分发挥各事业部主管的能动性，增强经营管理的能力，提高工作效率。

缺点：横向联系差，事业部间的协调配合难，易产生本位主义；易导致短期行为，各事业部只考虑自己，忽视企业整体利益；总部和各事业部机构重叠，管理人员和管理费用增多，易出现机构膨胀、效率降低。

事业部制组织形式适用于规模较大，产品种类较多，各种产品间工作差别较大，技术比较复杂和市场广阔多变的大型企业。

6. 企业集团结构

企业集团是多个企业的联合体，不同于单一企业。

企业集团结构的主要特点如下。

（1）企业集团有核心企业，其核心可由一个或若干个大中型骨干企业、科研机构或具有投资能力的企业组成。集团成员企业以资金、技术、商标等产权关系为纽带，形成有严密的组织形式和高度集中的管理指挥中心的经济联合体。

（2）企业集团的联合是多层次的，包括核心层、紧密层、松散层，企业间因产权关系而具有很强的制约甚至控制关系，而网络组织往往只有松散的联合层。

（3）产权关系是把众多的企业联合在一起形成企业集团的最重要的纽带。按产权关系可把集团中的企业划分为全资子公司、控股和参股子公司，并在此基础上结合集团经营战略的需要，确定企业在集团中所处的层次。集团中企业大部分甚至全部都是独立的法人。

优点：组织规模大，实力强，有利于进行国内外市场的竞争；能够在比较大的范围内组织经营资源，有利于企业资源配置的最优化；多角度经营方式的实施有利于防范经营风险，较大范围的资源共享；有利于企业无形资产的构建和发挥作用。

缺点：集团最高层对下属企业的控制力较弱；集团内部组织结构重叠，管理功能重复；由于规模巨大，企业对环境的反应不够灵敏。

思考题：

1. 直线制、职能制和直线职能制有什么区别？
2. 在下一步企业经营中，你打算采用哪一种组织结构？
3. 如何看待外部环境对你未来企业团队的影响？

任务二　模拟企业的岗位设置与工作内容

一、企业模拟经营的主要环节设定

1. 模拟企业的性质

在企业沙盘模拟经营中，将企业设定为一家生产型企业。

2. 模拟企业主要工作内容

（1）整体战略

企业团队需要为自己企业的发展选择一种战略。在这里，战略具体化为未来三至六年的发展方向，在运营之初，团队成员就需要通过深入的分析讨论和具体的计算，来确定一个合理的整体发展战略。整体战略还须根据实际情况在随后的经营中做出调整，以确保企业的经营目标实现。

（2）产品研发

在每年经营中，企业需要根据自己的整体战略选择要研发的产品，产品只有研发后才能上线生产，而产品研发本身又需要花费一定的费用，并最终对所有者权益有所影响。

（3）生产排程

企业团队首先需要考虑在生产中心对生产线建设、变卖做出决策，而决策的依据是市场的发展变化。当每一年从市场拿到订单后，必须保证在当年内按期交货，因此，企业团队必须对每条生产线做出合理的生产安排，同时也要提前考虑来年的销售计划，在年末生产中做出符合市场变化的安排。

（4）市场销售

在企业经营中，需要注意的是，尽管生产是核心工作，但销售是决定因素，销售业绩的好坏决定着企业经营业绩的上升或下降。每一年企业都需要做出广告费决策，争取拿到最理想的市场订单，从而不断实现利润增长。市场销售在企业模拟经营中起着决定性作用。

（5）财务核算

企业的整个经营工作都离不开资金的流入与流出，企业在缺少资金时需要做出筹资决策，在资金回笼后要考虑如何合理地分配资金，在日常运营中总是要不断思考如何降低企业的资金成本，在年末时，企业还需要编制财务报表。财务核算工作是企业模拟经营中的重要工作。

（6）采购管理

正如前一模块中所学到的物料需求计划所讲，企业生产所需要的原材料有订购周期，企业在生产安排时，所需用到的原材料必须提前订购，但原材料的订购必须考虑库存合理，过多的库存会占压资金，导致企业出现现金流危机，订购的原材料不能及时到达仓库，可能致使企业无法按时交出订单，这会导致企业承担违约责任，甚至有可能使企业出现破产。因此，采购管理工作是保证生产能顺利进行的重要工作。

（7）团队建设

企业团队成员各有分工，成员在各自岗位上实现专业化运作，如果缺少一个核心纽带对成员间工作进行协调统一，即使成员各自发挥出色，也很难保证团队目标的顺利实现。团队建设需要在成员间搭建沟通渠道，确保成员的诉求能被听到，更重要的是，需要激发出所有成员对团队的信心和爱心，能在争论时保持冷静，在决策时能协调一致。团队建设对于企业在竞争中能否获胜至关重要。

二、企业模拟经营的岗位设置与工作内容

根据模拟企业所涉及的整体战略、生产排程、采购管理及团队建设等工作环节，企业团队可以设置 5 个岗位分别承担上述工作，也可以根据班级人数做出适当调整，安排更多的岗位角色。

1. 主要岗位及职责要求

主要岗位是企业经营中必须的岗位，是整个经营中的核心团队成员。

（1）总经理（CEO）

总经理是企业团队的核心，总负责人。在企业运营中，CEO 主要负责制定和实施公司总体战略与年度经营计划；主要负责公司的日常经营监督管理工作，实现公司经营管理目标和发展目标。在企业经营模拟实训中，企业所有的重要决策均由 CEO 带领团队成员共同决定，如果大家意见相左，由 CEO 拍板决定；做出有利于企业发展的战略决策是 CEO 的最大职责，同时 CEO 还要负责控制企业按流程运行。与此同时，CEO 在实训中还要特别关注每个人是否都能胜任其岗位。

（2）财务总监（CFO）

在企业模拟经营中，财务总监首先要负责日常现金收支管理，定期核查企业的经营状况，核算企业的经营成果，制定预算及对成本数据的分类和分析。

同时，财务总监还主要负责资金的筹集、管理；做好现金预算，管好、用好资金。如果说资金是企业的血液，财务部门就是企业的心脏。财务总监要参与企业重大决策方案的讨论，如设备投资、产品研发、市场开拓、ISO 资格认证、购置厂房等。公司进出的任何

一笔资金，都要经过财务部门。

（3）营销总监（CMO）

企业的利润是由销售收入带来的，销售实现是企业生存和发展的关键。营销总监所担负的责任主要是开拓市场与实现销售。具体而言，营销总监需要收集竞争对手的信息，并对竞争对手的发展方向作出判断，还需要对市场进行分析，掌握市场的发展趋势以及当年市场的具体特征，要根据对市场和竞争对手的分析判断制订销售计划，有选择地进行广告投放，确保企业能与企业生产能力相匹配的客户进行合作，营销总监还需要与生产部门做好沟通，保证按时交货给客户，实现货款的顺利回收。

（4）生产总监（COO）

生产总监是企业生产部门的核心人物，对企业的一切生产活动进行管理，并对企业的一切生产活动及产品负最终的责任。生产总监既是生产计划的制订者和决策者，又是生产过程的监控者，对企业目标的实现负有重大的责任。生产总监的工作是通过计划、组织、指挥和控制等手段实现企业资源的优化配置，创造最大经济效益。在企业沙盘模拟经营中，生产能力往往是制约企业发展的重要因素，因此生产总监要有计划地扩大生产能力，根据营销总监提出的销售计划合理安排新生产线的建设，变卖旧生产线，及时折旧，根据销售订单的实际情况调整生产方案，合理安排订单提交顺序。充分考虑总经理所提出的未来规划，对年末产品上线合理布局。

（5）采购总监（CPO）

采购是企业生产的首要环节。采购总监负责各种原料的及时采购和安全管理，确保企业生产的正常进行；负责编制并实施采购供应计划，分析各种物资供应渠道及市场供求变化情况，力求从价格上、质量上把好第一关，为企业生产做好后勤保障；进行供应商管理；进行原材料库存的数据统计与分析。具体而言，采购总监需要根据生产总监所制订的生产计划，结合企业现有原料库存，计算出各个时期原料需求量，并根据各时期原材料需求量推算出各时期所需要的原料订购数量。

2. 其他岗位及职责要求

当班级人数较多时，企业团队可增设其他岗位。

（1）人力资源总监

负责企业的人力资源管理工作，具体包括企业组织架构设计、岗位职责确定、薪酬体系安排、组织人员招聘，考核等工作。在企业模拟经营中，还需对团队每个成员的参与度与贡献度进行考评，并提交 CEO，最终做出组内排名。

（2）商业间谍

知己知彼，方能百战百胜；闭门造车是不行的。商业情报工作在现代商业竞争中有着非常重要的作用，不容小觑。在受训者人数较少时，此项工作可由营销总监承担；在人数较多时，可设专人协助营销总监来负责此项工作。

（3）财务助理

负责协助财务总监进行日常收支登记管理，期末报表编制工作。

（4）生产助理

负责协助生产总监进行生产排程，完成运营中产品上线下线等操作。

（5）采购助理

负责协助采购总监制定和核对原料采购计划，完成运营中的原料订购和进库操作。

（6）总经理助理

负责监督盘面运行，确保运营数据正确。

企业的各岗位工作都有其重要作用。要注意的是，每一岗位工作无法孤立完成，各岗位工作都需要与团队内其他岗位相互协作才能保证工作事项的顺利完成，如总经理在战略制定中，如果脱离财务总监的预算工作，则只能沦为空谈，营销总监的广告费投放量取决于财务总监能留出的资金空间，生产总监制定的生产计划取决于营销总监所实现的本年销售以及总经理所确定的未来发展策略，采购总监的原材料订购计划也受限于财务资金的自由度和生产总监所制订的生产计划。因此，要取得企业沙盘模拟经营的最后成功，企业各岗位成员必须密切配合，共同探讨企业发展中方向，多沟通交流，共同进步。

思考题：

1. 在沙盘运营团队中，哪个岗位是团队核心？什么岗位工作对企业业绩影响最大？
2. 你认为，个人需要具备什么能力才能胜任 CEO、财务总监和营销总监工作？
3. 请为你的团队设计公司名称和企业宣言。

任务三 模拟企业的基本情况与初始盘面

一、模拟企业的基本情况

1. 模拟企业的经营状态

在企业沙盘模拟经营中所设定的是一家制造业企业，所生产的产品是 P 系列产品，从低端到高端分别有 P1，P2，P3，P4。目前这家企业只拥有 P1 生产资格证，企业可以进入的市场只有本地市场，但在本地市场知识度很高，客户也很满意 。企业拥有一间大厂房，生产设施较齐备，目前有三条手工线和一条半自动生产线，这家企业目前经营状态良好。

2. 董事会及股东期望

将接手的这家企业董事会及全体股东期望在新企业管理层接手后，企业有更好的发展，希望新的管理层能完成以下任务：

（1）投资新产品的开发，使公司的市场地位得到进一步提升。

（2）开发本地市场以外的其他新市场，进一步拓展市场领域。

（3）扩大生产规模，采用现代化生产手段，获取更多的利润。

3. 企业的产品市场预测

这家企业的产品市场被细分为本地市场，区域市场，国内市场，亚洲市场和国际市场。一家权威的市场调研机构对这家企业产品在各个市场的未来六年市场需求做出了预测。根据权威机构的预测分析，P1 产品是目前市场上的主流技术，P2 作为 P1 技术改良产品，也比较容易获得大众的认同，P3 和 P4 产品作为 P 系列产品里的高端技术，市场认同度不尽相同，需求量与价格也会有较大差异。这家权威机构给出了每一个细分市场上每一产品的需求量和价格预测。

（1）本地市场预测

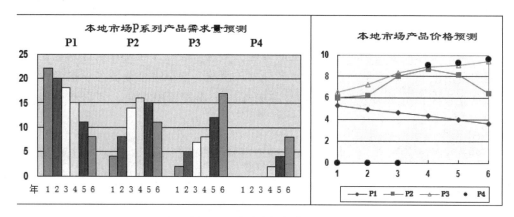

图 2-9　本地市场需求预测

图 2-9 分别给出本地市场的需求数量和需求价格变化趋势，其中，横轴的 1~6 代表第 1 至 6 年，纵轴则代表需求数量和需求价格的具体数值。未来 6 年，本地市场将会持续发展，但客户对低端产品的需求可能会下滑，伴随着需求量的减少，低端产品的价格也会逐步减低。在后几年中，高端产品需求逐步增大。客户的质量意识会随着时间推移而逐步提高，特别是在高端产品上，客户的质量要求会更高，这对企业的后几年的 ISO 认证提出了更多要求。

（2）区域市场预测

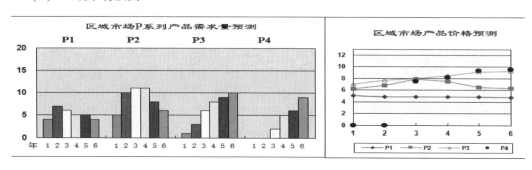

图 2-10　区域市场需求预测

如图 2-10 所示，区域市场客户与本地市场客户由于地理位置接近，需求偏好比较相似。但区域市场相对比较狭小，因此需求量有限，不过区域市场客户需求相对稳定，因此价格走向也相对稳定。区域市场客户相对比较挑剔，因而对 ISO 认证可能有更高的要求。

（3）国内市场预测

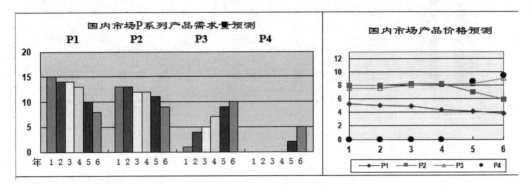

图 2-11　国内市场需求预测

如图 2-11 所示，国内市场的客户对 P2、P3 消费有较高的偏好，对 P4 产品则需求较少，与其他市场相似，在后几年市场需求中，客户对高端产品的 ISO 认证要求普遍较高，由于国内市场偏好中高端产品，P1 产品需求不高。

（4）亚洲市场

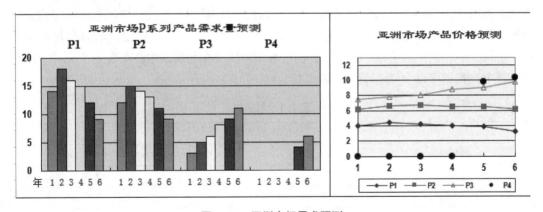

图 2-12　亚洲市场需求预测

如图 2-12 所示，亚洲市场客户对 P1、P2 等中低端产品需求波动较大，价格较平稳，但普遍偏低，在低端产品上还是有比较大的容量。这个市场的客户对 P3 的需求逐年高涨，与需求高涨类似，高端产品价格都显出高涨的趋势，但 P4 需求量上涨幅度并不大。

（5）国际市场

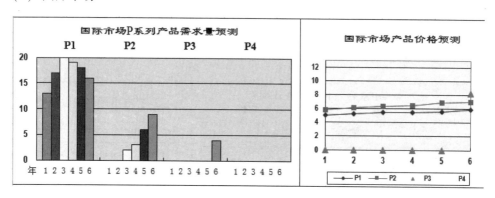

图 2-13　国际市场需求预测

如图 2-13 所示，国际市场的客户需求主要集中在中低端产品，特别是对 P1 产品的认可度很高，不仅需求量很高，价格也非常高。客户对 P2 也有一定需求，但需求数量不大。国际市场客户对新技术产品表现出保守的态度，因而在 P3、P4 等高端产品上几乎没有需求，由于高端产品需求很小，也导致该市场客户对企业 ISO 认证的要求没有其他市场高。

二、模拟企业的初始状态

在了解了模拟企业的基本情况后，我们需要进一步掌握模拟企业当前（当前时间点为年末）的资产、负债等经营状态数据，并以当前的经营状态为起点，进入起始年经营，即当前的年末状态同时也是起始年的年初状态。企业期初期末资产、负债、权益情况体现在资产负债表中，当年的收入、成本、利润等数据则体现在利润表中。在表 2-1 及将来的企业经营中，我们将以 M 为运营的标准单位，1M 等于 100 万。

表 2-1　利润表

单位：M

项　　目	上 年 数	本 年 数
销售收入		35
直接成本		12
毛利		23
综合费用		11
折旧前利润		12
折旧		4
支付利息前利润		8
财务收入/支出		4
其他收入/支出		
税前利润		4
所得税		1
净利润		3

表 2-2 资产负债表   单位：M

资　　产	期初数	期末数	负债和所有者权益	期初数	期末数
流动资产：			负债：		
现金		20	长期负债		40
应收款		15	短期负债		
在制品		8	应付账款		
成品		6	应交税金		1
原料		3	一年内到期的长期负债		
流动资产合计		52	负债合计		41
固定资产：			所有者权益：		
土地和建筑		40	股东资本		50
机器与设备		13	利润留存		11
在建工程			年度净利		3
固定资产合计		53	所有者权益合计		64
资产总计		105	负债和所有者权益总计		105

从表 2-1 可看到，企业在已结束的这一年经营中，净利润为 3M，企业经营效益较好。从表 2-2 可看到，企业拥有总资产 105M，其中流动资产 52M，固定资产 53M。而所有资产的购置资金有两个来源，其一是企业股东的投入和企业的利润，即所有者权益，另一来源是企业的负债，因此，资产负债表必然具有平衡关系：资产=负债+所有者权益。

企业沙盘模拟经营需要我们在盘面上进行实际的企业经营操作，因此，接下来的环节就需要把表格中所看到的企业资产、负债等数字转化为具体的实物，并通过道具摆放到盘面。

三、模拟企业的初始状态盘面摆放

1. 基本道具（如图 2-14 所示）

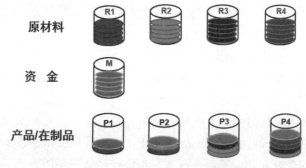

图 2-14 企业经营模拟沙盘基本道具

（1）原料道具

四种原料分别用四种不同颜色的币所代表，如一个红色的币代表一个 R1 原材料。所有原材料的购买价格都是 1M。

（2）资金道具

灰色的币代表资金，一个灰币代表 1M 的现金，即 100 万现金。

（3）产成品/在制品道具及成本构成

产成品是已经生产完工下线，并放入产成品库，可用于销售的产品。在制品是正在生产线上生产还未下线的产品。产成品/在制品的道具摆放需要按其直接成本来设置。

直接成本与间接成本是成本按其与生产工艺的关系的一种分类。所谓直接成本是指直接用于生产过程的各项费用，即直接成本是与产品生产工艺直接有关的成本。直接成本包括两项费用，其一是直接用于产品生产、构成产品实体的原材料费用，称为直接材料或原材料，其二是产品上线生产时支付给从事产品生产的工人的工资，称为直接人工（也可以称为工人工资或加工费）。所谓间接成本是指与生产产品和服务难以形成直接量化关系的资源投入成本，主要包括管理费、折旧费、广告费等。

生产线上的产品是在制品，在制品下线后放入仓库成为产成品。可见，在制品和产成品的直接成本构成是完全一样的。

由于间接成本无法直接归集到单个产品，

在摆放道具前请先熟悉四种产品的直接材料和直接人工费用构成（物料清单）：

P1 产品 = 1 个 R1 原材料 + 1 个加工费。

P2 产品 = 1 个 R1 原材料 + 1 个 R2 原材料 + 1 个加工费。

P3 产品 = 2 个 R2 原材料 + 1 个 R3 原材料 + 1 个加工费。

P4 产品 = 1 个 R2 原材料 + 1 个 R3 原材料 + 2 个 R4 原材料 + 1 个加工费。

在介绍原料道具时，我们已声明所有单个原材料的购买价格为 1M，由此可得出四种产品的直接成本分别为 2M、3M、4M、5M。

在盘面摆放中有时要用到空桶，空桶摆放的位置决定它所代表的含义，如：空桶出现在 R1 原材料订单的位置，有多少个空桶就代表订购多少个 R1 原材料；空桶出现在长期贷款 FY5 的位置，则代表企业欠银行长期贷款，需要在 5 年后归还，一个空桶意味着欠 20M，两个空桶则是欠 40M，以此类推；空桶放置在大厂房右上方人民币符号位置，则代表企业拥有该厂房，一个空桶代表 20M 的价值。

2. 模拟企业初始盘面设置操作

本项操作按盘面组成中的四个中心依次进行设置操作。

（1）生产中心

生产中心包含企业所有的固定资产和在制品，固定资产总和 53M（见表 2-2 资产负债表）。具体为：企业拥有一间大厂房，价值 40M，三条手工线和一条半自动线，价值总和为 13M（由于接手的企业并非一家新企业，而是已经经营三年的企业，这四条生产线在购置时价值总和应为 23M。但因为在使用过程中逐年计提折旧，因此生产线的现有价值即现值 13M，因此也将现值称为净值）。目前企业只能生产 P1，因此所有在制品均为 P1，在制品总价值8M。

操作要领：

1）将三手条工线和一条半自动线道具，依序放置于大厂房前四个生产线空位。放置时以"标识"字样为准，从"标识"向上为生产线1Q，这里Q（Quarter）指季度，在以后的各环节经营中我们还会看到。

2）按照P1产品的原料加工费构成利用道具组合出四个P1产品，分别放置于四条生产线的1Q，2Q，3Q，1Q位置。

3）在四条生产线的标识处放置"P1产品"标识牌。

4）设置四条生产线净值，手工线均为3M，半自动线为4M。

5）在大厂房右上角"￥"处放置两个空桶，代表企业拥有大厂房，其价值为40M。

（2）物流中心

物流中心包括原料和产成品，同时包括原料和产品订单。原料总价值3M，成品总价值6M。

操作要领：

1）在R1原料库中放置3个R1原料。

2）在R1原料订单位置两个空桶，代表企业订购两个R1原料。由于订单所订购的原料并未到货，企业当前并未支付原材料购价，因此，原料订单不具有价值，也不会体现在资产负债表中。

3）利用道具组合出3个P1产品，放置于P1产品库。

（3）财务中心

财务中心包括现金20M，应收账款15M，长期负债40M。

操作要领：

1）将20M灰币放置于现金库（一个空桶刚好装满灰币即为20M）。

2）在长期贷款FY5、FY4处各放置一个空桶，代表企业欠银行长期贷款40M，分别在5年后和4年后偿还本金各20M（FY是FISCAL YEAR缩写，指会计年度）。

3）在应收账款三期处放置一个空桶，并在其中放置一张"单据"（以小纸条替代），单据上注明"15M"字样。这里的期与前面的Q意义相同，也指季度。此项操作结果意指有客户收货后欠本企业货款15M，要在3个季度后才以现金支付该笔货款。

（4）营销与规划中心

营销与规划中心包括所有的市场开拓、产品研发和ISO认证。企业当前只能生产P1产品，只能进入本地市场进行销售，未进行任何ISO认证，请分别领取P1生产资格证和本地市场准入证各一个，放置于盘面对应位置。

至此，企业的初始盘面已经设置完成，初始盘面必须摆放正确才能保证后续经营结果正确，因此在下一步经营前，要再认真核对一遍。

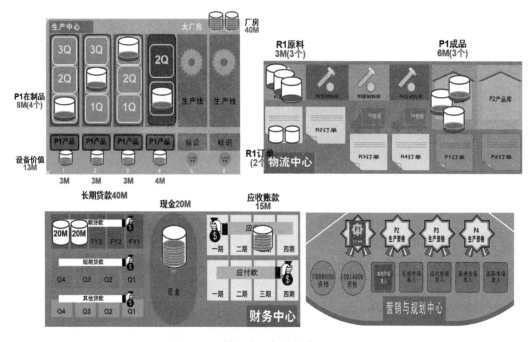

图 2-15　模拟企业初始状态正确盘面

思考题:

1. 请尝试根据市场发展的走向为企业制定产品研发策略。

2. 按现有的企业生产线和在制品情况,经过 1 年时间,企业能生产多少产品?

3. 为了保证生产能持续进行,还需要补充多少原材料?

模块小结

本模块主要讲了三个问题,第一个问题是企业的组织结构设计,第二个问题是关于企业中的岗位设置和人员分工,第三个问题是模拟企业初始状态的设置。

通过对第一个问题的学习,使企业团队的构建有了理论指导,各企业团队可以结合模拟过程设计自己的组织结构,使团队工作能更好地开展,同时也使学生真正地做到将企业管理知识运用到实际工作中。

第二个问题是关于企业中的岗位设置和人员分工问题,对这部分的学习,主要目的是要让学生能够根据自己的特点选择合适的岗位工作,能明确所承担的岗位工作需要承担的责任,为下一步经营实战奠定基础。

对第三个问题的学习首先使学生了解所要接手企业的基本情况,明确在企业经营中需要完成的基本任务。通过对企业初始状态的介绍,也使学生初步了解利润表和资产负债表的内容,为后续初始年报表编制做准备。作为一门实践性极强的课程,第三部分是学生在课程中动手操作的初始步骤，因而也具有很重要的作用，学生通过对生产中心、物流中心、财务中心、营销与规划中心的逐步设置，对盘面有了全面的掌握，同时也让学生熟悉道具的使用。在初始状态设置中，全程动手，激发职业院校学生参与团队经营的兴趣，团队成员在摆放盘面过程中彼此协作，进一步增进交流，为企业经营阶段的团队建设也打下良好基础。

模块三

企业模拟运营规则

企业沙盘模拟需要遵循一套研发、生产、采购、融资、费用计算的规则，只有掌握好每一规则的具体要求，才能确保企业经营数据不会出现错误。同时，企业团队的成员需要对规则熟练运用，并在熟练运用的基础上结合前一模块中各市场的需求预测对规则仔细分析，只有如此，才能制定和选择合理的企业发展战略。吃透规则和市场预测是沙盘模拟经营中战胜竞争对手的关键。

任务一 研发认证规则

一、市场开拓规则

表 3-1 市场开拓

市场	开拓时间	开拓费用
区域	1 年	1M/年×1 年=1M
国内	2 年	1M/年×2 年=2M
亚洲	3 年	1M/年×3 年=3M
国际	4 年	1M/年×4 年=4M

1. 规则内容

（1）市场开拓的含义

所谓市场开拓就是不断寻找和发现新市场，把企业的业务拓展到新的市场，在新市场实现产品销售，挤占竞争对手销售空间，获得更多的客户资源。企业开拓的市场越多，意味着企业产品销路越广，因此，一般情况下，企业应尽可能多地开辟新市场。

（2）规则要求

市场开拓是实现销售的前提，当某一市场在年末开拓完毕后，下一年年初即可进入该市场争取客户订单；反之，如果某个市场未开拓，则不允许企业进入该市场争取客户订单。

市场开拓在运营中主要体现为时间和资金的花费，除了企业已取得准入证的本地市场外，其他市场都需要企业团队自行开拓。表 3-1 列出了四个市场的开拓时间和费用，任何一个市场在每一年的开拓费用都是 1M，但所需要的开拓时间不同。其中最短的区域市场只需要 1 年，因此总费用只有 1M；而时间最长的国际市场则需要 4 年，这意味着进入国际市场争取订单的最早时间只能是在第 5 年。

在经营过程中，市场开拓可以中断投资，但不能加速投资。例如，某企业从第 1 年即开始开拓国际市场，到第 3 年时出现资金困难，可以暂时中断对国际市场的投资，至第 4 年经营时可继续开拓国际市场，但第 4 年只能投资 1M，之后第 5 年再投资 1M，第 6 年可进入国际市场争取订单。从例子中可以看到，中断投资的结果就是将开拓市场工作向后延期，由此也导致企业进入新市场的时间推迟。

2. 操作要领

市场开拓工作在每年年末进行，全部开拓费用投放完成时即意味着市场开拓的结束，下年年初可进入该市场。市场开拓在营销与规划中心完成，每年在营销与规划中心找到对应的市场投入开拓费用。开拓结束时，以全部开拓投资额换取该市场准入证，将准入证置于营销规划中心市场位置即可。

以国内市场开拓为例，若从第 1 年开始开拓，则第 1 年年末需从现金库取出 1M 现金放到营销与规划中心的国内市场位置；第 2 年年末仍取 1M 现金放到国内市场处，之后可凭 2M 的开拓费用换取国内市场准入证，并将准入证放置在国内市场；第 3 年年初，国内市场已经开拓好。

二、产品研发规则

1. 规则内容

(1) 产品研发的含义

产品研发即是新产品开发，在现实的企业经营中，新产品开发是指从研究选择适应市场需要的产品开始到产品设计、工艺制造设计，直到投入正常生产的一系列决策过程。在企业经营模拟中，产品研发就是对不具备生产资格证的产品按季度投资开发，以取得生产资格证的工作。产品研发是新产品生产的前提，未经过研发的新产品不能上线生产。

(2) 规则要求

表 3-2 列出了 P2、P3、P4 的研发周期和季度投资额，企业已取得 P1 生产资格证，因此不需要再做研发工作。产品研发按季度进行，所有产品研发的时间都是五个季度，但 P2 每季需要 1M 投资额，P3 需要 2M 投资额，P4 需要 3M 投资额。因而各种新产品的研发费用总额不同。投资结束的当季即意味着产品已经研发完成，但对应产品的上线生产则必须在研发完成的下一季度。与市场开拓相似，产品研发也可以中断投资，不允许加速投资。以 P3 研发为例，若某企业打算从第一年第一季度研发 P3，则从第一季度开始每季投 2M，连续投 5 个季度，至第二年第一季度研发完成，但 P3 产品的上线生产最早只能在第二年第二季度才可以；若连续研发 P3 时出现资金困难，可以暂时在该季度中断研发，下一季度有资金研发时继续研发，但每季仍只能投 2M，因此，产品研发延期，并导致产品上线也被推迟。

表 3-2　产品研发

产品	研发周期	每季度投资	研发费合计
P1	—	—	—
P2	5Q	1M	5M
P3	5Q	2M	10M
P4	5Q	3M	15M

2. 操作要领

产品研发工作在营销与规划中心完成，每季度需要研发产品时，在营销与规划中心找到对应的产品投入研发费用，研发结束时，以全部投资额换取该产品生产资格证，将生产资格证置于营销规划中心对应产品位置即可。

以 P3 产品研发为例，若从第一年第一季度开始研发，则每一季度从现金库取出 2M 现金放到营销与规划中心的 P3 产品位置，至第二年第一季度完成最后一笔投资，可凭全部投资额换取 P3 生产资格证，将资格证放置于营销规划中心的 P3 生产资格处。第二年第二季度，可在生产中心上线生产 P3。

三、ISO 资格认证规则

表 3-3　ISO 认证

认证资格	时间	费用
ISO9000	2 年	1M／年×2 年＝2M
ISO14000	4 年	1M／年×4 年＝4M

1. 规则内容

（1）ISO 资格认证含义

ISO9000 和 ISO14000 是国际标准化组织（ISO）推出的两个管理标准系列。

ISO9000 质量管理体系是由 TC176（国际标准化组织质量管理体系技术委员会）制定的系列标准，从 1987 年制订以来经过多次修改，主要针对组织的管理结构、人员、技术能力、各项规章缺席、技术文件和内部监督机制等一系列体现组织保证产品及服务质量的管理措施。企业通过 ISO9000 质量管理体系认证，可使质量管理制度化、体系化，确保产品质量的稳定性，可获得消费者的信赖，提高产品竞争力。

ISO14000 是由 TC207（国际标准化组织环境管理技术委员会）制定的环境管理体系系列标准，要求组织企业组织遵守环境法律、法规，保护生态环境，预防污染。通过 ISO14000 认证的企业可获得国际贸易的绿色通行证，增强企业竞争力，树立企业形象，提高企业知名度。

（2）规则要求

ISO9000 认证是对企业质量管理体系的认证，ISO14000 是对企业环境管理体系的认证，通过认证可使企业获取客户的信任。在市场上争取订单时，客户可能提出对企业通过

ISO9000、ISO14000 认证的要求，达不到要求的企业将无法获得该客户的订单。

表 3-3 列出了两个标准各自通过认证所需的时间及费用，无论 ISO9000 还是 ISO14000，每年的投资费用都是 1M，但 ISO9000 只需花两年进行认证，ISO14000 则需要四年时间才能通过认证。投资完成的当年即具备 ISO 资格，在下一年争取订单时，还需在相应的市场上再投 1M 广告费才可拿到有 ISO 认证要求的订单，关于 ISO 在订单获取中的具体操作参见广告投放规则。

与市场开拓规则类同，ISO 认证规则允许中断投资，但不能加速投资。

2. 操作要领

ISO 认证的操作与市场开拓类似，也在营销与规划中心完成，每年年末在对应的资格位置按年投资，如企业要投资 ISO9000，第一年年末和第二年年末分别在 ISO9000 资格处投 1M，第二年年末投完 1M 后可凭投资额领取 ISO9000 资格证，认证完成。

思考题：

1. 你打算在下一步经营中开拓哪些市场？请对自己的选择做出分析。
2. 如果现在是经营的第一年，你将选择开发哪些产品？为什么？
3. 你认为是否有必要进行 ISO 认证？

任务二　生产采购规则

一、产品构成规则

在模块二的任务三中"三、模拟企业的初始状态盘面摆放"部分已经对各产品的直接材料、直接人工构成做了详细说明，任何产品的直接人工或加工费均为 1M，而原料构成则各有不同。此处仅列出产品的 BOM（Bill of Material，物料清单，产品的结构定义，这里主要是指产品的原料构成）如图 3-1 所示，对产品构成规则不再赘述。

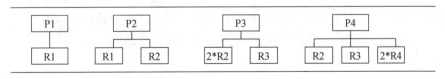

图 3-1　产品 BOM 表

二、原料采购规则

1. 规则内容

企业上线生产产品需要用到原材料，当预期库存原料不能满足生产时，就需要购买原材料。原材料的购买有提前期要求，各原料采购提前期见表 3-4。

表 3-4　原料采购

材料	采购提前期	购买单价
R1	1Q	1M
R2	1Q	1M
R3	2Q	1M
R4	2Q	1M

2. 操作要领

对原料采购操作做举例说明：

假设企业第二年第三季度需要上线生产 1 个 P2，1 个 P3，且企业预期第二年第三季上线生产时原有的原料刚好用完，没有多余原料。P2 的原料构成为 1R1 和 1R2，P3 的原料构成为 2R2 和 1R3，即总的购买量应为 1R1，3R2，1R3。但 R1、R2 只需提前一个季度订购，R3 需要提前两个季度订购。因此，在第二年第一季度要下 1R3 订单，将一个空桶放在盘面上 R3 原料订单的位置，表示订购一个 R3，此时为订购，不需要支付现金。第二年第二季度更新原料（运营流程中步骤之一，下一模块中将详细说明）时将此前放置的空桶前移至在途，表明原料将在下一季度到货，同时在当季还需订购 1R1，2R2，准备 3 个空桶，其中一个空桶置于 R1 原料订单，另两个置于 R2 原料订单。第二年第三季度更新原料时，将 R1、R2、R3 的 4 个空桶均往前移，此时 4 个空桶均进入原料库，表明原料已到货，需要从现金库拿出现金按每个原料 1M 支付原料价款，同时在已移入原料库的空桶中放入购买的原料。

三、生产规则

1. 规则内容

企业的产品生产必须在已建成的生产线上完成，任一时刻，一条生产线上最多只能有一个产品，如果生产线上还有未下线的产品，则不能再上线生产，也就是说，只有空的生产线才能上线生产产品。企业的生产按季度进行，每季度更新生产（运营流程步骤）时，将生产线上正在生产的产品往前移动一格，开始下一批生产（运营流程步骤）时，可在空的生产线上线生产。更新生产时下线的产品须放入对应的产品库。

2. 操作要领

任一产品的生产，首先需要原材料，其次需要支付加工费，必须注意的是，刚上线生产的产品必须摆放在生产线的 1Q 位置。

例：假设企业只有 P1 生产资格，现有三条手工生产线，其中一条为空线，另两条生产线的在制品分别处于 2Q 和 3Q。更新生产时，处于 2Q 的在制品前移至 3Q，处于 3Q 的在制品直接下线放入仓库，开始下一批生产时，可上线生产 P1，在 R1 原料库中取一个 R1 连同桶放置于空生产线 1Q 位置，从现金库拿出 1M 现金（加工费）放入刚才的原料桶内，此时桶中有 1R1 原料和 1M 现金，即构成 1 个 P1 的在制品，上线生产工作完成。

思考题：

1. 若企业将在第三年第一季度上线生产 1P1，1P2，1P3，第三季度上线生产 1P1，1P2，2P3，1P4，原料库存为零，该如何订购原料？

2. 一家企业需要在当年四个季度生产中总共消耗 20 个原料，采购总监为避免多次采购出错，一次性提前订购了 20 个原料，请问这一做法是否存在问题？

3. 企业总是期望降低库存成本，提高库存周转率，能实现零库存，这既包括产品库存，也包括原料库存，请考虑在你将来的企业经营中，是否要追求零库存，如果实现原料的零库存，好处和坏处分别是什么？

任务三　生产线规则

一、基本概念

在企业沙盘模拟经营中，企业可用的生产线有四种，分别是手工线，半自动，全自动，柔性线（如图 3-2 所示）。

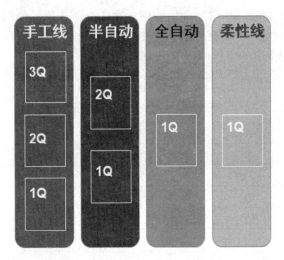

图 3-2　生产线类型

在企业生产经营中，将涉及生产线的购买、安装、生产、转产、维护、变卖、折旧等操作，每一操作都有相应的规则，表 3-5 列出了生产线规则的主要数据。

生产线属于企业的固定资产，在生产线的操作中，将涉及生产线原值、净值和残值等概念，在具体学习生产线规则前，需要先对固定资产及上述三个概念一一解读。

1. 固定资产。固定资产是使用时间一年以上，价格达到一定标准的非货币性资产，包括房屋及建筑物、机器、运输工具等。在企业沙盘经营中，固定资产有三项：厂房、机器设备、在建工程。其中，机器设备和在建工程都是指生产线，机器设备是建好的生产线，在建工程指未建好的生产线。

2. 固定资产（生产线）原值。固定资产购置后，以固定资产的买价加上运杂费、安装费等记入固定资产账户构成固定资产原值。在沙盘经营中，运杂费、安装费都未被考虑，因而固定资产原值就是固定资产的买价本身。

3. 固定资产（生产线）残值。残值是指预计在资产使用寿命的期末处置一项固定资产可能获得的价值。在企业沙盘经营中，当企业变卖生产线时，残值就是企业变卖生产线能获得的价值。

4. 固定资产（生产线）折旧。由于固定资产长期使用，其价值是按照固定资产的耗损程度逐渐转移至新产品，因此，要把转移到新产品上的这部分固定资产价值从收入中提取出来，以备将来企业更新固定资产。把转移到新产品上的固定资产价值提取出来的工作就称为折旧，所提取出来的价值，就称为折旧额或折旧费。企业在使用期所能提取的最大折旧额是固定资产原值与残值的差额。固定资产使用在一年以上，其耗损也是在使用期里发生的，因此企业不能在购买后一次性全部提取折旧，固定资产折旧的提取是按照确定的方法将折旧额进行系统分摊。

5. 固定资产（生产线）净值。又称为固定资产折余价值，是指固定资产原值或重置完全价值（当无法确定某项固定资产原值时用到这一概念，指现行市价重新购置所需支付的金额，沙盘经营中不存在无法确定原值的固定资产）减去累计折旧（历年的折旧额累计数）后的余额，反映固定资产的现存价值。净值与原值相对比，可反映出固定资产的新旧程度。在固定资产还未提取折旧前，原值即等于净值。

表 3-5　生产线规则主要数据

生产线	购买价格	安装周期	生产周期	转产周期	转产费用	维护费用	出售残值
手工线	5 M	无	3Q	无	无	1M/年	1M
半自动	8 M	2Q	2Q	1Q	1M	1M/年	2M
全自动	16M	4Q	1Q	2Q	4M	1M/年	4M
柔性线	24M	4Q	1Q	无	无	1M/年	6M

二、生产线购买与安装规则

当企业在厂房中有空位置或变卖原有生产线腾出位置时，企业可以购买新生产线用于产品生产。

1. 规则内容

企业在购买生产线时，需按照购买价格支付现金，如果生产线没有安装周期，则生产线，买来即可上线生产；反之，若生产线有安装周期，则生产线需要经过一段时间的安装工作，待生产线安装完成后才能上线生产。

生产线有安装周期时，购买价格按安装周期平均支付，即将总价平均到安装周期各季度支付，如柔性线购买价格24M，安装周期为4个季度，则每个季度支付6M。生产线安装完成的下一季度才能上线生产。

生产线的购买也遵循"平均投资，可以中断，但不能加速"的规则，即若安装过程中资金出现困难可以暂时中断生产线建设，待有资金后继续投入建设，但继续建设时，每个季度仍只能按平均投资额进行投资。生产线购买安装完成后，购买价格就是生产线的当前价值，称为净值。

2. 操作要领

当生产线有安装周期时，在安装期间，生产线应反面朝上，按季支付买价，待安装完成时再正面朝上。我们下面以手工线和全自动生产线购买安装操作为例。

（1）手工线。手工线购买价格 5M，因没有安装周期，需要一次性支付。首先领取一条手工线正面朝上放在厂房的空线位置，从现金库拿出 5M 放在生产线净值位置（在未提折旧前，原值即等于净值），购买操作完成，在标识处放置生产线要生产的产品标识，购买手工线的当季即可开始上线生产。

（2）全自动线。假设从第一年第一季度开始购买全自动生产线，第一季度"投资新生产线"（运营流程步骤）时首先领取一条全自动线并反面朝上放置于空线位置，在反面朝上的全自动线上放置四个空桶（代表全自动线的安装周期为四个季度）。

第一季度从现金库取出 4M 投入第一个空桶，表示启动第一期的安装。

第二季度从现金库取出 4M 投入第二个空桶，表示完成第一期安装，同时启动第二期安装。

第三季度从现金库取出 4M 投入第三个空桶，表示完成第二期安装，同时启动第三期安装。

第四季度从现金库取出 4M 投入第四个空桶，表示完成第三期安装，同时启动第四期安装。

第五季度（在本例中，也就是第二年第一季度）将反面朝上的生产线翻至正面朝上，将四个桶的一共 16M 合并至一桶，并将这桶 16M 的固定资产原值（固定资产买价）放至该生产线的净值位置（在未提折旧前，原值等于净值），领取产品标识放置于生产线的标识处，安装完成，可以上线生产。

我们可以看到，任何有安装周期的生产线，其安装完成的时间点是在投入最后一笔买价的下一季度，如柔性线和自动线都是在第五季度才算是安装完成，也才可以上线生产。

3. 生产规则的补充说明

如表 3-5 所列，不同生产线类型有其各自的生产周期，在生产周期内，产品每个季度往前移动一格，直至产品下线，当产品下线后，才可开始下一轮产品上线生产。因此，手工线每三个季度才能生产一个产品，半自动线每两个季度可生产一个产品，全自动和柔性则一个季度可生产一个产品（具体的生产规则在本模块任务三中已详细讲解，请找到该规则做复习）。根据生产规则，企业团队可以通过推演盘面计算出当年的产能，进一步地学习后，我们可以利用本规则，以心算或草纸推算出自己团队及其他团队的当年产能，从而为来年投广告费提供重要的产能预测数据。

三、生产线转产规则

1. 规则内容

所谓转产就是指生产线所生产的产品种类切换，一条生产线原来一直在生产 P1，当 P1 产品下线后，要上线生产 P2 或 P3 等其他产品，就称为转产。市场一直是处于变化中，企业的生产如果一成不变，就有可能出现产品销售危机，甚至被竞争对手用来作为打击自身的手段，因此企业需要保持生产的灵活性，以利于在市场上灵活争取订单，确保尽可能多渠道销售产品。

本规则规定，手工线和柔性线既不需要转产周期，也不需要转产费用，即当线上的产品下线后，只要有其他产品的生产资格，则下线的同时就可以上线其他产品。半自动线和全自动线由于产品品种切换时需要对机器进行人工调整，因此需要转产周期，其中半自动需要 1 个季度，全自动则需要两个季度才能转产成功，与此同时半自动需要花 1M 转产费，全自动则需要花 4M 转产费。与上线生产类同，当半自动和全自动线申请转产时，必须等待线上产品下线，只有空的生产线才能申请转产，在转产期内，申请转产的生产线不能进行上线操作。转产期结束后的下一季度才能上线其他产品。

2. 操作要领

转产操作主要在于通过标识的翻转来标明当前正处于转产状态，以下分别以柔性线和全自动线为例说明转产操作要领。

假设某企业当前经营时间点为第四年年初，企业拥有一条柔性线和一条全自动线，拥有 P1 生产资格。第三年第一季度开始研发 P2（所有产品研发都是 5 个季度，参见研发规则），目前已研发完四个季度。柔性线始建于第二年第一季，第三年第一季建好后一直生产 P1。全自动线从第二年第一季开建，第三年第一季安装完成后一直上线生产 P1。企业打算在 P2 研完后即将两条生产线都转为生产 P2。

第四年第一季，更新生产，柔性线和全自动线 P1 产品均下线，由于 P2 还在研发中，所以柔性线继续上线生产 P1，全自动线申请转产，将全自动标识的 P1 产品标识拿掉，领取 P2 标识放置于该生产线标识处，反面朝上，从现金库中取 2M 放置于反面朝上的标识之上，表示正在转产。研发产品时从现金库取 1M 置于 P2 生产资格处，P2 研发完成。

第四年第二季，更新生产，柔性线 P1 产品下线，因企业在上一季度已研发好 P2，本季可以开始生产 P2，柔性线无转产周期，可直接上线生产。从原料库分别取一个 1R1 和 1R2（合并入一桶）放置于柔性线 1Q 位置，再从现金库取 1M 现金（加工费）放置于柔性线 1Q 的桶中，即开始生产 P2。全自动线继续申请转产，从现金库取 2M 投入此前的标识之上的桶中，合计已投 4M 转产费。

第四年第三季，更新生产，柔性线 P2 产品下线，同时再上线生产 P2，全自动线转产结束，将 4M 转产费放置于综合费用中的转产费项目，将反面朝上的 P2 标识翻转，可以开始上线生产 P2，从原料库各取 1R1 和 1R2，再从现金库取 1M 现金构成 P2 在制品置于全自动线 1Q 位置。

第四年第四季，更新生产，柔性线 P2 产品和全自动 P2 均下线，同时可以各上线一个 P2。

从以上操作可看到，转产费的投入也是按"平均投资，可以中断，但不能加速"原则进行操作的，与市场开拓、产品研发、生产线建设类同。此外，将柔性与全自动线的转产对比，柔性线在这一年中，共下线两个 P1 和两个 P2，而全自动因耗费两个季度申请转产，只下线了一个 P1 和一个 P2，比柔性线少两个产能，所以，用全自动线转产产能损失较大，企业在将来建线时应从此考虑如何合理进行生产线的搭配建设。

四、生产线维修规则

1. 规则内容

生产线建好后在每一年年末需要进行维修，以更新或恢复生产线的功能，维修时需要支付一定的费用，称为维修费，也叫维护费、保养费。

本规则规定，生产线维修费的交纳时间在每年年末，所有当年年末还在建的生产线和当年年末前已经出售的生产线不需要交维修费，也就是说只有在年末已经安装完成的的并且没有变卖的生产线才需要交维修费，无论何种生产线类型，每条生产线的维修费都为 1M。需要注意的是，维修费只关注生产线是否建成，只要生产线已经建成，即使企业已经停产，也必须交维修费。

2. 操作要领

例：假设企业当前处于第一年年末，现拥有三条手工线和一条半自动线，这四条线都建成于上一年。企业打算在第二年第一季开建一条半自动线和一条全自动线。第一年年末，企业总共有 4 条生产线，共需交纳 4M 维护费，从现金库取 4M 放置于综合费用区域中维修费位置。

第二年第一季、第二季分别投 4M 建设半自动（具体建线操作见"生产线购买与安装规则"），第三季度安装完成可以上线生产，第二年一至四季各投 4M 建设全自动。到第二年年末，企业共需交纳 5M 维护费，其中 4M 为原有的 3 条手工线和一条半自动线维护费，另 1M 为刚建成的半自动线维护费。而全自动线虽然已投了全部四个季度的买价，但要到第五季度才算建成，而在建的生产线不需交维护费，因此全自动线不需交维护费。

第三年第一季，全自动线安装完成。至此，所有生产线都处于建成状态。第三年第四季企业变卖两条手工线，变卖的生产线不需交维护费。因此，第三年年末需交维护费 4M，其中原有的一条手工和一条半自动、去年建成的半自动和当年第一季新建好的全自动各 1M。

五、生产线折旧规则

表 3-6　生产线各年折旧数额

生产线	建成第 1 年	建成第 2 年	建成第 3 年	建成第 4 年	建成第 5 年
手工线	0M	1M	1M	1M	1M
半自动	0M	2M	2M	1M	1M
全自动	0M	5M	3M	2M	2M
柔性线	0M	8M	5M	3M	2M

1. 规则内容

本任务的基本概念部分，已对折旧做了说明，在企业沙盘经营中，折旧有其特定的规则。

（1）在建的生产线不提折旧，当年建成的生产线不提折旧，从建成的下一年开始计提。生产线还在建时，不可能出现价值转移到生产的产品上，因而不需要提取折旧，当年建成的生产线不提取折旧，可以做这样的理解，当年才建成，意味着当年用于生产的时间并不长，产品下线不多，因此生产线价值的转移还较少，可以暂时不提取。

（2）生产线折旧按年提取，每年年末按生产线当前净值的三分之一向下取整计提取折旧，所谓向下取整是当计算结果不为整数时，取小于计算结果的整数，如 5.8 向下取整结果为 5。

（3）当生产线当年净值小于 3M 时，则每次只提 1M 折旧。

（4）当生产线净值等于残值，就不再计提折旧。由于折旧就是把转移到产品中的设备价值提取出来，残值是使用期结束时处置生产线获得的收入或使用生产线过程中变卖生产线的收入，这部分价值并未转移至产品，因而不需要计提入折旧。由此条规则可知，企业在整个经营中，任何一条生产线的净值不可能为零，即便生产线折旧全部提取完毕，净值也只能等于残值。

2. 操作要点

例：企业在第一年第一季开始分别建设一条半自动、一条手工和一条柔性，半自动在第一年第三季即建成。手工买来就可以上线生产即买来就是建成状态，柔性线在第一年一共投资四个季度。第一年年末，柔性线还未建成，既不用提取折旧也不用交维修费，手工和半自动也不需要提取折旧，但需要交维修费。

第二年第一季，柔性线安装完成。第二年末，手工线提取折旧 1M，从该条手工线净值中取出 1M 放置于综合费用区域旁的折旧栏，半自动线提取折旧 2M，从半自动线净值中取出 2M 放置于折旧栏，柔性线不提取折旧（当年建成的生产线不提折旧），但要交维修费。

第三年年末，所有生产线都将计提折旧，操作前文已述，在此不再赘言。

六、生产线出售规则

1. 规则内容

企业可将闲置的生产线变卖出售，但不能将有在制品的生产线直接出售，即生产线的出售与生产线的转产一样，只有空的生产线才能出售。

无论何时出售生产线，企业都只获得生产线残值作为卖线收入。由于企业卖线时，生产线在使用期的折旧有可能还未全部提取完毕，因而净值与残值不相等。出售生产线时，若净值大于残值，残值部分计入现金，超过残值的差额部分计入综合费用下的"其他"。当生产线的净值等于残值时，直接把残值计入现金即可，不再产生"其他"费用。这里"其他"是企业在经营操作中卖线造成损失、订单违约被罚违约金等各类损失的合计数，因而"其他"也被称为损失。

2. 操作要点

当企业出售生产线时，首先，确保产品已经下线，然后要将出售的生产线道具及产品标识从盘面上拿掉，将净值全部取出，并对比净值与残值，若净值大于残值，则取出的净值分为两部分，其中残值部分放入现金库，超过残值的部分则放入综合费用下的"其他"栏目。例如：企业第一年第一季度购买一条半自动线用于生产 P1，第四年年末准备出售。

首先将半自动线道具及产品标识从盘面拿掉，接下来查看净值。因半自动在第一年即建成，第一年末生产线净值（等于原值）为 8M，第二年首次提取折旧 2M，年末净值 6M，第三年再提取折旧 2M，年末净值 4M，此即第四年卖线时的净值。因为净值 4M 大于半自动线的残值 2M，所以将净值中的 2M 放入现金库，另 2M 放入综合费用下的"其他"，操作完成。本次卖线企业损失 2M。

生产线规则是企业沙盘模拟规则中的重要规则，包含内容众多，要求也较复杂，需要通过反复记忆并加以运用，才能熟练掌握。同时，生产线规则也是企业经营中需要多分析推敲的部分，它需要各企业团队对各种生产线的各项指标逐一进行计算和比较，从而才能从中找出生产线类型的搭配及生产线与产品类型的合理搭配。

思考题：

1. 企业在第一年第一季就开始研发 P2，打算在第二年生产 P2。如果企业想在第一年建生产线，为第二年生产 P2 做准备，你觉得选什么线合适？

2. 接上题，如果企业想建一条柔性线，在第二年生产 P2，你认为何时开始建设合适？如果是建全自动线，何时开始建设合适？

3. 接上题，若企业只研发了 P2 但没有建线，企业第二年第一季直接购买手工线和半自动线来生产 P2，企业第二年能销售 P2 吗？

4. 若企业当前盘面拥有三条手工线和一条半自动，当前在制品为 P1，在制品位置分别在 2Q、3Q、1Q、1Q，企业仍在第一年第一季研发 P2，并打算将其中几条生产线在第二年转产 P2，并在第二年销售 P2。该企业认为第二条手工明年 P1 下线后即可转产 P2，第二条第三条因明年第一季 P1 不能下线，导致 P2 无法在第 4 季生产下线，半自动可以在第一季下线后转产 P2，因此企业可产出两个 P2 并能在第二年第四季交货。请问，该企业的产能分析是否正确？如果不正确，请计算该企业第二年能产出多少个 P2？

任务四　订货会广告竞单规则

每年年初，企业将根据对市场趋势的分析、对竞争对手的分析和对自身的销售期望，在市场上投放广告费，并由裁判根据各企业广告费的多少排名决定选取订单的顺序，各企业按决定的选单顺序进行订单选取，订单选取结果将决定企业本年销售业绩乃至经营业绩。

表3-7　广告竞单表（1~3年）

	本地			
	产品	广告	9K	14K
第一年	P1			
	P2			
	P3			
	P4			

	本地				区域			
	产品	广告	9K	14K	产品	广告	9K	14K
第二年	P1				P1			
	P2				P2			
	P3				P3			
	P4				P4			

	本地				区域				国内			
	产品	广告	9K	14K	产品	广告	9K	14K	产品	广告	9K	14K
第三年	P1				P1				P1			
	P2				P2				P2			
	P3				P3				P3			
	P4				P4				P4			

一、广告费投放

每年年初，由销售总监与总经理经协商后，投放广告费，并将广告费填入如表3-3的广告竞单表中，所有企业向裁判提交广告竞单表后即开始订货会。

从表3-7广告竞单表的表格分布可看到，每年年初的广告费并非投一个笼统总数，而是要分市场分产品具体投放，如企业在第二年要分别决定在本地的P1、本地的P2、本地的P3各投多少广告费、区域各产品又各投多少等等。

企业在某一市场的某一产品上，可投的最小广告费为1M，投1M意味着企业最多只能拿一张单，如果企业想多拿一张单，则在此基础上至少要加2M。以此类推，每多投2M，理论上企业可以多拿一张单，如企业在第二年本地P2投5M广告，意味着理论上最多可拿3张本地P2的订单。

二、订单获取排序规则

1. 市场老大

所谓市场老大是指上年在某个市场销售额最多的企业，如本地市场老大即是指上年该企业在本地所卖的P1、P2、P3、P4所有产品销售的总收入最高（注意，市场老大不是比较销售数量，也不是比较上年广告费多少）。各市场的老大都由该市场上年销售额排名决定，如本地市场老大，其在上一年本地市场销售额排名第一，但区域市场老大则与本地无关，只能由区域上年销售额排名决定。

市场老大在选单时具有优先选单权，即只要市场老大在该市场某一产品投了广告费，即使只投 1M，也有权优先选单。但如市场老大在该产品上未投广告，则无权选单。市场老大若在某一产品投 1M，虽可优先选单，但也只能选一张订单。若市场老大想多选，仍要按广告费投放规则，即每多加 2M，理论上可以多选一张选单。

市场老大并非一劳永逸，每一年选单后都需要对各企业在各市场的销售额总和进行计算，由此决定下一年各市场的市场老大。若某市场老大的市场销售额总和低于其他企业，则市场老大资格将转移到销售额总和最多的企业。市场老大只与销售额总和有关，因此，即使拥有市场老大资格的企业破产，市场老大仍然有效。但若企业发生违约行为，且违约刚好发生在其取得市场老大资格的市场，则市场老大资格被取消，下一年该市场没有市场老大，所有企业回到同一起点，按产品广告排名选单。若有两个或两个以上企业在某市场销售额总和排名最靠前且刚好相等，可以事先抽签决定下年市场老大或以投广告的时间先后决定，即先投广告的企业获得市场老大。

2. 拿单顺序

若本市场有市场老大，且市场老大在该产品上投了广告费，则在产品选单时，市场老大优先选单。其他企业则按其在产品广告上的排名先后选单，广告费多的企业先选，若两个组刚好在产品广告上一样多，则对市场广告总和进行排序（市场广告总和指将企业在该市场所投广告费全部相加得到的总和），广告总和多的企业先选，若广告总和也相同，则比较两个企业的上年市场销售排名，若销售排名也相同，则只能以抽签的方式（或者可以投放广告的时间先后）决定选单顺序。

按照前述广告选单顺序，当轮到某一组选单时，只可选择一张订单，各组依次做出选择后，意味着第一轮选单结束，若市场上还有订单没拿完则将进入第二轮选单，只有产品广告费等于或超过 3M 的组，才有资格进入第二轮选单，第二轮选单顺序与第一轮相同。

三、订单

1. 订单的基本构成及含义

如图 3-3 所示，一张订单包含有编号、数量、单价、总额、账期及条件等几项信息。其中，编号（如 LP2-3/5）即是订单的序号，编号具有唯一性，但在各项信息中最不重要。单价是指该张订单的单个产品价格，它一般围绕着市场需求预测中给出的市场均价上下波动，单价是企业选单中的参考条件之一。显然，单价越高的订单，企业获得的利益相对越高。总额是指总价，即单价乘数量的结果，由于总额总是取整数，因此总额不一定完全精确地等于单价与数量之积，在计算企业收入时只以总额数据为准，单价只在选单时做选单参考。账期是指从企业向客户交货后，直至客户付款的这段时间周期，也即账期决定了企业在交货后多长时间才能收到货款。图 3-3 第二张订单账期为 3，即 3 期，这代表企业该张订单交货后要等待 3 个季度才能收到现金货款。在这 3 个季度中，该笔货款为应收账款。若账期栏为空，意味着该订单账期为零，即交货的当季度企业就可收到现金，显然账期越长，企业的资金周转越困难。以下对 ISO、加急等条件分别加以说明。

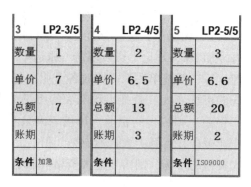

图 3-3　订单示例

2. ISO 条件订单

市场中有些客户会提出 ISO9000 或 ISO14000 的条件，则在订单上条件栏会有标注，要获取这类订单，除了产品本身广告费要投放外，企业需通过 ISO 认证，还需在广告竞单表中对应市场的 ISO 标准栏中额外再投 1M 广告费。即企业需要满足已通过 ISO 认证和对应市场 ISO 栏投 1M 广告两个条件，才可拿到这类条件订单。

3. 加急条件订单

企业拿到的订单如果没有加急字样，则企业可以自由安排订单交货时间，但最迟应在当年第四季度交货，否则，将构成违约，订单将被没收，同时还要追罚违约金。若订单上标明加急字样，则意味着企业必须在第一季度交货，否则就构成违约，订单没收，追罚违约金。

四、广告投放与订货会案例

本案例拟通过 6 家企业前三年投广告及选单过程，向读者展示广告投放所决定的选单顺序以及市场老大的作用等。

1. 第一年

第一年年初，各企业投广告情况见表 3-8（第一年企业只能生产 P1 产品，只能进入本地市场，因此每家企业只需提交本地 P1 广告费）。

表 3-8　第一年广告投放

广告	P1	P2	P3	P4	9K	14K
A	7					
B	2					
C	12					
D	10					
E	7					
F	11					

广告投放完毕后，裁判将封存广告单，并宣布开始第一年选单，此时裁判将在屏幕上

打开第一年本地市场，可看到第一年本地市场订单列表（下列订单为案例订单，与沙盘模拟实际订单无关）。

表3-9　第一年本地市场P1订单案例

编号	1	编号	2	编号	3	编号	4	编号	5	编号	6
数量	7	数量	5	数量	3	数量	4	数量	6	数量	2
单价	4.6	单价	4.6	单价	5.0	单价	5.0	单价	5	单价	5
总额	32	总额	23	总额	15	总额	20	总额	30	总额	10
账期	2	账期	3	账期	2	账期	2	账期	3	账期	2
条件		条件		条件		条件		条件		条件	
选单	C		D		A		E		F		B

本地P1广告投放最多的是C组，因此由C组先选单，其次是F组，之后轮到D组，A与E本地P1广告费相同，应比较其广告总和，因本年只有P1一项广告，所以广告总和也相同，再比较上年销售排名，但第一年并无上年销售排名，因此，只能抽签决定选单顺序，假设E先A后，B组广告最少，因此最后一位选单。这六家企业在选单时，都优先考虑了选择销售收入即订单中总额项最大的订单，选单结果见表3-9最后一行。由于各组依次选单后，本地P1已无剩单，因此选单只有第一轮，由此，广告费虽然投得很多，理论上可以多选很多张单，但如果市场无单，则企业也没有选单机会。

由于C组选择了收入最高的订单，本年销售额达到32M，因此C组将成为第二年本地市场老大。

2. 第二年

第二年，市场相对扩大，将出现新市场，即区域市场，且区域市场目前没有市场老大，第二年将在各市场出现P2、P3订单，各组投放广告见表3-10。

表3-10　第二年广告投放

广告	（本地）						（区域）					
	P1	P2	P3	P4	9K	14K	P1	P2	P3	P4	9K	14K
A	7						4	8				
B	1	2					2	6				
C	1	1	1									
D	5	1					1	1				
E	1						3	1				
F	7		6				5	3				

表3-10中可看到C组作为本地市场老大，在本地的每个产品上都只投1M广告费，但仍可在每个产品上都优先选单。

（1）第二年本地P1选单

第二年本地P1订单见表3-11。选单顺序依次为C、F、A、D、B、E。C组市场老大优先选，其他组按本地 P1 广告决定选单顺序，A 与 F 本地 P1 广告一样多，但 F 组市场广告总和（因为是在本地选单，所以比较的是本地的市场广告总和）比 A 组多（F：7+6＞A：7），因此 F 优先于 A，同理，B 组优先于 E 组，选单结果见表 3-11。需要注意的是，E 组选了一张加急订单，这意味着 E 组必须在第二年第一季度交货，否则构成违约。

表 3-11　第二年本地 P1 订单参考

编号	1	编号	2	编号	3	编号	4	编号	5	编号	6
数量	2	数量	6	数量	1	数量	3	数量	4	数量	4
单价	5	单价	4.3	单价	6.0	单价	5.0	单价	4.5	单价	4.7
总额	10	总额	26	总额	6	总额	15	总额	18	总额	19
账期	4	账期	2	账期	3	账期	3	账期	2	账期	4
条件		条件		条件	加急	条件		条件		条件	
选单	B		C		E		D		F		A

（2）第二年本地 P2 选单

P2 有三个组投广告费，但开单后发现，市场上只有两张订单（如表 3-12 所示），C 组市场老大优先选择，B 组广告费高于 D 组，C、B 依次选单后，D 组没有订单，选单结果见表 3-12。

表 3-12　第二年本地 P2 订单参考

编号	1	编号	2
数量	3	数量	3
单价	6	单价	7.2
总额	18	总额	22
账期	1	账期	2
条件		条件	
选单	B	选单	C

（3）第二年本地 P3 选单

表 3-13　第二年本地 P3 订单参考

编号	1	编号	2	编号	3
数量	2	数量	1	数量	2
单价	7	单价	9	单价	8.3
总额	14	总额	9	总额	17
账期	1	账期		账期	2
条件		条件	加急	条件	
	F				C

P3 只有 C、F 两组投广告，市场总共有三张单（如表 3-13 所示），C 组市场老大优先选择，F 组第二位选单，两组各拿一单后（表 3-13），市场还有一张加急单，产品广告费至少在 3M 及以上才有资格进入第二轮选单，因此只有 F 组可以进入第二轮。由于 P3 研发需要花五个季度，即 P3 第二年第一季无法产出，F 组只能放弃第二轮选单。关于放弃选单，需要注意的是，若企业在某产品的任一轮选单中，放弃该轮选单，就意味着即使后面该产品还有下一轮选单，该企业也无权再选择。例如，企业在本地市场 P3 理论上可选三轮单，但第一轮选单时企业就宣布放弃，则企业不能再在本地市场 P3 选单。

第二年区域市场没有市场老大，与第一年本地市场选单相似，所不同的是，第二年区域市场有三种产品，因此，下一年市场老大将取决于第二年各企业所有该市场产品销售额的总和，即第二年 P1 区域销售额+P2 区域销售额+P3 区域销售额最多的组将成为区域市场老大，并在第三年区域市场中获得优先选单权。第二年区域市场选单过程从略。

3. 第三年（只以本地 P3 选单为例，其他市场产品从略）

第二年本地市场销售额排名结果，C 组仍然排名第一，继续拥有本地市场老大资格。

表 3-14 第三年广告投放（本地）

广告	（本地）					
	P1	P2	P3	P4	9K	14K
A	2	4				
B	2	2				
C	1	1	1			
D	4	5				
E	3	1	3		1	
F	3		2			

表 3-14 显示，第三年本地 P3 投放企业从去年的两组增加到 3 组，而第三年本地 P3 订单（表 3-15）仍只有三张，理论上每家企业各有一张。表 3-14 中还可看到，只有 E 组在 9K 栏多投了 1M 广告费。

根据 ISO 认证规则，ISO9000 通过认证需要两年时间，ISO14000 需要四年时间，因此，在第三年时，市场上有可能出现客户提出 ISO9000 认证通过的条件，而在第五年时，客户可能提出对 ISO14000 的认证通过条件。如前所述，企业要拿到 ISO9000 的订单，需要满足两个条件，其一是通过 ISO9000 认证，其二则还需在包含 ISO9000 订单的市场多投 1M，这 1M 投在 ISO9000 认证栏（在广告竞单表中，ISO9000 简写为 9K，ISO14000 简写为 14K）。

表 3-15 第三年本地 P3 订单参考

编号	1	编号	2	编号	3
数量	4	数量	2	数量	2
单价	7.2	单价	7.2	单价	8.5

续表

编号	1	编号	2	编号	3
总额	29	总额	14	总额	17
账期	2	账期	1	账期	1
条件		条件		条件	ISO9000
	C		E		E

第三年本地 P3 选单时，C 组做为市场老大优先选单，该组因未投 ISO9000 广告费，只能在第一、二两张订单做选择，C 组选择销售额最大的第一张，E 组 P3 广告费高于 F 组 P3 广告费，E 组可以先选单，且因为 E 组投有 ISO9000 广告费，剩下两张单都有权选择，E 组考虑若先选带有 ISO9000 的第三张单，则 F 组必然将第二张单选走，而 E 组当年的 P3 产能完全可以交出 4P3，所以 E 组做出决策，先选择第二张单。轮到 F 组选单时，市场只剩下有 ISO9000 条件的第三张单，而 F 组未在 9K 上多投 1M，因而只能放弃选单。进入第二轮选单，只有 E 组投了 3M 广告费，可以进入第二轮选单，E 组将第三张单选走。

这一年选单出现 ISO9000 条件，为市场订单争夺带来新的变数，E 组因多投 1M，拿到 4P3 订单，而 F 组则因产品广告本身就少于 E 组，又未投 ISO9000 广告费，导致无单可选。

思考题：

1. 阅读案例后，你打算在第一年本地 P1 投多少广告费？
2. 案例中，第二年有三家企业打算销售 P3，请分析他们广告投放是否合理？
3. 案例中第三年的广告投放与选单对你有什么启发？

任务五　筹资规则

筹资即筹集资金，企业要从不同的资金渠道筹措资金，以实现企业规模扩张目标或满足还债需求，保证企业生产活动的顺利进行。对企业而言，筹资活动属于其财务活动，是其财务管理的首要环节。现实中的企业，筹资方式比较多样化，可以通过吸收直接投资、发行股票、融资租赁、发行债券、银行借款等多个筹资方式实现资金筹集。筹资是企业发展中必不可少的环节，规模扩张所需的大量资金，很难仅依靠企业自有资金和收入解决，而企业在面临债务危机时，也必然需要通过资金借贷度过难关。企业团队还需要对筹资方式做出比较分析判断，把握筹资方式的合理选择，从而使筹资成本尽可能得到降低，减少资金筹措成本对企业的不利影响，实现利润最大化。

在沙盘模拟经营中，筹资方式相对较少，主要有借款和贴现两种，具体包括长期贷款、短期贷款、高利贷和应收账款贴现四种筹资方式。

表 3-16 筹资规则

筹资方式	筹资时间	贷款额度	利率	还款方式	要求
长期贷款	每年年末	上年权益的 2 倍	10%	每年年末付息，到期还本	申请借款数目必须是 20M 的整数倍
短期贷款	每季度初	上年权益的 2 倍	5%	到期一次性还本、付息	申请借款数目必须是 20M 的整数倍
高 利 贷	任何时间（年初投广告禁止）	不限	20%	到期一次性还本、付息	申请借款数目必须是 20M 的整数倍
账款贴现	任何时间	视应收款额	1∶6	变现时贴息	申请贴现的数目必须是 7M 的整数倍

一、长期贷款规则

1. 申请长期贷款

（1）规则内容

企业申请长期贷款的时间点在每年年末，可申请的还款最长年限为 5 年，即 5 年后偿还长贷本金。每年企业只有一次申请长贷机会。企业能够申请的长贷额度是上年权益的两倍，同时，还要求企业在申请时，贷款数目必须是 20M 的整数倍。此外，若企业在本次申请长贷前已欠银行长期贷款，还需从额度中扣除欠而未还的长贷数目。在企业本次申请长贷时，若企业此前欠的长贷刚好到期，则企业需先还掉所欠的长贷，才能申请新长贷。

例 1：假设企业上年所有者权益 66M，企业累计还欠银行 40M 长贷未还，且今年还未到还款期。今年年末企业能申请的最大长贷数额为：66 * 2 = 120M（对 66 * 2 取 20 的整数倍），但因还欠 40M 未还，所以最终企业最多能借的数额为 80M。

例 2：假设企业上年所有者权益 33M，企业累计还欠银行 80M 长贷未还，今年将有 20M 长贷到期。今年年末，企业需首先偿还 20M 的长贷，然后再计算可贷长贷额度。偿还 20M 长贷后，企业还欠银行 60M，上年所有者权益的两倍为 60M（20 的整数倍），刚好与企业未还数相等，因此企业当年不能再申请长贷。

（2）操作要领

例：假设企业第二年年末准备申请 5 年期 40M 长贷，上年所有者权益为 40M，目前欠银行长贷 40M，分别将于 2 年以后和 1 年以后要归还本金。

根据上年权益，可知企业最多可借 80M 长贷，扣除欠银行未还的 40M，因此，申请借 40M 长贷是在额度允许范围内，完全可借。首先，领取 40M 现金（灰币）放入现金库，然后将两个空桶放置于财务中心的长期贷款 FY5 位置，这代表所欠的 40M 长贷本金将于 5 年后归还。

2. 偿还长期贷款

（1）规则内容

从申请长贷的下一年开始，每年需要按 10% 的年利率偿还长贷利息，计算利息时，应把到目前为止所有欠银行未还的长贷全部加总再按利率计算。长贷到期年年末，仍要支付长贷利息，同时偿还本金。

（2）操作要领

接上例，企业第三年年末，首先支付长贷利息，企业到目前为止，已累计欠银行长贷 80M 未还（40M 原欠+40M 第一年年末新借），按 10% 利率总共要支付 8M 利息。从现金库取出 8M 放入费用区的利息位置。第二步需要将所有长贷区域的空桶往右移，这代表更新长贷还款年限，原欠的 40M 在更新前位于 FY2、FY1，更新后 FY2 的右移至 FY1，FY1 的空桶右移已至现金库，表示该笔长贷本金到期，需要归还本金。从现金库取出 20M 放入更新至现金库的空桶，并将这桶现金归还给银行（裁判同时兼任银行、供应商等角色）。

二、短期贷款规则

1. 规则内容

短期贷款每季度初可以有一次机会提出申请，一年共有四次机会。所能申请的额度与长贷计算方法相同，即可贷短贷最大数额为上年权益两倍再扣除欠银行未还的短贷数额，且每次申请的数目必须是 20 的整数倍。长贷与短贷的可贷数额是各自独立计算的。短贷的借贷年限为一年，按季度进行更新计算，上年所借贷款，刚好到下一年对应季度归还。贷款未到期时，既不需要还本金也不需要还利息，到期一次性按利率 5% 还本付息。若当季有短期贷款到期，则必须先还所欠的短贷本息，才能计算额度确定是否可贷，不允许先借再还，以贷养贷。

例：企业上年权益 66M，此前未欠短贷。企业拟在第一年第三季季初、第四季季初各借 20M 短贷。当年最大可借数额为 120，因此分两次共借 40M 在额度范围内，可行。第一年年末企业所有者权益降至 40M。

第二年第一季初，最大可借短贷数额为 40*2-40=40（M），企业最大可借 20M，考虑以够用为标准，以避免增加来年还款压力，企业只在第一季度申请 20M 短贷。

第二年第二季初，最大可借短贷数额为 40*2-40-20=20（M），企业借入 20M。

第二年第三季初，此时，有到期短贷，必须先还掉所欠的短贷，才可以计算贷款额度。上年第三季度企业借了 20M，现在到期，需归还 20M 本金及 1M 利息。还掉 21M 本息后，企业可借数额为 20M（40*2-20-40，上年 40M 已还 20M，还欠 20M，当年一二季已累计借 40M），企业借入 20M。

第二年第四季初，上年第四季所借 20M 到期，先归还 21M 本息，再计算额度为 20M（40*2-0-60，上年所欠已还完，当年累计借 60M），企业最后可借入 20M。

2. 操作要领

（1）申请短贷

假设企业当季申请 20M 的短贷，则首先领取 20M 的现金放入现金库，然后在短期贷款 Q4 位置放一个空桶，这代表企业所欠的 20M 将在 4 个季度以后归还。

（2）偿还本息

每个季度初更新短贷时，将短贷区域的所有空桶右移一格，这意味着离还款的时间又近了一个季度。当空桶已移至现金库时，还款期到，从现金库取出就付的本息（如欠 20M 则还 21M），本金归还银行，利息放入费用区域的利息栏，操作完成。

三、高利贷规则

1. 规则内容

高利贷就是民间借贷，利率 20%，借款期以一年为限，到期一次性还本付息。高利贷可在运营中任何时间点申请，但不允许在年初投广告费前申请高利贷，而还款时间则有限制，每季度初企业归还短贷本息的同时也必须归还高利贷本息。高利贷没有额度限制，企业资金出现困难时即可申请，申请时数额必须是 20M 的整数倍。另外，高利贷在最后经营成绩中将会遭到罚分（历年所借的高利贷都将从运营总分中按 4 分/20M 做罚分处理）。

2. 操作要领

申请高利贷时，领取现金放入现金库，同时在其他贷款 Q4 位置放置对应数量的空桶（每个空桶代表欠额 20M），每季初短贷更新时也同时更新高利贷，将高利贷各期空桶右移一格。高利贷到期时，一次性还本付息。

如企业第 3 季借 20M 高利贷，则先领取 20M 现金放入现金库，将一个空桶放置于其他贷款 Q4 位置，以后每季将空桶右移一格，当空桶已更新至现金库时，则从现金库取 24M 归还本息，其中 20M 归还给借方（裁判），4M 利息放入费用区利息栏。

四、贴现规则

1. 规则内容

企业出现资金断流时，若有未到期的应收账款，可将应收账款向银行申请换为现金，银行按一定的贴现率扣除贴现利息后，向企业提供现金。

如表格 3-16 所列，当前贴现率为 1：6，即将申请贴现的应收款分为 7 份，银行得 1 份，企业得 6 份，由此可知，贴现的利率是 1/7。由于沙盘运营最小单位为 1M，不允许出现小数（无论是收入、支出项，都不允许出现小数，出现小数时都需要取整），因此，在申请贴现时，应收账款只能为 7 的倍数。贴现可以在运营的任何时间点进行（年初投广告费前都可贴现）。由于贴现发生时即支出贴息，因而会对当年企业净利润构成影响。各期应收账款可以联合贴现（即当单笔应收贴现不足以满足资金需求时，可将各期应收账款合计为 7 的倍数申请贴现）。

2. 操作要领

例：假设企业在第三年第二季度资金出现断流，资金缺口为 13M，短贷额度已经用完，且企业不打算借高利贷。当前企业有三笔应收账款，分别为 4Q 的 10M，3Q 的 8M，2Q 的 5M（4Q、3Q、2Q 指应收账款的账期，即该笔账款收到现金货款的时间还有 4 季度、3 季和 2 季），单独贴现任何一笔都不能弥补资金缺口，因此采用联合贴现。考虑 3Q、4Q 的应收当年无法回收，企业决定先把 3Q、4Q 全部贴现，剩下的从 2Q 弥补。具体操作如下：

首先计算需要贴现的总金额。资金缺口为 13M，按 7 的倍数计算应贴数额，若贴 14M，银行要扣 2M，企业只能拿到 12M，尚有 1M 资金缺口。因此，只能贴 21M，银行扣

3M 后企业可得 18M 现金，足以弥补缺口。因 4Q 的 10M 和 3Q 的 8M 合计 18M，相比应贴的 21M 还差 3M，可用 2Q 应收账款弥补。

其次，将应收账款区域准备贴现的 4Q、3Q、2Q 桶中单据取出，凭单据找银行申请贴现，银行将 4Q、3Q 单据收存，将 2Q 单据数据从原来的 5M 改为 2M（即有 3M 已申请与 4、3Q 联合贴现）后交给企业，并支付 21M 现金给企业。企业将 2Q 单据仍放回应收账款 2Q 位置的桶中（即企业仍将在两个季度后收到这 2M 货款），将银行支付的 21M 现金中取出 3M 放置于费用区域的贴息栏，剩下的 18M 现金放置于现金库，操作完成。

以上就是所有四种筹资方式的相关规则，企业要善于运用筹资规则，合理运用筹借的资金，切不能因借款需要支付利息而千方百计逃避借款，致使企业规模难以扩大，无法达成董事会对企业的期望。

思考题:

1. 请分析短期贷款案例中的贷款方式有什么特点和好处？

2. 在未来的经营中，你是否打算借款？如果要借，你打算在长、短、高三种贷款中选择哪一种或哪几种？

3. 如果你的企业出现资金断流，而你只能在高利贷和应收账款贴现两者间做出选择来弥补资金不足，你会选择哪一种？请分析这两者各自对企业的好处和坏处。

任务六 厂房、费用及税金规则

一、厂房规则

1. 规则内容（如表 3-17 所示）

表 3-17 厂房规则

厂房种类	最大数量	买价	租金	售价	厂房容量
大厂房	1 个	40M	5M/年	40M（4Q）	6 条生产线
小厂房	1 个	30M	3M/年	30M（4Q）	4 条生产线

本规则规定，企业可以拥有的厂房有两种，分别为大厂房和小厂房，大厂房和小厂房最多都只能有一个。大厂房可以容纳 6 条生产线，小厂房最多可容纳 4 条生产线，因此企业最多可有 10 条生产线。当前这家企业已经购买了大厂房，购买价格是 40M，所以对企业团队来说，将来的决策主要在于：是否要使用小厂房？如果使用小厂房，是租还是买？是否要卖出大厂房变现解决资金不足？

厂房的租或买决策在每年年末，因此企业可以在年中先使用小厂房，到年末时再决定买或租，小厂房买价 30M，租金每年 3M。厂房的出售每季度有一次机会，厂房卖出时是以原价出售，但必须注意括号中的 4Q，即企业在卖出厂房时只能拿到四个季度的应收账款而不是现金，若企业出售厂房当季已出现资金缺口，则只能将出售厂房所得应收账款申请贴现（40M 按 7 的倍数最大只能贴 35M，扣除 5M 的贴息，企业到手现金只有 30M）。

企业出售大厂房时，若大厂房中还有生产线，则年末必须为大厂房支付租金 5M。也就是说，在大厂房有生产线时，厂房出售的实质是买转租。需要特别注意的是，厂房中任何生产线不能任意挪动位置，即使是大厂房中的两条生产线也不能任意互换位置，生产线一旦开始建设就必须固定位置，因此，企业出售大厂房后，将大厂房生产线挪至小厂房从而不交大厂房租金是完全错误的做法。

2. 操作要领

（1）购买厂房

若企业在年末要购买厂房，则从现金库取出相应的现金交给裁判，领取两个空桶放置于厂房右上方"￥"位置，代表企业拥有该厂房，操作完成。

（2）租用厂房

企业从现金库取出租金数额，置于费用区域的租金栏，操作完成。

（3）出售厂房

企业将要出售厂房右上方"￥"处空桶拿掉，在应收账款四期位置放置空桶，并填写一张 40M 的单据放置在空桶中，操作完成。

二、费用规则

本规则所涉及的大部分费用已在前面的规则中提及，这里主要关注的是费用的归集，并对此前未涉及的费用以及费用的明细核算加以介绍。

1. 综合费用

在沙盘运营中，每年年末要将广告费、管理费、维修费、转产费、租金、市场开拓（费用）、产品研发（费用）、ISO 认证（费用）、其他（费用）共计九个项目合计起来，其合计数称为综合费用。

（1）广告费

企业当年年初投放的广告。

（2）管理费

所谓管理费，就是管理费用，是用于企业行政管理部门组织和管理生产经营活动的费用，在现实企业运营中，管理费用包含的项目很多，如管理人员工资、差旅费、办公费以及退休人员工资等。在沙盘运营中，管理费规定为固定额度支出，主要指管理人员的工资（请与前面规则中的工人工资关联记忆，工人工资在产品上线生产时支出，即加工费或人工费，每上线一个产品时，需要支出 1M 加工费）。规则规定，每个季度固定支出管理费 1M。所以，企业每年的管理费都是 4M。

（3）维修费

年末每条已安装完成且未出售的生产线需交 1M 维修费。

（4）转产费

只有半自动和全自动线需要转产费，半自动需要 1M 和一个季度转产，全自动需要 4M

并且分两季度申请转产。

（5）租金

租金指厂房租金，大厂房 5M/年，小厂房 3M/年。

（6）市场开拓（费用）

当年累计在市场开拓中投资额。

（7）产品研发（费用）

当年累计在所有产品研发中的投资额。

（8）ISO 认证（费用）

当年累计在 9K 和 14K 中的投资额。

（9）其他

其他也称为损失，主要包含两项。

项目一，当企业出售生产线时，若净值大于残值，则残值部分是企业的现金收入，超过残值的部分就计入其他；

项目二，企业当年有订单出现违约，则订单没收，同时还需罚违约金，违约金计入其他。违约金按违约订单总额（即订单总价）的 20% 向下取整收取。

2. 利息与贴息

利息包括长贷、短贷、高利贷利息，发生这三项利息时都计入费用区利息栏。

贴息是贴现时产生的贴现利息。

利息与贴息在年终填制报表时，将全部归入财务支出。

3. 折旧费

折旧即生产线每年按净值所提，单独列项为折旧费。

以上是企业在运营中产生的各种费用，综合费用、财务支出、折旧都将出现在企业年末编制的利润表，并都将影响企业当年的净利润，费用数额越大，则企业的净利润就越低，因此，分析费用项目，想办法节约开支是企业提高获利水平的重要途径。

三、税金规则

在沙盘模拟中，税收只有一种，即所得税。

基本规则：按税前利润的四分之一（25%）向下取整计算所得税，若计算结果小于 1M 则所得税就取 1M。当年计算的所得税只计入应交税金，到下年年初才实际交纳。

计算所得税的具体内容如下：

当本年税前利润为负数时，即意味着当年企业发生亏损，不需交所得税，所得税为零。

当本年税前利润为正数时，还需查往年报表，若此前有亏损的，先用税前利润弥补以前年度亏损，弥补后还有剩余的，剩余部分按四分之一计算所得税，无剩余则不用交税，弥补后还有亏损的，留待下一年继续弥补，连续五年弥补亏损但仍未弥补完的，则不再弥补。

当本年税前利润为正数且此前亏损已弥补完或此前无亏损，则按税前利润的四分之一计算所得税。

以企业团队将接手的这家企业举例，该企业在第一年之前无亏损，上一年年末所有者权益为66M。

第一年年末企业税前利润-26M，则所有者权益降至40M（所有者权益由股东的资本投入和历年利润所构成，资本不变，因此所有者权益的变化取决于利润，66-26＝40）。税前利润为负数，不需要交税。

第二年年末，企业税前利润为5M，由于上年亏损26M，5M不足以弥补上年亏损，不需交税，年末所有者权益为45M（40+5＝45）。

第三年年末，企业税前利润20M，弥补以前年度亏损后，无剩余（上年弥补5M，今年再弥补20M，总亏损26M，还差1M未弥补），不需交税，年末所有者权益为65M。

第四年年末，企业税前利润5M，弥补以前年度亏损后还剩4M，将4M按四分之一向下取整，交税1M，年末所有者权益69M（65+5-1）。

第五年年末，企业税前利润-2M，不交税，年末所有者权益67M。

第六年年末，企业税前利润10M，因上年亏损2M，弥补亏损后将剩下的8M按税率交税2M，年末所有者权益75M（67+10-2）。

从上面各年所有者权益的变化，也可以得出从所有者权益判断是否应交所得税以及计算所得税的另一个办法。

首先企业最初起点权益是66M，这是判断是否交税的第一起点。由于此前无亏损，因此，若某年权益预计（将上年所有者权益与当年税前利润直接相加即为当年的权益预计数）超过66M时，超过66M的部分就需交税，否则，若权益预计小于等于66M，无论当年税前利润正负都无需交税。当某一年交过税后（如上例中第四年，交税1M，年末权益69M），判断是否交税的起点发生变化，从该年往后，权益预计超过交税年权益时（如第四年的69M），超过部分交税，否则不交税，若在交税年下一年出现税前利润为负，则在在后续年企业获利时还需弥补出现的亏损。简单而言，起初以66M为起点，但当企业交税后，要以新的最高权益为起点，因为企业在最高权益之前的部分已经交过税，所以只有当权益再次超过最高权益后才需要交税。

企业下年年初交税时，从现金库取出对应的税额放置于费用区旁的税金栏即可。

思考题：

1. 费用规则对你的经营战略有何启发？如何从费用着手提高当年的利润？

2. 如果现在有一家白手起家的企业，股东投入60M，起始权益60M（白手起家，此前无经营因此无亏损），第一年税前利润-20M，第二年税前利润25M，第三年税前利润-3M，第四年税前利润5M，第五年税前利润-3M，第六年税前利润4M，试计算企业各年所得税应交多少？企业最后所有者权益将是多少？

任务七　团队运营成绩分值计算规则

一、成绩计算公式

团队运营成绩=第六年企业所有者权益×（1+综合发展潜力分/100）−高利贷扣分−其他扣分。

其中，综合发展潜力分是将企业至第六年时已完成的各种研发工作、目前拥有的生产线等指定分值，并加总后得到。所有者权益代表企业当前获利水平，综合发展潜力则代表企业未来发展态势，综合发展潜力下所包含的各个单项分值标准见表3-18。表3-18中的其他扣分可由裁判在赛前规定，如报表提交效率加/扣分、广告费提交效率加/扣分、报表错误扣分等。

表 3-18　综合发展潜力系数计算分值标准

项目	综合发展潜力系数分值标准
大厂房	15分
小厂房	10分
手工生产线	5分/条
半自动生产线	10分/条
全自动/柔性线	15分/条
区域市场开发	10分
国内市场开发	15分
亚洲市场开发	20分
国际市场开发	25分
ISO9000	10分
ISO14000	10分
P2产品开发	10分
P3产品开发	10分
P4产品开发	15分
本地市场地位	15分/第六年市场第一
区域市场地位	15分/第六年市场第一
国内市场地位	15分/第六年市场第一
亚洲市场地位	15分/第六年市场第一
国际市场地位	15分/第六年市场第一
高利贷扣分	−4分/ 20M
其他扣分	裁判定义

这里所有分值计算均以第六年经营结束时企业当前状态为计算依据，企业出售的生产

线不计算分值，市场地位项必须是经营结束当年的市场老大才有分，此前各年所得市场老大不计算分值。

二、案例：团队运营成绩计算

例：根据 A、B 两家企业第六年所有者权益及发展潜力计算运营成绩，A、B 第六年所有者权益及发展潜力具体数据（如表3-19所示）。

表中市场开发、ISO认证、产品开发的1代表企业截至第六年已完成该项，市场地位的1代表企业在第六年时是该市场老大，如 B 企业本地市场地位1，意味着 B 企业第六年结束时是该市场老大。高利贷的数字由六年累计高利贷数额/20M 得到。

表 3-19 A、B 企业第六年所有者权益及发展潜力数据

项目 \ 组号	A	B	项目 \ 组号	A	B
大厂房	1	1	P2 产品开发	1	1
小厂房	1		P3 产品开发	1	1
手工生产线	4	1	P4 产品开发		1
半自动生产线	2	1	本地市场地位		1
全自动/柔性线	4	4	区域市场地位		
区域市场开发	1	1	国内市场地位		
国内市场开发	1	1	亚洲市场地位		
亚洲市场开发	1	1	国际市场地位		
国际市场开发	1	1	高利贷扣分	4	
ISO9000	1	1	其他扣分		
ISO14000	1	1	所有者权益	75	73

1. 综合发展潜力分计算

由表3-18、表3-19得 A 企业的综合发展潜力系数如下所示。

A 企业综合发展潜力分 = 15（大厂房）+10（小厂房）+4*5（手工线）+2*10（半自动线）+4*15（全自动/柔性线）+10（区域市场开发）+15（国内市场开发）+20（亚洲市场开发）+25（国际市场开发）+10（9000认证）+10（14000认证）+10（P2研发）+10（P3研发）= 235。

B 企业综合发展潜力分 = 15（大厂房）+5（手工线）+10（半自动线）+4*15（全自动/柔性线）+10（区域市场开发）+15（国内市场开发）+20（亚洲市场开发）+25（国际市场开发）+10（9000认证）+10（14000认证）+10（P2研发）+10（P3研发）+15（P4研发）+15（本地市场老大）= 230。

2. 团队运营成绩计算

A 企业团队运营成绩 = 75（所有者权益）*[1+235（综合发展潜力分）/100]-4*4（高利贷扣分，每20M扣4分，累计 A 企业借了80M）= 235.25。

B 企业团队运营成绩＝73（所有者权益）＊［1+230（综合发展潜力分）/100］－0（无扣分）＝240.9。

计算结果，B 企业胜出。

思考题：

1. 试确定一个预期的运营成绩，并考虑如何实现。

2. 本任务的案例中，A 企业无论是综合发展潜力分还是第六年所有者权益均比 B 企业高，但最终却败给 B 企业，试分析主要原因。

模块小结

本模块对企业经营模拟的全部规则做了详细讲解，使企业团队在正式运营前，对运营各环节要求都有了充分了解；同时，对这部分内容的掌握还需要企业团队不断加强实践，在经营过程中反复分析规则的内涵，从中找出有利于企业经营的关键因素，把握住竞争致胜的机会，取得好成绩。

关于研发认证的规则，我们主要讲了市场开拓、ISO 认证和产品研发三项规则。企业必须把握研发的时机，把生产线的建设、产品的研发、市场的开拓等工作联系在一起，使研发认证工作成为企业赚取利润的保障而不是成为企业所有者权益的拖累。企业必须认真对待"可以中断，但不能加速投资"的规则规定，切勿因中断研发而造成新产品难以上线或认证工作失去意义。

生产采购规则是关于生产的规则和采购的规则，企业需保证每一时刻，生产线上只能有一个在制品，上线的在制品由原料和加工费构成。采购是容易犯错的环节，原料需提前订购，但一次性大批量订购可能会造成企业资金占压，因此，采购总监需要制订合理的采购计划，它首先要根据生产总监的生产计划并计算好提前期来制订，其次还需考虑生产中的灵活性安排，从而使企业资金流通顺畅，同时有充足的原料上线生产。

生产线规则是所有规则中内容最多、要求最复杂的规则之一。每一种生产线有其不同的特点，各有优势，也各有不利因素，企业团队需要对每一生产线的买价、安装周期、生产周期等做比较分析，将每一生产线与每一种产品尝试配对生产，比较不同生产线生产相同产品对企业收益的影响，以及对相同生产线生产不同产品对企业收益的影响，从而制定出一个合理的生产线建设计划，使企业的生产销售能获得最大收益。同时，企业也需要考虑生产线建设必然会受到资金的束缚，因此，如何在现有条件下去筹集资金，最大限度满足生产线建设也是企业发展中的重要问题。

订货会及广告投放规则是企业销售产品的关键所在，企业致力于将产品尽可能销售出去，若广告投放不合理，往往会导致高广告低收益甚至无收益。企业团队首先要正确认识市场老大给企业能带来的好处，把握企业争取市场老大所能承受的广告成本。同时，企业还需要对其他企业的广告投放不断进行分析，摸清竞争对手投放广告的特点和习惯，从而争取以尽可能小的广告成本获取最大收益。

　　筹资规则将沙盘模拟运营中企业可以利用的四种筹资方式做了一一讲解，企业团队需要关注四种筹资方式的时机，在运营中能在适当时机进行筹资。筹资是企业扩大生产规模必然借助的手段，仅靠自有资本的企业很难有长足发展。但企业必须对四种筹资方式对企业可能影响有清晰的认识，提前预估筹资成本对企业所造成的负担以及偿债的可能性，唯有如此，企业的筹资才能为企业发展添砖加瓦，否则，过大的筹资成本可能会成为压垮企业的最后一根稻草。

　　费用规则把企业经营中的各种费用做了列举与归集，并特别提出，所有费用开支都将对企业的获利构成影响，费用越高，则企业的利润空间越狭窄，甚至造成企业亏损。对费用项目的逐一分析归类，可使企业在未来发展有一个费用管理的规划，把不必要的开支排除于企业经营，从而实现"节流"，这样可以相对扩大企业的利润规模。

　　运营成绩计算规则是企业团队最终成绩的决定规则，从中可看到，所有者权益高低只是企业最终成绩的决定因素之一，此外企业的综合发展潜力在最终成绩上也具有决定意义，认真的分析应该还可以认识到，两者间存在一定的矛盾，所有者权益绝对高则意味着综合发展潜力相对受压制。企业团队必须认真思考，要不断平衡所有者权益与综合发展潜力两者，使企业的最终成绩接近最大化。成功的企业经营不但在所有者权益上要保持高水平，同时还需要保持很好的发展潜力。

　　本模块是企业模拟经营学习中的重点和难点，企业团队必须认真把握所有规则，并且要做到深入细致地分析各项规则，要善于利用规则，只有通过实战中对规则的反复推敲和运用，才能真正吃透规则。同时，必须强调的是，规则和市场预测都很重要，只分析规则而不分析市场，并不能制定出合理的战略，一个优秀的战略设计需要结合规则和市场预测，还需要对竞争对手的动态把握。

模块四

起始年的经营

起始年也叫教学年，是在正式运营中第一年之前的一年，是以模块二中所摆放的初始状态盘面为起点，完整的经营一年，在这一年主要的目的是让所有企业团队能够掌握企业经营的流程，并能掌握流程中的每个步骤及其操作，从而为正式运营做好最后的准备。

任务一　起始年的基本说明

一、企业经营的延续性

企业的经营是连续不断的过程，初始状态盘面就起始年经营的起点，即当前的盘面时间点是起始年的年初，接下来将经营完整一年，而起始年年末状态又成为下一年的起点，起始年的年末状态就是正式运营第一年的年初状态，如此，每一年年末成为下一年年初，直至第六年经营结束。

二、起始年的特殊要求

1. 所有 6 家企业经营完全一致

起始年只是对流程的了解和熟悉，因此所有企业起点一致，每个步骤所做操作也完全一致，并保证结果完全一致，从而使正式运营的起点完全一致。

2. 起始年所有企业不申请任何贷款

除了初始状态盘面中 40M 的长期贷款需要继续更新之外，起始年内不再申请任何长贷、短贷或高利贷，这是保证下一年各企业借贷额度不受起始年影响。

3. 起始年不购买厂房

企业当前已拥有大厂房，起始年经营中暂不购买小厂房，也不租用小厂房。

4. 不进行新市场开拓

企业目前拥有本地市场准入资格，而区域、国内、亚洲、国际等市场都还未开拓，为不影响企业团队的研发投资决策，本年不做任何市场开拓操作。

5. 不进行 ISO 认证

ISO9000 和 ISO14000 在起始年均不做任何投资认证，留待正式经营中由企业自行决策。

6. 不进行产品研发

除了 P1 拥有生产资格外，P2、P3、P4 均尚未研发，起始年不做任何研发操作，由企业在正式运营时自行决策研发产品的种类和顺序。

7. 不购买建设新生产线

企业目前拥有三条手工线和一条半自动，在起始年中，生产中心只维持现有生产规模，不购买和建设任何新生产线。

8. 原料订单数量固定为每季1R1

在正常经营中，每季度下多少原料订单取决于企业生产上线情况，并不固定，而在起始年，为了将关注点放在企业流程而不是采购的细节上，因此规定，所有企业每个季度固定地只下一个1R1原料订单。

9. 保持生产持续进行

企业的三条手工线和一条半自动线在初始盘面中都有在制品，保持生产持续进行意味着每季度生产线上的产品都要更新生产，当有产品下线时，同时还要上线产品。

三、起始年经营的环节及顺序

1. 运营流程及运营流程表的填制

企业的运营工作就体现在运营流程表中，运营流程表中每一格代表一个运营步骤，因此，在运营过程中，企业团队每做完一项操作对应地就要在运营流程表填制一格。整个操作被分为年初、日常运营、年末三大块。运营流程表填制顺序为从左上角第一格开始纵向顺序填制，依次填列第一列、第二列直至第四列。当运营流程表填制完成，意味着本年的运营工作结束，接下来将进入各类报表编制工作。在运营流程表填制期间，企业还将完成订单登记表的编制。

2. 产品核算统计表编制

3. 综合费用表编制

4. 利润表编制

5. 资产负债表编制

思考题：

1. 初始盘面中原有多少原料？如果每季下一个原料并维持生产的话，原料够用吗？
2. 既然企业不做任何新的建设工作，除生产外是否还有消耗现金的其他工作？
3. 请翻阅附录中起始年报表，试解读报表间的数据联系。

任务二 运营流程操作及步骤详解

本项任务主要完成运营流程的各项操作，同时完成运营流程表的填制及订单登记表的填制，在操作过程中，将对每个运营流程步骤做详细讲解，使各企业团队能完全掌握运营流程各步骤的要求。

根据运营流程表的结构（起始年空表见附录），可将一年的所有工作区分为年初运营、日常运营和年末运营三块，年初与年末每项工作只做一次，而日常运营工作则在一年四季都有。

在填制运营流程表时，区分现金和非现金项目做填制，若某项操作有现金收入，则以正数填写，现金支出填负数，若本项操作未涉及现金，则视情况填制具体数据或操作好的项打勾，本次不操作的项打叉。

整个运营流程表的运行操作由 CEO 控制进行，其他成员必须在 CEO 指挥下逐项操作，不得随意跨越步骤，以免造成操作失误。

一、年初运营——新年度规划会议

1. 步骤详解

新年度规划会议由企业团队的 CEO 召集所有人员参加。每年年初召开规划会议，对企业未来发展做出详细规划，尽管每年召开一次规划会议，但所讨论的未来发展不能仅有一年，一般而言，企业至少要做未来三年的发展规划，甚至要考虑未来六年的发展规划，只有立足于长远发展，企业的规划才有意义。新年度规划会议的内容主要包括以下几方面。

（1）市场开拓规划

（2）产品研发规划

（3）ISO 认证规划

（4）生产线建设规划

（5）厂房规划

（6）筹资规划

企业的规划并不是简单通过口头讨论就能确定，它需要企业的总经理与财务总监、财务助理等相关角色把所有的想法通过深入细致的预算工作对企业未来数年间现金流、权益变动等情况做出仔细的分析验证，在不同规划方案间做出比较，从而才可能制定出一个合理规划。

2. 操作

起始年旨在熟悉运营流程，因此暂不需要做详细的预算等操作，在该步骤栏打勾即可。

二、年初运营——投放广告

1. 步骤详解

新年度规划会议的最后一项内容，要决定当年年初的广告费投放，此项工作既包括对广告费的总量概算，也包括对分市场分产品的具体广告费确定，需要企业认真分析市场，在分析竞争对手后做出决策。

在起始年和正式经营的第一年，由于企业只有 P1 生产资格，因此只能进入本地市场销售产品，广告费只需要决定一项，即本地 P1 广告费，从第二年开始，随着企业市场开拓和产品研发的展开，需要在广告竞单表中具体填列本地、区域、国内各市场下各具体产品的广告费数据，从第三年往后，企业还要考虑是否再额外增加 ISO 的广告费。ISO 广告费投放前提是企业已经通过认证，投放时只针对市场不针对具体产品，即如果企业在本地ISO9000 投 1M，则本地所有产品带有 9K 条件的订单都有权争取。

2. 操作

起始年各企业保持操作一致，因此，所有企业广告费均投放 1M。

财务总监从现金库中拿出 1M 放置于费用区域的"广告费"位置，所有企业人员在运营流程表"投放广告"栏填"-1"。

正式运营年时，除上述操作外，还需要各企业 CEO 和营销总监在讨论结束后填列广告竞单表并将广告竞单表提交给裁判，起始年无此项操作。

三、年初运营——参加订货会/登记销售订单

1. 步骤详解

该步骤包含两项工作，其一是各企业营销总监将广告竞单表提交给裁判后，由裁判将所有企业广告输入模拟平台，并给予各组 1 至 2 分钟时间查看所有企业广告费（企业需要在此环节迅速地判断自己所投广告在各市场各产品的排名及可能拿单情况，提前做好选单准备），之后宣布当年订货会开始，所有企业由 CEO 和营销总监代表企业参加订货会，在由裁判根据规则确定选单顺序后，各企业依序争取各市场订单。其二是订货会结束后，各企业将所争取到的订单依次登记至订单登记表中，计算填列订单表中的成本、毛利等项数据，并核对正确。

2. 操作

起始年各组所投广告均为 1M，拿到的订单也完全一致。

登记销售订单操作主要由营销总监、营销助理在订单登记表中登记如表 4-1 所示订单，其他企业成员建议也做登记，以备核对。

表 4-1 起始年订单（本地市场 P1 产品）

编号	1
数量	6
单价	5.3
总额	32
账期	2
条件	
	A、B、C、D、E、F

其中，订单号、市场、产品、数量、账期订单中都有明示，照填即可。订单登记表中的销售额指订单中的总额，即该张订单的销售收入。成本、毛利需要各企业自行计算。这里所谓成本指直接成本，即生产 6P1 所花费的直接原料、直接人工总和。1P1 由 1R1 和 1M 加工费构成，而 R1 购价为 1M，因此，1P1 直接成本 2M，6P1 直接成本 12M。

毛利即毛利润，是指企业销售收入只扣除直接成本后的结果，因为还没有扣除其他成本和费用，只是利润的一个粗略水平，与之相对，将所有直接、间接成本、费用从销售收

入中扣除后得到的项目则称为净利润。本订单毛利＝32（销售额或销售收入）－12（该订单直接成本）＝20。起始年订单登记表填列示例（如表4-2所示）。

为慎重起见，企业在进行本步骤操作时，也可暂不填列各笔订单的销售额、成本和毛利，因为只有真正确保交货的订单才需要填列这三项，如果企业出现订单违约，则无需填列销售额、成本和毛利。未售栏针对企业出现违约订单的情况，若企业有订单出现违约时，则在该订单的未售栏打勾或计算填列违约金数额，若订单正常交货，则无需在该栏做任何处理。

订单登记完毕并核对无误后，企业所有成员在运营流程表"参加订货会/登记销售订单"栏打勾，表示该项工作已做完。

表4-2　订单登记表（起始年）

订单号	1									
市场	本地									
产品	P1									
数量	6									
账期	2									
销售额	32									
成本	12									
毛利	20									
未售										

四、年初运营——制订新年度计划

1. 步骤详解

年初已经制定了新年度规划，但新年度规划是企业在期望销售基础上所制定，在参加订货会时，企业所拿到的订单与预期订单会有差异，并且，竞争对手拿单情况也会影响企业对未来走向的判断。因此，在订货会后，企业需要根据实际拿到的订单对原有的规划做调整，并针对年度销售订单做出本年生产采购的详细安排，具体来讲，制订新年度计划主要包括对预算方案的调整、生产计划和采购计划的安排调整等。

（1）预算的调整

企业未拿到期望订单，对企业当年应收账款现金回笼、期末所有者权益等都可能造成影响，因此企业 CEO、财务总监、财务助理等人员需要重新调整现金和权益预算，以确保当年预算方案可行以及下一年可以有足够的借贷额度。

（2）生产计划安排调整

生产总监、生产助理根据当前企业拿到的实际订单，重新安排生产计划，包括生产线的建设计划、转产计划、生产线变卖等，同时还需要考虑订单的及时交付，合理安排产品上线生产计划。

（3）采购计划安排调整

根据重新制订的生产计划，采购总监、采购助理重新安排原料订购计划，确保企业有足够的库存原料。

2. 操作

在正式年经营中，企业总是需要不断调整预算，并根据预算方案调整生产计划和采购计划，当计划安排完成后，在运营流程表中新年度计划栏打勾。起始年所有企业操作一致，新年度计划已经固定，企业所有成员在运营流程表制订新年度计划栏直接打勾即可。

五、年初运营——支付应付税

1. 步骤详解

所谓应付税就是企业上年所计算出的所得税。上年末，企业计算出所得税后并未立即支付，而是计入应交税金，留待本年交付。每年应支付的应付税显然并不相同，因此，需要通过查询上年利润表中所得税项或资产负债表中应交税金等报表获取应付税数据。起始年年初应支付的应付税可通过查询企业初始状态数据得到（模块二任务三表 2-1 利润表或表 2-2 资产负债表），查询可知，上年所得税（资产负债表中为应交税金）为 1M。

2. 操作

查询上年报表，获得所得税项或应交税金项数据，按税金数目从现金库取现金置于费用区域税金栏。起始年税金 1M，由财务总监从现金库取 1M 放置于税金栏。

至此，年初运营结束，将进入四个季度的日常运营工作。

六、日常运营——季初现金盘点（第一季）

1. 步骤详解

本步骤是季度日常运营工作的起点，以下各项任务未在标题处声明为第二季操作前，所有各项都是第一季运营操作。现金盘点，就是对目前的现金库存进行盘查，确保现金库存账实相符。

2. 操作

企业所有成员依据运营流程表计算现金期初库存，根据计算结果填列结果数据，财务总监对盘面现金库进行清点，若账实相符，则继续下一步操作，否则需要查找可能错误的项目，或者从头开始经营。

本次盘点季初应有现金库存 18M，在第一季度季初现金盘点栏填列 18。

七、日常运营——更新短贷/还本付息/申请短贷（高利贷）

1. 步骤详解

本步骤包含三项工作，且三项工作有先后顺序。

（1）第一步——更新短贷

所谓更新短贷，就是更新短期贷款还款周期，短期贷款以季度为周期，因此，每更新一次短贷，就是把还款期限缩短一个季度。

（2）第二步——还本付息

更新短贷的持续进行使还款周期不断缩短，最终到需要还款时，企业需要连本带利一次性还款。

（3）第三步——申请短贷

企业若要申请短贷，可在进行完第一、二步后提出申请，但申请短贷必须保证有足够的贷款额度。

高利贷的性质与短贷相似，但高利贷可以在任何时间点申请，这里主要强调高利贷的还款，当归还短贷时，同时也要归还到期的高利贷本息。短期贷款到期时，必须先还款再贷款，对高利贷裁判可放宽要求，当无法偿还高利贷时，企业可申请先借高利贷再偿还。

2. 操作

（1）更新短贷

若财务中心的短期贷款栏下 Q4-Q1 各栏中有空桶，则将所有空桶都往右移动一格，这意味着更新的结果是离还贷又近了一个季度。若无空桶则无需做任何操作。

（2）还本付息

若第一步操作的结果导致有短贷空桶从 Q1 往右移至现金库，则代表当季需要还掉该笔短期贷款及其利息。从现金库取本金及利息（一个短贷空桶代表 20M 欠款，按利率 5%，本息一共要还 21M），将本金交还裁判，利息单独放置于费用区域的利息栏。在运营流程表中第一季"更新短贷/还本利息/申请短贷"栏填写所支付的本息和（如还 21M，则填-21）

（3）申请短贷

从银行领取申请数额后直接放入现金库，即申请到的短贷可以马上用于现金支出。在短贷 Q4 位置放置对应数量的空桶。在表格中第一季"申请短贷"栏用正数填写申请的数额。

起始年企业无短贷空桶需要更新，自然也不需要还短贷，且起始年不申请任何贷款，因此该步骤起始年不操作，请在第一季该栏打叉。

八、日常运营——更新应付款/归还应付款

所谓应付款是指企业以赊购方式购买原料，从而形成企业应在将来支付给供应商的应付款，当赊购期结束时，企业需要支付赊购原料的价款。其操作与应收账款类同。不过，在企业沙盘模拟经营实战中，不允许企业在任何时候以赊购形式购买原材料，因此，请将起始年中该栏目直接划掉。

九、日常运营——原材料入库/更新原料订单

1. 步骤详解

这里虽然也有"/"，但与前面短贷情况不同，它只有一项工作，即更新原料订单，只有当更新原料订单导致原料到货时，才会出现原材料入库。每季度企业都会根据生产需要下原料订单，所下的原料订单到下一季度就需要更新，即将到货时间缩短一个季度，若为 R1、R2 原料，更新订单的结果则是原材料入库，需要企业支付现金购买原材料，若是 R3、R4 则需要连续更新两个季度，原材料才会入库。

2. 操作

由采购总监将所有原料订单空桶往上移动一格，起始年只有两个 R1 原料订单空桶，移动的结果两个空桶都入库了，即需要一手交钱，一手交货。财务总监从现金库中取出对应的原料价款（2M）交给采购总监，由采购总监支付给原料供应商（裁判），采购总监从原料供应商（裁判）处领取 2R1 放置于移入仓库的订单空桶中。所有企业人员在运营流程表中填制本次支出金额−2。

十、日常运营——下原料订单

1. 步骤详解

由于原料订购不能及时到货，因此需要先下原料订单，经过每季度的更新原材料，最终原材料入库，企业收到原料后支付价款。下原料订单只是原料的订购，因而不需要支付现金。

2. 操作

起始年要求中已说明，起始年采购总监不必专门制订原料采购计划，每个季度固定地下 1R1 原料订单。采购总监、采购助理取一个空桶放置于 R1 原料订单位置。所有企业人员在运营流程表中填写 1R1。

十一、日常运营——更新生产/完工入库

1. 步骤详解

更新生产/完工入库就是更新生产线上的在制品生产进度，当有在制品下线时，则将下线的产品放入对应的产品仓库。

2. 操作

起始年第一季企业生产线上的四个在制品分别处于 1Q、2Q、3Q、1Q。本步骤盘面操作主要由生产总监及生产助理完成。生产总监将生产线上的每个在制品往上移动一格（如 2Q 在制品前移至 3Q），本次更新的结果为 2Q、3Q、产品下线、2Q，下线 1P1，更新后下线的产品放于 P1 成品库。所有成员在运营流程表第一季该栏填制当季下线的产品种类和数量（1P1）。

十二、日常运营——投资生产线/变卖生产线/生产线转产

1. 步骤详解

这一步中包含三项工作，由企业根据预算方案决定是否要投资、变卖和转产。其中，投资生产线和变卖生产线没有严格的先后顺序，变卖生产线后可立即在变卖后留下的空位上投资建设新生产线。

2. 操作

（1）投资新生产线

生产总监领取生产线标识，翻转放置在空置生产线上的位置，在标识上放置与生产线安装周期期数相同的空桶，按季支付安装费，企业所有成员在运营流程表中以负数填写当

期安装费（所有投资完成后的下一季度，翻转生产线标识，领取产品标识，投入使用）。

（2）变卖生产线

生产总监将生产线及其产品生产标识交还裁判，将净值全部取出，残值部分交给财务总监，净值与残值的差额部分交由财务总监放在费用区域中的其他栏。企业所有成员在运营流程表中第一季该栏填写变卖所得现金数额（正数）。

（3）生产线转产

生产总监持原产品标识在裁判处申请领取新产品生产标识，将新产品生产标识反扣在生产线产品标识处，转产期内，财务总监按季将季度平均转产费从现金库取出置于反扣的产品标识处（也可直接将转产费放于费用区的转产费位置，以便于跨年转产情况的费用统计），企业所有人员在该栏按负数填写当期转产费。转产期满后将转产费放入费用区转产费，将产品标识正面放置。

起始年不做任何新生产线建设、变卖生产线以及生产线转产，请在运营流程表中将该栏打叉。

十三、日常运营——向其他企业购买原材料/出售原材料

本项操作即是当企业缺少生产用原材料时，与其他企业通过协商购买原料，或企业购买原料超出需求时，将多余原料以协商价格出售给其他企业。但企业间任何形式的交易都会对其他企业产生影响，容易导致不正当竞争，因此，在本次沙盘模拟运营实战所有年度都禁止所有企业间所有形式交易。请将起始年中该栏目划掉。

十四、日常运营——开始下一批生产

1. 步骤详解

所谓开始下一批生产，就是指在空的生产线上可以上线新的在制品，继续下一轮的产品生产。企业在正式运营中，可自行决策是否上线生产产品，若企业决定让生产线暂时空置，则构成该生产线停产。若决定上线生产，则上线多少个产品就决定将支付多少加工费（人工费，工人工资）。必须注意的是，开始下一批生产位于投资生产线/变卖生产线/生产线转产操作之后，可使企业可以把刚建好的生产线立即投入使用，同时避免把本该变卖的生产线错误地用于新一轮生产。

2. 操作

起始年第一季第三条手工线在制品已下线，可以上线新在制品，且只能上线 P1。采购总监从 R1 原料库中取出 1R1 连原料桶一起交给生产总监，生产总监将原料桶放置于第三条手工线 1Q 位置，财务总监从现金库取 1M 交给生产总监，由生产总监投放在 1Q 原料桶中。企业所有人员在运营流程表中填写本次所花的加工费（-1）。

十五、日常运营——更新应收款/应收款收现

1. 步骤详解

应收账款为企业赊销产生，在应收账期内，每季度需要更新应收款，即缩短客户支付

现金的时间，待更新至现金库时，企业将收到该笔应收款。

2. 操作

起始年年初盘面有 3Q 应收账款 15M，由财务总监将该桶应收款向左移一格，即从 3Q 更新为 2Q。企业所有成员在该栏填写应收款的具体情况：15M，2Q。

十六、日常运营——出售厂房

1. 步骤详解

企业可将已购买的厂房出售以换取资金，目前，企业拥有大厂房，出售大厂房可换得 40M 的应收账款，账期为 4Q，即要一年以后才能收到现金。出售厂房每季度都可操作。需注意的是，厂房中若还有生产线，出售厂房后，年末需要支付租金。出售厂房可以缓解企业的资金压力，但也需看到，厂房出售会导致企业费用上升，影响企业当年获利。

2. 操作

在正式经营年度中出售厂房时，生产总监将厂房价值空桶拿掉，财务总监在应收账款四期位置放置一空桶，填写 40M 单据一张放于桶中，企业所有成员在运营流程表出售厂房栏填写 40M，4Q，下一季度时，将更新为 40M，3Q 并填写于更新应收账款栏目。

起始年既不购买厂房也不出售厂房，请在运营流程表中打叉。

十七、日常运营——向企业其他购买成品/出售成品

禁止企业间交易，请将该项目划掉。

十八、日常运营——按订单交货

1. 步骤详解

在以后经营中，企业可以拿到多张订单，除加急的订单外，企业可以在当年内自由安排交货时间，若交货时，订单无账期，即账期为零，企业可在交货同时收现。若订单有账期，则从企业交货的当期将形成应收账款。需注意，订单交货必须是整批交货，即必须完整交出该张订单所要求数量的产品。

2. 操作

订单交货操作时，由营销总监从产品库取出订单要求数量的产品，交给客户（裁判），若账期为零，则从客户（裁判）处直接获得现金放入现金库，企业所有成员在按订单交货栏填制收到的现金数额。若账期不为零，则由财务总监在应收账款相应位置放置单据桶，企业所有成员在按订单交货栏填制应收账款信息。

企业原有库存 3P1，第一季下线 1P1，当前 P1 产品库共有 4P1。企业订单要求交货 6P1，当季无法交货，请打叉。

十九、日常运营——产品研发投资

1. 步骤详解

由企业自行决策是否研发 P2、P3 或 P4 等产品。

2. 操作

正式运营时，若企业要研发某产品，由财务总监将季均研发费从现金库取出交给营销总监，由营销总监放置于对应的产品生产资格处，企业所有人员按负数在运营流程表中填制当季研发费，研发结束时，由营销总监凭累计研发额到裁判处换取产品生产资格证，再放置于对应位置。

起始年不做任何新产品研发工作，请在运营流程表产品研发栏打叉。

二十、日常运营——支付行政管理费

1. 步骤详解

行政管理费主要用于企业管理人员的工资，与一线工人不同，管理人员工资一般以固定金额支付，无论任何年度，每季度均支付 1M。

2. 操作

财务总监从现金库取 1M 放置于费用区域的管理费位置，企业所有人员在运营流程表行政管理费栏填 1M。

二十一、日常运营——其他现金收支情况登记

所谓其他现金收支情况，是指在运营流程表中，有些企业的现金收支找不到栏目可填，因而全部归集到其他现金收支。如应收账款申请贴现时，由于应收账款的贴现在任何时间都可申请，收到的现金没有专门的栏目供填写。再如企业当年有违约订单，需要交违约金，但也没有专门的违约金栏目，可填写于此栏中。需要注意的是，本栏只归集现金收入和支出，非现金项目不要放入。

起始年暂无此类项目，请打叉。

二十二、日常运营——现金收入合计及现金支出合计

至此步骤，第一季度工作即将结束，将运营流程表中当季的现金收入和现金支出分别进行加总填入表格栏，需要注意，由于季初时已做了现金盘点，此处的现金收支统计范围应在季初现金盘点之后至收支统计之前。

起始年第一季无现金收入，支出一共 4M（原料入库 2M，开始下一批生产 1M，行政管理费 1M）。

二十三、期末现金对账

期末现金对账账面数额=季初现金盘点+现金收入合计-现金支出合计。

每季度结束时以及年末全部工作结束时，都需要进行期末现金对账。首先按上式计算当季或年末应剩余的现金，然后由财务总监清点盘面现金库中现金数是否与之一致，若不一致则必须找出错误。在确保期末现金账实相符后，可以将对账金额填入下一季季初，进入下一季度操作。

起始年第一季度期末现金为 18M。

二十四、日常运营——第二季度运营

第二、三、四季与第一季步骤相同，第二季及以后的日常运营操作我们不再详细说明，只提结果或操作中重要事项。

1. 季初现金盘点——18M

2. 更新短贷/还本付息/申请短贷（高利贷）。该事项起始年暂不操作，在对应栏打叉

3. 原材料入库/更新原料订单

更新结果，企业上一季的原料订单到货，财务总监从现金库取 1M 支付给供应商，采购总监从供应商处领取 1R1 放入原料库。

4. 下原料订单——采购总监将 1 个空桶放于 R1 原料订单位置

5. 更新生产/完工入库

生产总监将生产线上每个在制品前移一格，本次下线 2P1。

6. 投资新生产线/变卖生产线/生产线转产。该事项起始年暂不操作，在对应栏打叉

7. 开始下一批生产

采购总监将 2R1 原料及桶给生产总监，生产总监将 2R1 原料桶分放于两条刚下线产品的生产线的 1Q，财务总监从现金库取 2M 给生产总监，由生产总监分别在新上线桶中各投 1M 加工费。

8. 更新应收款/应收款收现

财务总监把应收款桶往左移一格，更新结果为 15M，1Q。

9. 出售厂房。起始年不操作，打叉

10. 按订单交货

上季库存 4P1，本季下线 2P1，刚好可交 6P1 订单。由营销总监将 6P1 产品交给客户（裁判），财务总监根据订单账期在应收账款 2Q 处放 1 个空桶，将写有 32M 的一张单据放于该空桶。企业所有人员在按订单交货第二季栏目中要填写两项数据，一是交货的数量和产品种类：6P1，二是交货后收现情况：32M，2Q。下一季度应收账款更新时，记得要将这笔 32M 的应收转填至更新应收款栏目。

11. 产品研发投资。起始年不操作，打叉

12. 支付行政管理费。固定支付 1M。

13. 其他现金收支情况登记。暂无此项数据，打叉

14. 现金收入合计、现金支出合计、期末现金对账。收入 0，支出 4M，期末现金为 14M

二十五、日常运营——第三季度运营

1. 季初现金盘点。季初现金为 14M

2. 更新短贷/还本付息/申请短贷（高利贷）。此项暂不操作，打叉

3. 原材料入库/更新原料订单

财务总监从现金库取 1M 支付给供应商，采购总监从供应商处领取 1R1 放入原料库。

4. 下原料订单。采购总监将 1 个空桶放于 R1 原料订单位置

5. 更新生产/完工入库

生产总监将生产线上每个在制品前移一格，本次下线 1P1。

6. 投资新生产线/变卖生产线/生产线转产。此项暂不操作，打叉

7. 开始下一批生产

采购总监将 1R1 原料及桶给生产总监，生产总监将原料桶放于刚下线产品的生产线的 1Q，财务总监从现金库取 1M 给生产总监，由生产总监在新上线桶中投 1M 加工费。

8. 更新应收款/应收款收现

财务总监把应收款桶往左移一格，更新结果，其中一笔应收款 32M，1Q，另一笔 15M 到期收现。财务总监领取 15M 现金放于现金库，企业所有人员在运营流程表相应栏填写 15   32M，1Q。

9. 出售厂房。打叉

10. 按订单交货

本年只有一张订单并已于第二季度交货，年内所生产的产品只能留至下一年销售，因此，在本栏打叉。

11. 产品研发投资。打叉

12. 支付行政管理费。固定支付 1M

13. 其他现金收支情况登记。打叉

14. 现金收入合计、现金支出合计、期末现金对账。收入 15M，支出 3M，期末现金为 22M

二十六、日常运营——第四季度运营

1. 季初现金盘点。季度现金为 22M

2. 更新短贷/还本付息/申请短贷（高利贷）。打叉

3. 原材料入库/更新原料订单

财务总监从现金库取 1M 支付给供应商，采购总监从供应商处领取 1R1 放入原料库。

4. 下原料订单——采购总监将 1 个空桶放于 R1 原料订单位置

5. 更新生产/完工入库

生产总监将生产线上每个在制品前移一格，本次下线 2P1。

6. 投资新生产线/变卖生产线/生产线转产。打叉

7. 开始下一批生产

采购总监将 2R1 原料及桶给生产总监，生产总监将原料桶放于刚下线产品的生产线的 1Q，财务总监从现金库取 2M 给生产总监，由生产总监在新上线桶中各投 1M 加工费。

8. 更新应收款/应收款收现

财务总监把应收款桶往左移一格，更新结果，32M 到期收现。财务总监领取 32M 现金放于现金库，企业所有人员在运营流程表相应栏填写 32。

9. 出售厂房。打叉

10. 按订单交货。打叉

11. 产品研发投资。打叉

12. 支付行政管理费。固定支付 1M

13. 其他现金收支情况登记。打叉

二十七、年末运营——支付利息/更新长期贷款/申请长期贷款

1. 步骤详解

从本步进入年末运营环节，所有本部分工作每年只做一次。与短期贷款的处理类似，长期贷款也分为三个步骤，但步骤顺序不一样，这是由短贷和长贷的还款特点差异决定的。由于短贷都是一次性还本息，因此先更新，更新后有到期项就连本带利还，而长期贷款在未到期前需按年支付利息，到期时既还利息又还本金，因此不能只考虑更新后到期长贷的利息，而是无论当年是否到期，把所有长贷加起来，按 10% 计算并支付利息后再更新，更新后有到期的，再还本金。这里仍然强调，三个步骤有先后顺序，即必须先支付利息，然后再更新长期贷款，如更新结果有到期长贷，则要先还到期长贷本金，然后才能申请长期贷款。

2. 操作

（1）支付利息

将财务中心的长期贷款下所有空桶加总，按 10% 计算利息。起始年企业长贷空桶有两个，共计 40M 欠款，应付 4M 利息。由财务总监从现金库取出 4M 现金放置于费用区域的利息位置，企业所有人员在长贷栏填写-4。

（2）更新长期贷款

将财务中心的长期贷款下所有空桶右移一格，表示离还长贷又近了一年。起始年长贷更新前空桶位置分别为 FY5、FY4，更新后分别位于 FY4、FY3，两笔欠款均未到期，无需归还本金。

（3）申请长期贷款

申请长贷操作与申请短贷操作类同，除了将申请的长贷置于现金库外，要记住在长贷 FY5 位置摆放相应数量的空桶（每个空桶代表 20M）。起始年不申请任何贷款，因此本项操作不做。

二十八、年末运营——支付设备维护费

1. 步骤详解

年末时，只要已建成的线，无论企业是否正在上线生产，每条线按 1M 支付维护费。需要注意的是，若有新建生产线，第四季度投完最后一笔投资额并不算建成，不需交维护费，要等到投资完成的下一季度才算建成，下一年年末才需交维护费。

2. 操作

当前起始年年末，企业共有 3 条手工和一条半自动，一共要交 4M 维护费。由财务总

监从现金库取 4M 现金放置于费用区域维修费位置，企业所有人员在运营流程表维护费栏填写-4。

二十九、年末运营——支付租金/购买厂房

1. 步骤详解

由于企业早已购买大厂房，这里主要考虑的是小厂房问题。这里的"/"代表二选一，若企业在 1-4 季度经营时在小厂房中建设了新生产线，则在年末就面临一个选择，是租用还是购买。若租用，则需要支付租金，会影响到企业当年的获利，若购买，则需要的款项较大，但如果企业资金充足，则购买的厂房会成为企业的资产，不会产生任何费用，不会对当年获利产生影响。

2. 操作

在正式经营年度，若企业年末欲购买小厂房，则从现金库取 30M 交给裁判，并在小厂房价值处放置空桶，在运营流程表中该栏填制-30；若要租用小厂房，则直接从现金库取 3M 放置于费用区域的租金栏，在运营流程表中该栏填制-3。起始年不涉及任何厂房购买出售操作，因此请在该栏打叉。

三十、年末运营——计提折旧

1. 步骤详解

根据生产线规则折旧部分，企业建成并已使用一年以上的生产线，每年末按净值的三分之一向下取整计提折旧。折旧计提是从净值提取，不涉及现金，因此本项既非现金收入也不是现金支出，可以看到，在运营流程中，该项有括号，表示不计入现金收支计算。

2. 操作

目前的三条手工线和一条半自动线，显然都已使用一年以上需要计提折旧。按三分之一向下取整，每条线刚好计提 1M 折旧。生产总监从每条线净值桶中各取 1M，将累计 4M 折旧放置于费用区域的折旧栏，企业所有人员在该栏括号中填 4。

三十一、年末运营——新市场开拓/ISO 资格认证投资

1. 步骤详解

市场开拓和 ISO 认证没有先后顺序，是并列的两项工作。具体开拓哪些市场以及是否进行所有 ISO 认证由企业自行决定。但在决策前必须对该两项工作有清醒认识，未开拓的市场不允许企业进入销售，有可能会影响企业的销售业绩；同理，不做 ISO 认证可能满足不了部分客户的要求，在拿单时会受到影响。

2. 操作

正式经营年度，企业开拓市场和 ISO 认证时，由财务总监从现金库支取相应数额现金交给营销总监，由营销总监投放在对应的市场和 ISO 资格位置，所有企业人员则在该栏填制两项工作的总投资额。

起始年不进行任何研发认证工作，请打叉。

三十二、年末运营——结账

该项表示本年工作的完结，即将进入年末的现金盘查，确认此前操作正确无误，打勾即可。由于结账代表着本年工作的完结，因此，结账打勾的操作也可以在所有报表编制完成后再填制。

第四季及年末现金收入 32M，现金支出 12M，期末现金 42M，将收入、支出、期末现金填制完成后，起始年运营流程操作结束。

运营流程表填制示例见表 4-3，若期末现金对账错误，请根据表 4-3 找出自己错误的项目，分析总结出错原因，避免在正式经营中再次出现类似错误。

表 4-3　起始年运营流程表填制

运 营 流 程 表				
新年度规划会议	√			
投放广告	−1			
参加订货会/登记销售订单	√			
制订新年度计划	√			
支付应付税	−1			
季初现金盘点（请填余额）	18	14	10	22
更新短期贷款/还本付息/申请短期贷款（高利贷）	×	×	×	×
更新应付款/归还应付款				
原材料入库/更新原料订单	−2	−1	−1	−1
下原料订单	1R1	1R1	1R1	1R1
更新生产/完工入库	1P1	2P1	1P1	2P1
投资新生产线/变卖生产线/生产线转产	×	×	×	×
向其他企业购买原材料/出售原材料				
开始下一批生产	−1	−2	−1	−2
更新应收款/应收款收现	15M，2Q	15M，1Q	15，32M 1Q	32
出售厂房	×	×	×	×
向其他企业购买成品/出售成品				
按订单交货	×	6P132M，2Q	×	×
产品研发投资	×	×	×	×
支付行政管理费	−1	−1	−1	−1
其他现金收支情况登记	×	×	×	×

续表

支付利息/更新长期贷款/申请长期贷款				−4
支付设备维护费				−4
支付租金/购买厂房				×
计提折旧				（4）
新市场开拓/ISO 资格认证投资				×
结账				√
现金收入合计	0	0	15	32
现金支出合计	4	4	3	12
期末现金对账（请填余额）	14	10	22	42

起始年年末盘面各项数据核对：

1. 生产中心

（1）生产中心四条生产线上在制品仍全部为 P1，四个在制品位置从左至右分别为 2Q、3Q、1Q、1Q。

（2）四条生产线当前净值为 2M、2M、2M、3M

（3）大厂房价值处仍有两个空桶，代表企业拥有大厂房，价值 40M

2. 财务中心

（1）现金库现金余额 42M

（2）应收账款、短期贷款、其他贷款都无

（3）长期贷款两个空桶分别位于 FY4、FY3

财务中心的费用区域

（4）折旧 4M

（5）税金 1M

（6）广告费 1M

（7）维修费 4M

（8）管理费 4M

（9）利息 4M

（10）其余各项均无

3. 营销与规划中心

企业现拥有 P1 生产资格证与本地市场准入资格证，其余均无。

4. 物流中心

（1）原料库

R1 原料库有 2R1 库存，价值 2M，其余无。

（2）原料订单

R1 原料订单处有一张 R1 原料订单（一个空桶），其余无。

（3）产品库

P1 成品库有三个 P1 产成品，价值 6M，其余无。

若运营流程表与年末盘面均核对无误，则本任务操作全部结束，可进入下一环节操作——起始年报表编制。

思考题：

1. 你所在的企业团队在起始年运营中有没有出现操作错误导致结果出错？在今后的正式运营中，CEO 如何才能协调好各部门运作，确保每个运营步骤正确无误？

2. 在本任务中提到的各项工作中，你认为哪项工作最为关键？

3. 关于运营流程表的项目填制，你有没有更合理的填制方法来确保数据的完整性？

任务三　起始年报表编制

运营流程结束后，企业团队需要将当年的运营过程数据及结果数据反映到报表数据，还要通过报表数据的平衡关系来检验所有数据与过程是否存在错误，一旦所有报表编制结束并提交，一年的所有工作将全部结束，由裁判组织所有企业进入间谍时间，开启下一年竞争。

一、产品核算统计表的编制

1. 基本情况

产品核算统计表根据订单登记表汇总得到。将订单登记表中的所有订单按品种进行归集，计算出当年销售额、成本、毛利的分品种数据，最后再将分品种数据加总得到合计数即可。

2. 操作说明

起始年只有一张订单，因此直接将该订单数据抄到附录的产品核算统计表 P1 列下即可。填列结果见表 4-4。产品核算统计表以简单的列表让企业团队看清本年企业的销售收入主要来源于何处，有利于企业从中找准来年发展的方向。

表 4-4　产品核算统计表（起始年）

	P1	P2	P3	P4	合计
数量	6				6
销售额	32				32
成本	12				12
毛利	20				20

二、综合管理费用明细表的编制

1. 基本情况

综合管理费用明细表也可简称为综合费用表或费用表，它主要由计算综合费用，综合费用由管理费、维修费等九项费用构成，其所有数据均来源于年末盘面费用区域和营销与规划中心。

2. 操作说明

（1）管理费

管理费即经营中的行政管理费，每季度 1M，费用区域查看结果，管理费 4M。

（2）广告费

起始年年初投放，所有企业都是 1M，费用区域查看结果，广告费 1M。

（3）保养费

保养费就是生产线的维护费。起始年共有 4 条早已建好的生产线，每条 1M。费用区域查看结果，保养费（维护费、维修费）4M。

（4）租金

厂房租金，起始年未购买或租用小厂房，费用区域查看此项无数据。

（5）转产费

半自动、全自动生产线切换上线产品品种时需要申请转产，半自动转产费 1M，全自动转产 4M 并分两个季度交纳。起始年没有转产操作，费用区域无转产费用数据。

（6）市场准入开拓

当年内在市场开拓中所投资的数额，可在营销与规划中心逐项查询当年各市场开拓花费。填写本项时，先在表格备注栏当年有投入的市场打勾，然后再根据勾数汇总投资额，填在金额栏内。

起始年未进行任何市场开拓工作，查询营销与规划中心，当年无市场开拓花费。

（7）ISO 认证

与市场开拓一样，ISO 认证也在营销与规划中心查询。填写时，先在备注栏当年投入项打勾再汇总填入金额栏。

起始年未做 ISO 认证工作，查询营销与规划中心，当年无 ISO 认证花费。

（8）产品研发

汇总企业当年在所有新产品研发中的花费，可在营销与规划中心查询。填写时，请先在备注栏 P2、P3、P4 后面的括号里填上当年在各产品上的具体研发费（与市场开拓、ISO 认证打勾不同，这里必须填写当年在该产品的研发投入，因为市场开拓与 ISO 认证每投入一次都是花费 1M，打勾即可，而各产品的单季研发费是不一样的），再将分项研发费加总后填入金额栏。

起始年未做任何新产品研发工作，查询营销与规划中心，当年无产品研发费用。

（9）其他

其他（损失）费用，包含变卖生产线的残值收入和违约金两项数据，在费用区域查询。

起始年未变卖生产线，也未有违约订单，该项数据无。

（10）合计

将前面9项数据加总得到合计数，所得的合计数就是综合费用。起始年综合费用明细表填制示例见表4-5（与运营流程表不同，这里填制报表，主要体现的是费用的归集，因此不必如运营流程表将支出项填为负数）。

表4-5 综合管理费用明细表（起始年） 单位：M

项 目	金 额	备 注
管理费	4	
广告费	1	
保养费	4	
租 金		
转产费		
市场准入开拓		□区域　□国内　□亚洲　□国际
ISO 资格认证		□ISO9000　□1SO14000
产品研发		P2（　　）　P3（　　）　P4（　　）
其 他		
合 计	9	

三、利润表的编制

1. 基本情况

利润表是一种期间报表，即它所反映的不是企业在某一时点的数据，而是企业在一段时期（比如一年）的经营成果。因此，它是动态报表（利润表所观察到的数据，如同从企业持续不断经营的过程中截取出一段，从而可以得出这一段时间企业是盈利还是亏损。而事实上，企业的经营过程并没有中断，相应地，企业的收入、支出一直在不断变化中，其损益也一直处于不断变化中）。

利润表的计算原理在于，把企业当年实现的销售收入逐项扣除掉各种直接成本、间接成本、费用、税金，直至计算出企业当年净利润数额。简而言之，利润表是对收入的层层费用剥除，把所有获得收入过程中的花费全部去掉后才能得到企业当年的净赚利润额。

利润表中的数据部分来源于前面所编制的产品核算统计表和综合费用表，部分来源于盘面的费用区域，另有部分则要通过报表项间的算术运算得到。

2. 操作说明

表4-6将利润表中项目分为两种情况，即直接计算填列的项目和由表内其他项相减得到的项目。从表格中可以看到，销售收入依次减除直接成本、综合费用、折旧、财务支出、所得税，最后得到企业的净利润。利润表包括上年数和本年数两列数据需要填列，其中上年数可从上年报表的本年数直接抄录过来，这里重点关注本年数的填列。

表 4-6　利润表计算逻辑

项　　目	数据示例（起始年上年数）	计算逻辑
销售收入	35	直接填列
直接成本	12	直接填列
毛利	23	=销售收入-直接成本
综合费用	11	直接填列
折旧前利润	12	=毛利-综合费用
折旧	4	直接填列
支付利息前利润	8	=折旧前利润-折旧
财务收入/支出	4	直接填列
其他收入/支出		
税前利润	4	=支付利息前利润-财务支出
所得税	1	直接填列
净利润	3	=税前利润-所得税

（1）销售收入

销售收入本年数是当年所有实现销售的收入合计，可从产品核算统计表合计栏得到。销售收入包括了当年交货的所有产品收入，而不仅是收现的收入，未收到现金的应收账款只要是当年实现的销售，同样也属于销售收入。

起始年只有一张订单，销售收入本年数 32M。

（2）直接成本

直接成本本年数是当年所有实现销售产品的直接原材料、直接人工费的合计数，可从产品核算统计表合计栏得到。当年未销售出去的库存产品成本不能计入直接成本。

起始年订单 6P1，每个 P1 直接成本 2M，合计直接成本本年数为 12M。

（3）毛利

毛利等于销售收入减去直接成本，可从产品核算统计表合计栏得到。起始年毛利：32M-12M=20M。

（4）综合费用

综合费用即是综合管理费用明细表中计算所得的合计数，可从前一表直接抄录过来。起始年综合费用本年数为 9M。

（5）折旧前利润

因其后将要从收入中扣除的是折旧，所以本项被命名为折旧前利润。折旧前利润等于毛利减去综合费用。

起始年折旧前利润本年数=20M（毛利）-9M（综合费用）=11M。

（6）折旧

折旧本年数可从费用区域的折旧栏查询得到，亦可在此前填制的运营流程表年末运营中折旧栏获得。起始年折旧为 4M。

（7）支付利息前利润

因其后将要从收入中扣除利息费用（也就是利润表中的财务支出），故此项被命名为支付利息前利润。支付利息前利润等于折旧前利润减去折旧，起始年支付利息前利润本年数＝11（折旧前利润）－4（折旧）＝7（M）。

（8）财务收入／支出

财务收入就是指企业当年的利息收入，财务支出指企业当年的利息支出。从企业运营过程可以看到，在企业沙盘模拟经营中，没有出现过利息收入，而只有利息支出。因此，请在具体填列前把该项目名称中"收入"字样去掉，即该栏目改称为"财务支出"。

财务支出就是所有当年的利息支出，可从盘面费用区域查询汇总得到。具体而言，企业需要加总四项利息，即财务支出＝长期贷款利息支出＋短期贷款利息支出＋高利贷利息支出＋贴现所产生的贴息。财务支出可在盘面的费用区域中利息栏和贴息栏汇总得到。

起始年只支付了长贷利息，无其他三项利息，因此起始年财务支出本年数为4M。

（9）其他收入／支出

销售收入是企业的主要业务收入，而其他收入／支出则是企业从其他业务、经营过程中的意外事件获得的收入或产生的支出。在企业沙盘模拟经营中，其他收入／支出主要产生于企业间的交易。例如，在企业间交易时，若本企业从其他企业购买原料及产成品，其他企业要价高于原料成本、产成品成本时，购价与成本间的差额就形成其他支出，反之企业出售原料、产成品给其他企业，高于成本的差额就形成其他收入。

由于在正式沙盘模拟经营实战中，企业间交易已被禁止，所以不可能出现其他收入和其他支出，请将该栏目划掉。

（10）税前利润

因最后要扣除的项为所得税，所以本项被命名为税前利润。税前利润等于支付利息前利润减去财务支出。起始年税前利润本年数＝7M（支付利息前利润）－4M（财务支出）＝3M。

（11）所得税

按照所得税计算规则，企业此前有亏损或亏损未弥补完时，先用税前利润弥补亏损，弥补完亏损还有剩余的，剩余部分按四分之一向下取整计算所得税。若企业此前无亏损或亏损已弥补完，则按税前利润的四分之一向下取整计算所得税，若计算结果小于1时，则按1M计算所得税。

所得税在盘面无可查询项，需要企业自行计算。起始年以前企业无亏损，因此本年所得税应直接按税前利润的四分之一向下取整计算，税前利润本年数3M，因此所得税为1M。

（12）净利润

净利润是企业缴纳所得税后的利润，因此也称为税后利润，是利润表计算的结果。净利润等于税前利润减去所得税。起始年净利润本年数＝3M（税前利润）－1M（所得税）＝2M。

至此，利润表填制完成，起始年年末净利润表明，企业当年经营良好，获净利2M。利润表填制结果见表4-7。

表4-7 利润表（起始年） 单位：M

项 目	上年数	本年数
销售收入	35	32
直接成本	12	12
毛利	23	20
综合费用	11	9
折旧前利润	12	11
折旧	4	4
支付利息前利润	8	7
财务收入／支出	4	4
其他收入／支出		
税前利润	4	3
所得税	1	1
净利润	3	2

四、资产负债表的编制

1. 基本情况

资产负债是静态报表，它反映的是企业在某一时点（比如年末）的财务状况。资产负债表由资产、负债、所有者权益组成，报表左半部分为资产，右半部分为负债和所有者权益，并且资产负债表存在平衡关系：资产＝负债+所有者权益。这一平衡关系也是企业运营查错的重要依据。资产负债表的期初数也就是上年的期末数，可以将上年报表期末数抄录过来。资产负债表期末数的绝大部分数据来源于期末盘面各中心数据，企业团队主要通过盘面查询获得各项期末数。若填制完成时，资产总计不等于负债及所有者权益合计，则需要对此前的运营数据和各报表数据进行查错，直到平衡关系成立为止。

2. 操作说明

表格中"流动资产：""负债："这类带有冒号的项目用以说明其下的各项属于流动资产或负债等，请勿将数据填入此类栏目。

（1）现金

直接在盘面查询现金库即可。起始年期末现金42M。

（2）应收款

查询盘面财务中心的应收账款项，将所有未收现的桶中单据加总得到。起始年的两笔应收款先于第三、四季度收现，因此，年末没有应收账款。

（3）在制品

期末所有还在线上的产品即为在制品，通过查询生产中心所有生产线线上产品即可。但要注意，报表的单位是M，所以不能直接将产品个数做为报表数据填列，填列前应先计算在制品成本总和。起始年年末企业的四条线上共有四个P1在制品，每个P1成本为2M，因此在制品为 8M。

（4）成品

所谓成品就是企业期末时仓库中的产品库存，通过物流中心的产品库可查询到所有产品库存，与在制品同样处理，计算出成品的成本总和后再填列。起始年年末，企业库存 3P1，每个成本 2M，合计成品为 6M。

（5）原料

此项填列企业期末库存的原材料成本总和，通过物流中心的原料库可查询到所有原料库存，将所有原料购价加总后再填列（因原料价值均为 1M/个，所以原料个数与原料价值同）。填列时注意原料订单尚未支付买价，因此原料订单没有买价不能在资产负债表中体现，不能将原料订单计算入此项。起始年年末，企业库存原料 2R1，价值 2M。

（6）流动资产合计

流动资产合计＝现金＋应收款＋在制品＋成品＋原料。

起始年流动资产合计期末数＝42M（现金）＋8M（在制品）＋6M（成品）＋2M（原料）＝58。

（7）土地和建筑

所谓土地和建筑，这里指企业所拥有的厂房价值总和，通过生产中心查询后加总。只有已购买的厂房才能成为企业的固定资产，如果企业厂房为租用，则不能填列在该项。起始年年末企业只拥有一间大厂房，暂无小厂房，因此土地和建筑为 40M（若将来企业买下小厂房，则土地和建筑就填列 40+30＝70M）。

（8）机器与设备

在沙盘模拟经营中，机器与设备指所有已建成的生产线的净值之和，可通过生产中心查询生产线净值加总得到。起始年年末，企业四条生产线净值分别为 2M、2M、2M、3M，总计 9M。

（9）在建工程

此项指企业正在建但还未安装完成的生产线的累计投资额总和（假设一个特殊情况，企业第一年开建一条全自动线，第一年只投一季度 4M 后中断投资，第二年再投一季度 4M 后中断投资，第三年第三、四季度各投 4M，到年末时，还未建成，仍然是在建工程，此时该在建工程的累计投资额为 16M，即凡是未建好的生产线，其已投的所有数额全部算在在建工程上）。若企业存在以前年度的在建生产线到当年已安装完成，则当年不应再计入在建工程，而应将其计入机器设备。

起始年企业未新建任何生产线，企业也没有任何未安装完成的生产线，因此年末在建工程为零。

（10）固定资产合计

固定资产合计＝土地和建筑＋机器与设备＋在建工程。

起始年固定资产合计期末数＝40M（厂房）＋9M（机器与设备）＝49M。

（11）资产总计

所有资产项的合计数，资产总计＝流动资产合计＋固定资产合计。

起始年资产总计＝58M（流动资产合计）＋49M（固定资产合计）＝107M。

（12）长期负债

长期负债即运营中的长期贷款，所有至年末还未还的长期贷款合计数，由盘面财务中心长期贷款下所有空桶加总得到。

起始年年末企业还有40M长期贷款未还，因此，长期负债期末数为40M。

（13）短期负债

即短期贷款，所有尚未归还的短期贷款合计数，由盘面财务中心长期贷款下所有空桶加总得到。当报表中没有列出高利贷项目时，企业还需将财务中心其他贷款下所有空桶加总入短期贷款。

起始年年末，企业没有未到期短贷以及高利贷，起始年短期负债期末数为零。

（14）应付账款

应付账款因企业赊购原料而产生，在运营流程表填制中已声明，沙盘模拟实战不允许赊购原料，因此，企业不可能产生应付账款。请将此栏划掉。

（15）应交税金

沙盘模拟经营简化了企业的税收种类，企业团队只需缴纳所得税，这里的应交税金指的就是所得税。所谓应交税金，即是在当年年末按税前利润及税率计算的所得税税项，企业年末。只进行计算，要留待下年年初再实际缴纳，因此称为应交税金。利润表中已计算了所得税，因此在此不必再做计算。应交税金期末数＝利润表所得税本年数。起始年利润表所得税本年数为1M，因此起始年应交税金期末数为1M。

（16）一年内到期的长期负债

当企业出现下一年即将归还的长期贷款时，需要将长期贷款中的一年内到期数额单独填列于此（这时，长期负债期末数就必须把一年内到期长贷扣除掉）。企业资产负债表除了内部分析查错外，更多地是提供给外部的广大投资者、竞争企业阅读分析，一年内到期的长贷由于还款期限大大缩短，无疑会增大企业的还款压力，因而对投资者以及竞争者是一个重要的信号。

起始年年末，企业的40M长期负债分别将于三年后和四年后需要归还本金，因此，起始年一年内到期的长期负债期末数为零。

（17）负债合计

负债合计＝长期负债＋短期负债（＋高利贷）＋应交税金＋一年内到期的长期负债。

起始年负债合计期末数＝40M（长期负债）＋1M（应交税金）＝41M。

（18）股东资本

股东资本是企业成立时，所有者投入企业的总资本。接手的这家企业股东资本为50M，并已声明不再增资或减资，即在未来的所有年份，股东资本不会发生任何变化，该项在任何一年报表中都为50M。

（19）利润留存

从字面意思可知，该项所计算的是企业的利润，但不是当年的利润，而是企业在经营中历年累积的利润。请阅读下面的例子，通过这个例子理解利润留存的计算方法。

例：现有一家企业刚成立（成立的当年假设为第一年），新成立的企业此前不可能有任何利润，因此年末时利润留存为零，假设企业当年净利润为-5M，即企业亏损5M。第二年，企业的利润留存应该为-5M，即截止到去年为止，这家企业留存下来了-5M的利润。第二年企业净利润为8M。第三年企业的利润留存应为3M。这是因为企业在第一年亏了5M，第二年赚了8M，累积下来总共还有3M净利留存。若第三年企业净利润为5M，则第四年的利润留存就应为8M（上年留存的3M加上上年的净利润5M）。通过案例，应知企业年末的利润留存=上年末的利润留存+上年末的净利润（年度净利）。

起始年的上一年数据可以查看报表期初数，上年年末利润留存为11M，上年年度净利为3M。因此，起始年年末利润留存＝11M（上年末利润留存）+3M（上年末净利润）=14M。

（20）年度净利

年度净利就是当年净利润，通过查询利润表本年数填列即可。起始年利润表净利润本年数为2M，因此年度净利期末数为2M。

（21）所有者权益合计

所有者权益合计是企业的净资产，沙盘模拟经营中，企业要不断实现利润最大化，而利润最大化的体现，就是所有者权益合计数最大化。所有者权益合计＝股东资本+利润留存+年度净利。起始年所有者权益合计期末数＝50M（股东资本）+14M（利润留存）+2M（年度净利）＝66M。（66M这个数字在前面各模块的案例中多有涉及，这将是企业经营的起点，正式经营的第一年，66M作为上年权益决定了企业的长贷、短贷额度，而在以后经营年度，66M是企业衡量是否应该交税的第一个标杆。当企业当年税前利润+上年权益首次超过66M时，企业就需要计算缴纳所得税）。

（22）负债和所有者权益合计

负债和所有者权益合计＝负债合计+所有者权益合计。

起始年负债和所有者权益合计期末数＝41M（负债合计）+66M（所有者权益合计）=107M。

至此，资产负债表所有项目已填写完整，检查报表平衡关系，资产=负债+所有者权益，起始年期末数平衡关系成立，报表编制正确。起始年资产负债表编制结果见表4-8。

在正式运营时，企业在完成一系列报表编制后，需要向裁判至少提交综合管理费用明细表、利润表和资产负债表，企业在提交前主要通过运营流程中的现金盘点、预算与运营流程的对比、多个部门的同一报表相互核对、资产负债表平衡关系检验等手段确保报表数据正确性。企业报表编制正确很重要，若某一年报表编制出现错误，由于企业经营的连续性，将导致其后每年数据都不正确，因此企业团队需要运用好所提到的各种检查手段，使报表数据准确无误。

表4-8　资产负债表（起始年）　　　　　　　　　　　单位：M

资　产	期初数	期末数	负债和所有者权益	期初数	期末数
流动资产：			负债：		
现金	20	42	长期负债	40	40
应收款	15		短期负债		
在制品	8	8	应付账款		
成品	6	6	应交税金	1	1
原料	3	2	一年内到期的长期负债		
流动资产合计	52	58	负债合计	41	41
固定资产：			所有者权益：		
土地和建筑	40	40	股东资本	50	50
机器与设备	13	9	利润留存	11	14
在建工程			年度净利	3	2
固定资产合计	53	49	所有者权益合计	64	66
资产总计	105	107	负债和所有者权益总计	105	107

思考题：

1. 经过起始年报表编制，请分析你们团队容易在哪些环节出现错误？
2. 从起始年经营成果看，你认为还有哪些地方是可以改进的？
3. 试做一个方案，预计你的企业团队下一年权益能达到多少？

模块小结

　　起始年运营模块由裁判带领所有个企业团队进行完整一年的运营，使学生能充分掌握企业一年运营的基本步骤，从中学习各项规则的实际应用，为企业正式运营做好充分准备。本模块主要讲了运营流程、报表编制两个重要问题。

　　企业的运营流程主要分为年初、日常运营和年末三个部分。其中，年初和年末工作每年都只需做一次，而日常运营则又分为四个季度，每一项工作在一年中都有四次操作机会。年初工作主要包括新年度规划会、投放广告、参加订货会等，其中，新年度规划会至为重要，新年度规划会要求企业要做出详细的预算，在预算中确定企业未来的发展方向，也包括当年企业广告费投放的基本范围等。预算管理是具有系统性、复杂性、全面性的工作，在起始年只就预算的基本方面做了介绍，其具体的展开实现将在下一模块详细讲述。日常运营涉及了企业的采购、生产、销售、筹资、研发等工作，需要企业各部门密切配合，相互验证，确保运营工作的顺利进行。年末工作主要包括长贷处理、市场开拓、ISO认证、折旧提取、生产线维修等。运营流程表是运营流程操作执行的依据，也是企业在操作中的步骤先后顺序的标准，企业团队务必严格按照运营流程表依次执行每一项操作，切不可打乱操作顺序，如"更新生产/完工入库""投资生产线/变卖生产线/生产线转产""开始下一批生产"在运营中必须先执行"更新生产/完工入库"，再执行"投资生产线/变卖生产线/生产线转产"，最后执行"开始下一批生产"。若这三个步骤顺序被打乱，先执行了"开始下一批生产"才执行"投资生产线/变卖生产线/生产线转产"，则可能会造成企业应在新生产线上线生产，但却错过生产机会，导致当年能交的订单成了违约订单。

　　企业的报表编制也讲究先后顺序，只有先编制了综合费用表，获得综合费用数据后，才可能据此编制利润表。而只有在利润表计算得出净利润本年数后，才能填制资产负债表中的年度净利期末数。综合费用表反映了企业主要的九项费用，是企业在今后节源的主要途径之一，利润表体现各类直接、间接成本和费用从销售收入逐步剥离的过程。利润表的分析，可使企业从开源和节流两个渠道最大化企业利润，使企业最终实现权益不断增长。资产负债表反映了企业的资产、负债、所有者权益期末时点状况，是企业审查报表编制正确与否的重要依据。资产负债表中所有者权益最大化是企业在经营中追求的经营目标之一，而企业利用各类财务指标可对资产负债表进行深入分析，从中找出企业经营的不足之处，扬长避短，不断优化企业的经营方案。

　　本模块的学习，是企业今后六年正式运营的重要参考，只有完全掌握企业的运营流程和报表编制，企业团队才能实现一步步从基本数据正确到权益逐步提高最后至企业取得最好业绩的目标。

模块五

企业预算管理

任务一　预算的基本思路与要求

一、预算的基本思路

1. 预算管理的意义

每一年年初，企业在新年度规划会阶段，要做出预算方案，其目的是全面规划企业的发展，寻找实践中可行的运营方案。预算是一个不断试错的过程，通过预算过程中的不断调整，使企业的规划逐步与市场的发展吻合。企业团队进行预算管理的意义就在于，通过运营操作前的全盘谋划，使企业预知每一步操作的后果，能为将来发展提前做打算，能提前料定资金困难甚至资金断流而提前做好准备。若企业不进行预算管理，则必然陷于走一步看一步、盲目操作的境地。

2. 预算的基本思路

预算首先包括两部分，一是现金预算（附录中每一年表格都包含一张现金预算表），二是权益预算。现金预算主要考虑企业在未来运行中的现金流问题，提前发现资金可能出现断流的时间点。权益预算也与现金流有关，如果预算方案权益过低，则会使企业资金借贷额度大幅降低，导致下一年资金困难，同时权益预算主要考虑方案优化，使企业接近最大化增长。

（1）第一步，分析市场

在具体开展预算时，企业首先要认真分析市场，看清市场的走向后，提出生产线建设、市场研发等的初步设想，接下来将这些初步设想代入现金预算表尝试做方案的现金预算。

（2）第二步，生产、采购计划及现金预算

在现金预算中涉及生产、采购环节时，制订出生产与采购计划，再根据生产与采购计划继续填制现金预算，在经营环节的现金收支基本确定后，判断现金断流出现的时点，根据时点拟定合理的筹资方案，理顺企业的现金流。

（3）第三步，权益预算

现金预算初步确定后，通过报表预编制预算出权益。

（4）重复前三步，直至预算到第三年

（5）根据各年的预算结果不断做调整

（6）每个团队成员重复（1）～（5）设计出各自的方案，比较不同方案，选定最终方案

（7）根据拿单情况再做方案调整

（8）下一年年初继续新一轮预算

二、预算的基本要求

1. 对市场的分析要具有合理性

面对相同的市场，可以从不同角度或多重角度对市场进行解读，但切忌把自己的理想化想法当成市场需求的反映，这会导致大量生产却无法销售出去，反过来又把高价产品市场拱手让与其他企业。

2. 不能孤立地做现金预算

现金预算后一定要做权益预算，若不做权益预算，则不能确知下一年现金流是否会因权益下降而受到严重影响。

3. 预算的年限应逐步加长

在沙盘模拟经营学习过程中，每一年至少要预算到当年的下一年，从而才能确定生产线建设和原料采购等重要事项。在学习进程中，要逐步拉长预算的年限，能在第一年就看到第六年竞争格局的企业，势必比只能看眼前的企业会有更长远的打算，因而会有更好的经营成绩。

4. 预算时间要占到经营时间的一半以上

预算尽管在运营流程表中只占了一格，但却关乎全局，是企业第一重要的工作，因此，企业必须把大部分时间花在预算上。事实上，只要预算做得充分，其余工作在预算中已得到体现，只需要很少的时间就能迅速完成操作。

5. 预算要不断持续

在本模块的预算管理中，限于篇幅，着重于第一年运营时进行前三年的预算管理，但预算工作必须是每年坚持做，如第二年时，企业至少要预算二、三年，第三年时，则至少预算三、四年，如此直至第六年预算工作的完成。

思考题：

1. 请思考一下，如何实现预算思路？

2. 如何才能使预算年限能不断加长？

3. 在预算的基本要求中提到，切忌把自己的理想化想法当成市场需求的反映，你觉得应如何避免这类市场分析失误？

任务二　市场的分析

对市场需求进行分析，可以有多个角度，企业团队在预算及投放广告时，最好能有多个角度对市场的观察，再结合对竞争对手的动态观察，确定合理的发展方向和合理的广告

投放。观察和分析市场，目的是找准市场发展的趋势，对企业而言，就是要看清每一年销售什么产品对自己最为有利，把什么产品作为企业的主打产品可以有更大的收入空间，这样避开恶性竞争，获取最大的利益。

一、市场预测图的观察分析

对各市场的预测图进行认真的观察分析，从中可以看出每个市场中产品的数量和价格走势，比较各产品的走势，则可以对主打产品选择有明确的方向。例如，对本地市场预测图（图 5-1）进行观察，从第一年至第六年 P1 数量和价格趋势是一致的，都在逐年下降，P2 的趋势体现为先上升后下降，P3 则是持续上升，P4 虽然也持续上升，但只在后三年才有需求。初步观察后，企业可以有一个基本打算，既然 P1 是逐年下降的，那么前期做 P1 比较理想，后期应该少做甚至不做，P2 可以在上升至下降的转折点主打，P3 持续上升，在后几年做是有利的，P4 在最后时间段可以考虑做。

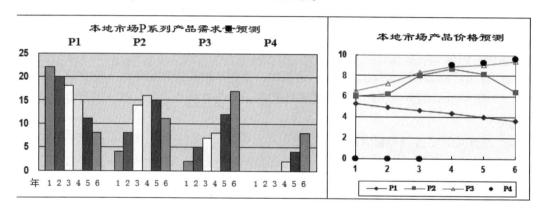

图 5-1 本地市场需求预测

通过进一步仔细观察，我们可以看到 P2 的最高潮在三、四年，P3 上涨的最好年份是五、六年，P4 尽管后三年一直上涨，但总量太少。因此，可以考虑在企业经营的一、二年以 P1 为主打产品，三、四年 P1 逐渐下降时以 P2 为主打产品，五、六年 P3 最高点时以 P3 为主打产品，最后两年根据情况决定是否研发生产 P4。

二、数量总体趋势分析

为了使对市场的分析更确切，我们有必要把图形转化为具体的数字，以便于分析更精确。将市场预测的数量部分所有图形进行数字转化，并按产品进行逐年归集，可以分析出各产品的需求量变化趋势。表 5-1 将企业沙盘模拟经营（6 组）市场预测的需求数量具体列出。

表 5-1　市场预测之产品需求数量

年份	市场	P1	P2	P3	P4
第一年	本地	22			
第二年	本地	20	8	5	
	区域	7	10	3	
第三年	本地	18	14	7	
	区域	6	11	6	2
	国内	14	12	5	
第四年	本地	15	16	8	2
	区域	5	11	8	5
	国内	13	12	7	
	亚洲	15	13	8	
第五年	本地	11	15	12	4
	区域	5	8	9	6
	国内	10	11	9	2
	亚洲	12	11	9	4
	国际	18	6		
第六年	本地	8	11	17	8
	区域	4	6	10	9
	国内	8	9	10	5
	亚洲	9	9	11	6
	国际	16	9	4	

根据表 5-1 可分别计算出各产品每年的总需求量：

1. P1 各年度需求总量

表 5-2　P1 产品分年度需求总量

P1	第一年	第二年	第三年	第四年	第五年	第六年
市场需求总量	22	27	38	48	56	45

2. P2 各年度需求总量

表 5-3　P2 产品分年度需求总量

P2	第一年	第二年	第三年	第四年	第五年	第六年
市场需求总量		18	37	52	51	44

3. P3 各年度需求总量

表 5-4 P3 产品分年度需求总量

P3	第一年	第二年	第三年	第四年	第五年	第六年
市场需求总量		8	18	31	39	52

4. P4 各年度需求总量

表 5-5 P4 产品分年度需求总量

P3	第一年	第二年	第三年	第四年	第五年	第六年
市场需求总量			2	7	16	28

从以上表格可看到，P1 和 P2 的总需求量先上升后下降，其中 P1 直到第六年才有所下降，而 P2 在第五年与第四年基本持平，第六年下降。P3、P4 则一直都处于上升趋势。在不考虑价格因素的情况下，如果是一个相对保守的企业，为求稳定，可以考虑在绝大部分时间主卖 P1、P2 产品，甚至在六年时间里只卖 P1、P2，这样不需要过于担心产品销路问题。

从产品间的总量对比看，第一年、第二年、第三年 P1 总量最多，第四年 P2 总量最多，第五年又是 P1 总量最多，第六年 P3 总量最多。第三年 P2 已几乎与 P1 持平，考虑到 P1 是所有企业都应有销售，P2 则不然。因此，第一、二年主卖 P1、第三、四年主卖 P2 比较合理，第五年若生产能灵活处理，可以多卖 P1，第六年则主卖 P3。

此外，有了产品的绝对总量后，我们还可以再做一些数据加工工作，例如，可以计算产品每年的数量增幅，从增幅差异中确定产品路线。第三年各产品相对第二年的总量增幅分别为 41%、106%、125%，P3 增幅最大，可以考虑第三年主卖 P3。

数量总体趋势分析只考虑数量而没有考虑价格等因素，其分析具有一定局限性，如在增幅计算的例子中，只考虑了各产品相对于上年的绝对量增幅，但却没有考虑生产线产能的变化，由于 P2、P3 的研发需要五个季度，因此，即便是利用生产效率最高的全自动和柔性线进行生产，一条生产线也只产出 2P2 或 2P3。而至第三年时，由于原来只能产 2P2 或 2P3 的生产线可以生产 4P2 或 4P3，即使没有新的企业加入 P2、P3 竞争，且所有 P2、P3 生产企业没有增加任何新的 P2、P3 生产线，所有企业的 P2、P3 供货量也是原来的两倍，那么 P2 的 106%、P3 的 125% 增幅不过是刚刚满足原 P2、P3 各家企业的销售需求。对于求稳的保守型企业，数量总体趋势分析具有较大的参考价值，但若是一家需要积极进取、不断扩张规模的企业，还需要把价格因素、规则因素考虑进来，这样才能找到使企业收入倍增的产品和市场，达成企业发展目标。

三、量利亮点市场分析

首先把价格引入分析，寻找价高的市场。各市场历年产品均价参见表 5-6。

表5-6　市场预测之产品需求价格

年份	市场	P1	P2	P3	P4
第一年	本地	5.3			
第二年	本地	4.9	6.3	7.2	
	区域	4.9	6.8	7.7	
第三年	本地	4.6	8	8.3	
	区域	4.8	8	8	7.5
	国内	4.9	8	8	
第四年	本地	4.3	8.7	8.9	9
	区域	4.8	7.5	8.5	8.2
	国内	4.3	8.1	8.1	
	亚洲	4	6.5	8.8	
第五年	本地	4	8.2	9	9.3
	区域	4.8	6.5	9.1	9.3
	国内	4.1	7	8.2	8.5
	亚洲	3.8	6.5	9	9.8
	国际	5.6	6.8		
第六年	本地	3.6	6.5	9.4	9.6
	区域	4.8	6.3	9.2	9.6
	国内	3.8	5.9	9	9.4
	亚洲	3.2	6.2	9.7	10.3
	国际	5.9	7	8.3	

　　由表5-6可见第三年的P2和P3是居于市场高价，第四、五、六年P3和P4处于最高。但事实上，这种单纯的价格分析很不合理，因为由规则所规定的各类产品成本不同，各产品间的价格并不能直接比较。为了使产品间价格有可比性，应把产品直接成本考虑进来，用毛利来进行比较。为此，将P1、P2、P3、P4的价格分别减去其对应的直接成本2M、3M、4M、5M，得所有市场产品毛利（如表5-7所示）。

表5-7　市场预测之产品毛利计算

年份	市场	P1	P2	P3	P4
第一年	本地	3.3			
第二年	本地	2.9	3.3	3.2	
	区域	2.9	3.8	3.7	
第三年	本地	2.6	5	4.3	
	区域	2.8	5	4	2.5
	国内	2.9	5	4	

续表

年份	市场	P1	P2	P3	P4
第四年	本地	2.3	5.7	4.9	4
	区域	2.8	4.5	4.5	3.2
	国内	2.3	5.1	4.1	
	亚洲	2	3.5	4.8	
第五年	本地	2	5.2	5	4.3
	区域	2.8	3.5	5.1	4.3
	国内	2.1	4	4.2	3.5
	亚洲	1.8	3.5	5	4.8
	国际	3.6	3.8		
第六年	本地	1.6	3.5	5.4	4.6
	区域	2.8	3.3	5.2	4.6
	国内	1.8	2.9	5	4.4
	亚洲	1.2	3.2	5.7	5.3
	国际	3.9	4	4.3	

从表 5-7 中，我们可以得出每一年的价高产品，第二年区域的 P2、P3，第三年所有市场的 P2、第四年本地和国内的 P2，第五年本地的 P2、本地、区域、亚洲的 P3，第六年除国际市场以外的 P3、亚洲市场的 P4。进一步分析，价高意味着可以赚到更多的收入，但会不会导致更激烈的竞争，如果价高市场竞争激烈，而该市场数量又很少，就会有拿不到单的风险，或者广告费必须投得很高且拿到的订单需求量偏小。因此，在把价高市场过滤出来后，还应该观察这些市场的数量，数量多则拿单安全系数更大，并且由于数量多，大数量订单出现的可能性更大，即使广告费投得比较高，也易靠大单收入将多余的广告费抵消。

到了经营的后期，由于企业需要不断扩张产能，单一产品销售或产品种类较少容易造成企业产品滞销。假设一家企业第六年时已有 10 条生产线，且所有生产线都是全自动线和柔性线，即使企业年初没有产品库存，企业当年也需要出售 40 个产品。若该企业当年只销售 P2、P3，根据表 5-2、表 5-3，第六年所有市场 P2 需求量总和为 44，P3 需求量总和为 52，两者相加有 96 个需求量，企业的 40 个产品占到整个 P2、P3 市场的 40%，显然，销售难度太大。因此，在后期经营中，要确保企业产品能销售出去，多品种经营相对更合理。基于这一考虑，通过，对量价亮点的分析，可以把更多的亮点引入进来，如第五年、第六年国际市场的 P1 尽管毛利不及高端产品，但其需求量大，因而广告费可以适当节省，并且这两年的国际市场 P1 是历年 P1 价格最高，收益比较可观。

四、市场订单分析

若在企业模拟经营实战中，市场需求预测给出了需求价格、需求数量、需求订单张数，则可以根据需求数量和需求订单张数尝试对订单进行拆分，一般订单间数量差距不会太大，多为每两张订单间数量差1~2个，如四张订单数量分别为4、3、2、1，或3、3、2、2，又或6、4、3、2等。在已知订单张数情况下，如：某市场P1需求量为20，订单张数为6张，将需求量除以订单张数可得均数为3.3，也即数量为3的订单大约处在中间位置，从3向小于3和大小3的数量外推，可拆出"6、4、3、2、1"、"5、5、4、3、2、1"等数种情况。虽然在订货会前不能完全肯定订单张数一定与某种拆法所对应，但能通过各种拆分找出共有部分，共有部分就是必然出现的订单。在手工沙盘模拟中，通常不公布订单张数，订单拆分难度较大，因此可以从猜测最大单入手，如需求总量比较大时，最大单可能为5~7，需求总量小至14以下时，则考虑最大单为4或以下的数量。

订单的拆分还可与各种生产线产能分析相结合，让企业对每个市场每一产品可能争取到的订单大小有较清晰的认识，在进一步做预算时可按能拿订单量去安排生产与采购。

以上所列举的四种市场分析角度，企业须以灵活的方式去运用，而不能死板地生搬硬套，因为市场并非企业争取订单中唯一决定因素，不同的对手，势必造成不同的选单格局。当所有企业都奔着同一个高价市场投广告，即使市场需求量不低，也有可能会导致企业拿不到订单，当几乎所有企业都跟着市场趋势生产销售同一种产品，原本预计收益可观的产品市场也可能因为广告费被拉升太多而导致无利可图。因此，很多时候，企业团队需要学会逆向思考，适时避开其他企业追逐的热点产品，利用冷门产品单多人少的机会销售产品。虽然冷门产品价低，但由于广告费的大量节约，其收益甚至有可能超过当年热门产品的收益。

在具体市场分析中，可以将前述的各种市场分析角度都加以综合，以期对市场有透彻的把握，企业团队还可以创新市场分析的角度，对需求数量、需求价格等市场因素进行加工处理，形成对市场的独到分析，进一步增强主打产品选择与产品广告费决策的合理性。

经过市场分析后，企业可以着手进行生产计划与采购计划的编制，规划企业的生产线建设、生产排程和采购安排，之后就可根据生产采购计划填制预算表。

思考题：

1. 请按照本任务中的几种市场分析方法对市场进行分析，并由CEO组织团队进行讨论。

2. 你认为市场分析还可以从什么角度开展？

3. 试根据你所做的市场分析拟定企业发展方案。

任务三 生产计划与采购计划

一、方案假设

在开始三年预算前，先做一个方案假设。假设一家企业通过对市场的分析，确定了一个初步方案，企业的产品路线为P1、P2、P3，放弃P4产品，进军所有市场，ISO全部认证，主要建设全自动生产线，同时为加强生产灵活，建设一定数量柔性线，但柔性线成本太高，暂只打算在六年中建 2 条，具体在预算过程中逐步确定。如果 P1 在一、二年库存多，则原有的手工生产线有可能变卖全部或部分。产品的研发先考虑同时研发 P2 和 P3，如果权益预算不理想，再对方案做修改。

二、生产计划和采购计划

表 5-8　生产采购计划一填制

生产线		第二年				第三年			
		一季度	二季度	三季度	四季度	一季度	二季度	三季度	四季度
1 手	产品			→P1			→P1		
	原材料		1R1			1R1			
2 手	产品		→P2		→P2				
	原材料	1R1 1R2				1R1 1R2			
3 手	产品	→P1				⌐P2	→P2	→P2	→P2
	原材料			R1	1R1 1R2	1R1 1R2	1R1 1R2	1R1 1R2	1R1 1R2
4 半	产品		→P1		P1		→P1		
	原材料	R1		R1					
合计	产成品	1P1	1P1 1P2	1P1	1P1	1P2	1P1 1P2	1P2	1P2
	原料	2R1 1R2	1R1	2R1	2R1 2R2	2R1 1R2	1R1 1R2	1R1 1R2	1R1 1R2

表 5-9　生产采购计划二填制

生产线	类型	年初状态	第一年				第二年			
			1Q	2Q	3Q	4Q	1Q	2Q	3Q	4Q
线 1	手	2	3	0卖						
	全			4M	4M	4M	4M	P2	P2	P2
线 2	手	3	P1	2	3	P1	2	3	P1	2
线 3	手	P1	2	3	P1	2	3	P1	2	3
线 4	半	P1	2	P1	2	0停	转	P3	2	P3
线 5	柔		6M	6M	6M	6M	P1	P3	P3	P3
线 6	全			4M	4M	4M	4M	P2	P2	P2

线7									
线8									
线9									
线10									
原料	当期消耗	1R1	1R1	1R1	1R1	1R1	3R1 6R2 2R3	3R1 4R2 1R3	2R1 6R2 2R3
	当期订单			1R1	1R1 2R3	3R1 6R2 1R3	3R1 4R2	2R1　6R2	

在填制现金预算表前，还需要生产总监、采购总监将企业方案中关于生产、生产线建设、原料采购等内容以生产和采购计划建构出来。关于生产采购计划，表5-8、表5-9给出两种绘制方法。

1. 生产采购计划一

表5-8是第一种生产采购计划，它是用箭头表示出生产周期以及产品下线，如第一条手工线，第三季度处写有P1，表示有P1产品下线，P1前的箭头表上该产品经过了三个季度生产，P1后的箭头代表下一生产周期，经过三个季度，下一年第二季度下线第二个P1。再如第三条手工线，第一季度P1下线后，将原有生产线卖出，并在卖线处开始建设一条新的生产线，用『』符号将安装周期标示出来，第三年第一季度生产线安装完成，开始上线生产P2。每一条产品线的下一行用于订购原料（不是购买原料，而是提前订购原料），最后两行分别计算每一季度的订购原料数和下线产品数量。

生产采购计划一以图形方式表达生产与采购，比较直观，并能分别统计出原料订单和下线产品数，但有很多因素不易以图形方式表达出来，比如变卖生产线，建线的投资等。

2. 生产采购计划二

表5-9生产采购计划二是本教材推荐使用的生产采购计划，它用数字化和文字化方式表达每一项生产行为。下面对生产采购计划二做详细讲解：

列1标示企业所有生产线位置，由于大厂房最多容纳6条生产线，小厂房最多容纳4条线，合计企业最多可有10条生产线，这里列出企业所有10条生产线位置，限定了企业的最大生产规模。列2要求企业标明生产线的类型，列3是年初状态，是企业经营的起点，企业可以由年初状态向下推导各年生产采购计划。从列4开始是企业每年的生产采购计划，1Q、2Q等分别代表第一季度、第二季度的经营时间。

当P1、P2、P3、P4产品上线时，在该季度的格子中填写产品名称，如P2上线就写P2。

生产周期大于等于 2Q 时，用数字方式填写，如第三条线为手工线，年初时在制品位于生产线的 1Q，则在年初标示为 P1，表示产品刚上线，第一季度产品应更新生产到 2Q，则在格子中填 2，第二季度应更新生产到 3Q，则填写 3，第三季度产品下线，同时上线一个 P1，则直接填写 P1。

当产品下线但没有同时再上线生产，则填写为 0，同时在 0 后用文字标明下线后的具体操作，如第一条线"0 卖"表示产品下线后将生产线变卖，第四条线"0 停"则是产品下线后停产，下一年第一季度的"转"代表该生产线申请转产。

计划中没有专门栏目填列产品下线情况，可由企业自行添加或自行计算。由前文可知，每一格所填写的信息主要关注的是当期的上线产品而不是下线产品，所以对于产品下线情况的判断和计算首先看本季是否有产品上线，若有产品上线还要看前一格上线的产品（全自动或柔性，若是手工还要往前几季查）。以第二年第二季为例，第二季下线产品应该为 2P1，线 1 和线 6 虽然第二季都有产品上线，但第二年第一季时，线 1 和线 6 都在建设，因此第二季只有上线而没有下线；线 2 第二季在制品处于生产线 3Q 位置，还没有下线；线 4 虽然当期有上线，但上季度有"转"字样，因而第二季也是只有上线没有下线产品；只有线 3 和线 5 既有下线产品，又有上线产品，但要注意，线 3 下线和上线的都是 P1，而线 5 则不同，由第二年第一季可知，线 5 在第二季下线的是 P1，而由第二季可知，当季上线的是 P3（柔性线没有转产周期）。

每条线有两行位置，用于企业在变卖生产线后新建生产线时填列。如线 1，第一年第二季，线 1 产品下线，第一行填 0 卖，0 代表只有下线没有上线，卖则代表变卖该条生产线。变卖生产线的当季可以在该空位置建设一条新生产线，因此在第二行同季度位置开始建设生产线，按季度填写平均投资额，并在类型处填"全"，由投资额和类型可知，线 1 卖线后建设的是一条全自动生产线。

表格的最后两行用于计算原料的订购数和消耗数量。考虑到直接按提前期计算原料订购量容易出错，因此专设消耗数量一栏。每一季度先按上线产品计算其所应消耗的原材料数量，所有各季度原料消耗数量计算完后，再根据消耗栏按提前期计算原料订购数量。如，第一年第一季上线 1 个 P1，则需要消耗一个 R1 原料，以此类推，第一年每季都上线 1 个 P1，因此总共消耗 4 个 R1，但由于企业仓库中已有 2R1 原料库存，并且起始年第四季还下了 1R1 订单将于第一年第一季到货付款，所以，第一年四个 R1 消耗的前三个不需要再订购，第四季消耗的 1R1 要提前至第三季订购。第二年第二季消耗的 R1、R2 要提前至第二年第一季订，第二年第三季消耗的 R3 也要提前至第一年第三季订，因此第二年第一季原料订单包含了三种原料。

生产采购计划二能够较清晰地表达变卖生产线、生产线转产、产品上线等操作，在计算原料采购时，由于分成了两个步骤来进行，因而出错的可能性也相应降低，生产采购计划二把生产周期的演进以数字化方式逐步推导，有利于初学者更容易把生产周期描述准确，不过在形象直观方面较生产采购计划一要弱一些。

3. 案例企业的生产采购计划制订

根据方案假设，企业在未来六年主建全自动，只建两条柔性线。现将建线具体到生产采购计划,假设企业第一年分别建一条全自动和一条柔性线,将第二条手工线在第一年第四季度变卖,半自动线转产为P2。第二年将剩余的两条手工也变卖,再建一条全自动。第一、二年生产采购计划见表5-10。

表5-10　案例企业生产采购计划(1、2年)

| | 类型 | 年初状态 | 第一年 | | | | 第二年 | | | |
			1Q	2Q	3Q	4Q	1Q	2Q	3Q	4Q
线1	手	2	3	P1	2	3	0卖			
线2	手	3	P1	2	3	0卖				
							4M	4M	4M	4M
线3	手	P1	2	3	P1	2	3	0卖		
线4	半	P1	2	P1	2	0停	转	P2	2	P2
线5	柔		6M	6M	6M	6M	P1	P3	P3	P3
线6	全		4M	4M	4M	4M	P2	P2		P2
原料	当期消耗		1R1	2R1	1R1		1R1	2R1 4R2 1R3	1R1 3R2 1R3	2R1 4R2 1R3
	当期订单			1R1		1R1 1R3	2R1 4R2 1R3	1R1 3R2 1R3	2R1 4R2	

(1)年初状态,四条线在制品分别处于2Q、3Q、1Q、1Q,这里体现为2、3、P1、P1。线1、线3手工线持续生产P1。

(2)线2手工线第一年第四季产品下线后变卖生产线,因此填为"0卖"。

(3)线5、线6原为空位置,分别建一条柔性和全自动。但P2研发要花五个季度,P2上线生产时间最早在第二年第二季度,因此,全自动没必要从第一年第一季建(若从第一季建则第二年第一季需要先停产),柔性从第一季开建,第二年第一季可先用于生产P1,第二季P1下线后直接转产P3。

(4)考虑P2要第二年第二季才能上线,而半自动若第一年不停产,到第二年P1下线后再转产,则第二年不能有P2再下线,因此,在第一年第四季停产,第二年第一季申请转产,第二年第二季刚好可以上线生产P2。

(5)第一年全年共下线6P1,仓库原有库存3P1,因此第一年共计9个P1可用于销售;第二年全年下线3P1;两年合计12个P1可销售。

(6)第二年柔性线将下线2P3(柔性产的P1已在5)中计算),一全一半共下线3P2。第二年本地P2需求量8,区域P2需求量10,平均每组可售3P2,P2生产符合平均量；第二年本地 P3 需求量 5，区域 P3 需求量 3，平均每组可售 1.3 个，但如果考虑只有 4 组生产 P3，则平均每组刚好两个，有一定销售风险。

生产采购计划制定完成后可开始着手填列预算表，但生产采购计划编制并非一劳永逸，它首先需在现金预算和权益预算后根据结果考虑做调整，其次生产采购计划也需要在年初拿订单后根据实际情况再做调整，因此，在制定生产采购计划时，切勿坚持固守不变的想法。

思考题：

1. 请在附录中找到生产采购计划，尝试制定前三年生产采购计划。

2. 如果预计其他五家企业中，有三个组生产 P2、一个组生产 P3，并且每个组都只产两个新产品，你打算如何安排生产采购计划？

任务四　第一年预算

在对市场做了充分深入的分析之后，接下来就可以为企业的发展设计可能的产品路线（拟定多个方案），并将这些产品路线分别进行预算，通过预算做出对比，从中选择预算结果最为理想的方案，进而根据预算进入正式的运营操作阶段。

每一年预算都包括现金预算和权益预算两个部分，本任务关注第一年现金预算和权益预算。

一、现金预算

1. 现金预算表易错项目说明

现金预算表只考虑运行中的现金收入和现金支出（贴息除外），事实上，现金预算表是对运营流程的纸上推演，因此，现金预算表中所发生的现金收支项目对应于运营流程表中的项目的（贴现收入等个别项目例外）。在编制现金预算表中，有一些项目易犯错误，在此对这类项目做重点讲解。

（1）支付上年应交税

该项对应于运营流程表中"支付应付税"项目，应交税在上年末时计算但当年并未缴纳，每年填列时需要企业查询上年的利润表中"所得税"项本年数或资产负债表中"应交税金"期末数。

（2）贴现费用和贴现收入

贴现费用指贴息，当企业有未到期的应收账款，企业现金不足时，可向银行申请将应收账款贴现，银行按 1：6 扣除七分之一的贴息，剩余便是企业的贴现收入，预算时如有贴现则在贴现费用栏填产生的贴息，贴现收入栏填列本次贴现获得的现金。该项在运营流程表中没有对应项，在运营流程表中可把贴现收入填入其他现金收支，并在收入后用括号标明贴息，如在运营流程表中其他现金收支填列"18（3）"即代表企业申请贴现 21M 应收账款，企业的贴现收入为 18，括号中 3M 为贴息。无论是运营流程表还是现金预算表，都强调贴息加括号，这与运营流程表中"折旧"项处理类似，因为贴息是银行从企业申请贴现的应收款项中扣除，因此，它既非企业现金收入也非企业现金支出，在计算现金时应将其排除在外。

（3）原料采购支付现金

该项对应运营流程表中"更新原材料/原材料入库"中的"原材料入库"，这里要特别区分下原料订单与原材料入库，运营流程表中的下原料订单不需要支付任何现金，但原材料入库则代表原材料已到货，必须一手交钱一手交货。因此现金预算表中并未考虑下订单的步骤，只考虑了原料到货付现金步骤，若某个季度只有更新原材料而没有原材料到货，则不需要填列数据。

（4）工人工资（加工费）

该项对应运营流程表中"开始下一批生产"，当企业有空的生产线时，可以开始新一轮的产品上线生产，而上线生产的在制品由直接原料和直接人工构成，原料在采购时已经支付现金，因此，这一步只需要支付的是直接人工，即工人工资。企业在该季度上线几个产品，就需要给工人同等数量 M 现金。

（5）收到现金前的所有支出

此一项在运营流程表中无对应项。由于在沙盘模拟经营中，企业一般情况能收到的现金只有到期的应收账款，所以，这里收到现金前就是指应收账款收现之前。在现金预算表中专设这一项，是为了让企业知道收到到期的应收账款之前，企业的合计现金支出数。因为运营流程有先后顺序，这笔合计的现金支出只能依靠企业库存现金解决，不能用在其后发生的应收账款收现来抵销。当企业发现在应收账款收现前，企业的支出已超过库存现金，则意味着资金将出现断流，需要考虑筹资问题。

（6）应收款到期

应收款到期是指当季收现的应收款，在投放广告前的预算中，由于企业还未在市场拿单，只能以假设的方式填制收现数额，待广告竞单后再根据实际订单计算调整。

2. 第一年现金预算表填制

企业第一年不打算争夺市场老大，期望拿到比平均量略多的订单（平均量为 22/6，即期望值在 4 到 5 个左右），考虑第一年广告可能普遍较高，拟投 7M 广告，争取 4P1 订单，订单账期还未知，可假设为 2Q（在今后预算中，不能把账期假定过于理想，通常应把账期假定至 2Q 以后，否则实际运作时，账期如果不如预算理想，会导致企业可能面临预算中未设想到的资金困难），企业第一季度可以下线 1P1，加上库存的 3P1，总共 4P1 刚好可以交货，而账期假定为 2Q，则第一年第三季度可收到应收账款，账款数额在预算时也需要根据市场预测做假定，按市场需求预测中的均价 5.3，假定 P1 单价 5M，则 4P1 的销售收入为 20M。

与运营流程表填制不同，填制现金预算表时不必按季度纵向逐格填列，由于事先已编制了生产采购计划，因此可按行填列，每次计算出某一项目四个季度的现金数额后直接将该行填制完成，再计算下一行四季度现金数额填列。如原料采购支付现金，生产采购计划（表 5-10）已列出每一季度原料订单，相应地推算出原料到货时间按到货量计算每季支付数额即可，上年第四季订购 1R1，因此本年第一季需支付 1M 购买，生产采购计划显示第二季需订购 1R1，则本年第三季到货需付 1M 购买，一、三季度无订单，因此二、四季度无原料到货，无需支付。在填制预算表时，先按行把除申请短贷、长贷、高利贷外的项目全部填列，之后再从第一季度开始，计算每个季度的库存现金余额，考察企业在何时会出现资金缺口。第一年现金预算表初步填制（如表 5-11 所示）。

表 5-11　第一年现金预算表（未完成）

	1	2	3	4
期初库存现金	42	22	6	
支付上年应交税	−1			
市场广告投入	−7			
贴现费用	（　）	（　）	（　）	（　）
贴现收入				
利息（高利贷）				
支付到期高利贷				
利息（短期贷款）				
支付到期短期贷款				
申请高利贷				
申请短贷				
原料采购支付现金	−1		−1	
转产费用				
变卖生产线收入				1
生产线投资	−6	−10	−10	−10
工人工资（加工费）	−1	−2	−1	
收到现金前的所有支出	16	12	12	9
应收款到期			20	
产品研发投资	−3	−3	−3	−3
支付管理费用	−1	−1	−1	−1
利息（长期贷款）				−4
支付到期长期贷款				
申请长期贷款				
支付设备维护费				−3
租金（厂房）				
购买新建筑（厂房）				
市场开拓投资				−4
ISO 认证投资				−2
其他现金收支				
库存现金余额	22	6		

从表5-11可看到，未发生的项目都不必填制，该表填制不完整，当计算到第三季时，季初现金为6M，不足以支付"收到现金前的所有支出"的12M，尽管在支出11M后可收到20M应收账款，但支出后发生的现金收入不允许提前用于支付（12M支出操作在前，20M收入在后，按操作顺序先后决定），企业出现资金断流，预算暂时中断，要考虑筹资问题。目前的资金缺口为6M，目前的位置可借短贷或高利贷，但不能借长贷，所以可以考虑借20M短贷（贷款必须是20的整数倍），其后若再出现资金缺口，同样按此处理。继续完成现金预算表编制，结果见表5-12。

表5-12　第一年现金预算表（完成）

	1	2	3	4
期初库存现金	42	22	6	30
支付上年应交税	-1			
市场广告投入	-7			
贴现费用	（　）	（　）	（　）	（　）
贴现收入				
利息（高利贷）				
支付到期高利贷				
利息（短期贷款）				
支付到期短期贷款				
申请高利贷				
申请短贷			20	20
原料采购支付现金	-1		-1	
转产费用				
变卖生产线收入				1
生产线投资	-6	-10	-10	-10
工人工资（加工费）	-1	-2	-1	
收到现金前的所有支出	16	12	12	9
应收款到期			20	
产品研发投资	-3	-3	-3	-3
支付管理费用	-1	-1	-1	-1
利息（长期贷款）				-4
支付到期长期贷款				
申请长期贷款				
支付设备维护费				-3
租金（厂房）				
购买新建筑（厂房）				
市场开拓投资				-4
ISO认证投资				-2
其他现金收支				
库存现金余额	22	6	30	24

第四季度又申请20M 短贷，并非因为出现资金断流，而是考虑下一年年初需要投放广告费参加订货会，若不借20M 短贷，企业只剩4M 库存现金，而企业明年需要出售 8P1、3P2、2P3，显然4M 不足以支付广告费（企业年初投广告费时，必须注意，广告费是受到现金约束的，并且，年初投广告禁止申请高利贷，因此，可投的广告费主要来自企业的现金库，在以后年度中，企业也可以考虑将应收账款申请贴现获得现金，增加可投广告费，总结起来，企业的广告费必须小于或等于期初库存现金+应收账款贴现收入）。

另外，年末没有申请长贷，主要要考虑到第一年所借长贷将在五年后即第六年末需要偿还本金，对企业构成还款压力，若把长贷的借款时间推后至第二年，则还贷时间也顺延至第七年，而企业经营模拟只做六年经营，企业只需每年还利息而不需还本金，因而第六年无还款压力。

二、第一年权益预算

现金预算完成后，接下来还要完成第一年权益预算，权益的预算即是根据现金预算表、生产采购计划对综合管理费用明细表、利润表、资产负债表进行快速编制，其主要目的是计算出当年末所有者权益，从而确定年末权益是否存在不合理，是否会影响下一年贷款额度，导致下一年出现资金困难。

1. 综合管理费用明细表预算

表 5-13　权益预算—综合管理费用明细表（第一年）　　　　　单位：M

项　目	金　额	备　注
管理费	4	
广告费	7	
保养费	3	
租　金		
转产费		
市场准入开拓	4	☑区域　☑国内　☑亚洲　☑国际
ISO 资格认证	2	☑ ISO9000　☑ ISO14000
产品研发	12	P2（4）　P3（8）　P4（　）
其　他	1	
合　计	33	

表 5-13 中除其他外，所有项都可在预算表查询后计算填列，其他项是因变卖一条手工线产生，企业变卖的手工线净值为2M，但变卖收入只有1M，净值比残值多1M，这1M 即构成其他费用。

2. 利润表预算

表5-14 权益预算—利润表（第一年） 单位：M

项 目	上年数	本年数
销售收入		20
直接成本		8
毛利		12
综合费用		33
折旧前利润		−21
折旧		3
支付利息前利润		−24
财务支出		4
税前利润		−28
所得税		
净利润		−28

预算主要目的是计算权益，可暂不填上年数。此前已假定企业争取4P1订单，因此可据此预算出销售收入、直接成本和毛利，综合费用由前表合计数转抄。折旧项需要计算，企业还剩下两条手工和一条半自动（在建生产线不存在折旧问题）需要计提折旧，按折旧规则共需提取3M折旧（手工线按"当净值小于3M时，每次只提1M"，半自动线按"三分之一向下取整"，每条线刚好各提1M）。从财务支出查预算表可知，只有长贷的4M利息。税前利润负数，不需交所得税。

3. 资产负债表预算

表5-15 权益预算—资产负债表（第一年） 单位：M

资 产	期初数	期末数	负债和所有者权益	期初数	期末数
流动资产：			负债：		
现金		24	长期负债		40
应收款			短期负债		40
在制品		4	高利贷		
成品		10	应交税金		
原料			一年内到期的长期负债		
流动资产合计		38	负债合计		80
固定资产：			所有者权益：		
土地和建筑		40	股东资本		50
机器与设备		4	利润留存	14	16
在建工程		36	年度净利	2	−28
固定资产合计		80	所有者权益合计		38
资产总计		118	负债和所有者权益总计		118

由于利润留存期末数需要通过期初利润留存和年度净利相加获得，所以在期初数部分填列了利润留存和年度净利。在制品、成品、原料可通过生产采购计划计算填列，截至期末，企业已变卖一条生产线，半自动已停产，因此期末只有两条线在产，2P1 成本 4M。企业第一年总共下线 6P1，原库存 3P1，企业拟出售 4P1，因此库存为 5P1，成本 10M。企业原料一直按"零库存"订购，即需要多少就买多少，从生产采购计划可看到无剩余原料。机器设备项上一年为 9M，本年卖掉一条手工，计提 3M 折旧，因此为 4M（手工卖掉少 2M，因此一共减少 5M。计算机器设备值时也可以分别计算每条线的年末净值然后再加总得到机器设备值，两条未变卖的手工因分别计提了 1M 折旧，所以净值各为 1M，半自动提 1M 折旧，净值为 2M，合计 4M）。在建工程在生产采购计划、现金预算表均可查询计算填列。现金、短期负债等项可在现金预算表查询填列。应交税金、年度净利由利润表转抄填列。股东资本固定不变为 50M，厂房（土地和建筑）暂没有变化。

最后，第一年预算权益 38M，权益是否合理还需通过第二年预算乃至第三年预算再做判定。但在做下一年预算前，根据规则能知道的事实是，按 38M 的权益下一年最大可贷短贷为 60M，长贷为 20M（60-40，要扣除还未到期偿还的 40M 长贷，短贷是一年期，明年对应季度还后即释放了贷款额度，因此这里没有将未还的短贷从额度扣除）。若权益能变到 40M 则下一年可贷短贷增至 80M，长贷 40M，两点权益使企业少贷 40M。所以，下一年预算若出现短贷难以弥补的资金缺口，可以考虑调整第一年预算方案。

> **思考题:**
> 1. 在附录中试编制第一年预算表，你的方案资金缺口有多少？
> 2. 既然权益预算的目的只是要计算出所有者权益，你觉得权益预算中是否可以省略掉权益以外的项目？
> 3. 如何调整使企业权益能达到 40M 以上？

任务五　第二年预算

一、现金预算

1. 生产采购计划

企业考虑在第三年主卖 P2，因此决定在第二年再投资建设一条全自动线生产 P2。这样，在第二年 P2 全卖出的条件下，第三年需要卖 9P2（第一年转产的半自动在第三年能产 2P2，第二年已建成的全自动可产 4P2，第二年新建第三年建成的全自动可产 3P2），占 P2 市场需求量四分之一，如果生产 P2 的企业数仍维持 4 家，应能卖出，即使有其他企业加入，卖出风险也不会太高。而 P3 生产则做保守选择，暂只维持柔性线继续生产 P3，因 P3 第三年市场总需求量虽增加至 18 个，但若第二年再新建全自动或柔性生产 P3，一是担心资金压力过大，二是增加新线则企业需要出售 7P3，占市场需求量近 40%，若有新企业进入势必风险较大，不符合企业稳定发展的需要。第二年生产采购计划见表 5-16。

在实际编制中，企业还应考虑生产灵活性问题，如在本例中，企业目前只有一条柔性线，其他线不存在灵活性，在每年三、四季度订购原料时，就要考虑为这条柔性线多下原料，计划中已为柔性线下了 P3 的原料，那么，考虑到市场拿单不一定刚好就拿到 9P2，有可能会拿到 10P2，甚至 11P2，而且由于 P2 原料都只需提前一季度订购，所以案例中可以在第四季度多下一个 P2 的原料，本案例旨在使企业团队掌握预算的基本过程，所以此处未多下原料。

表 5-16　案例企业生产采购计划（2、3年）

	类型	年初状态	第二年				第三年			
			1Q	2Q	3Q	4Q	1Q	2Q	3Q	4Q
线1	手	3	0卖							
	全						4M	4M	4M	4M
线2	手	0卖								
			4M	4M	4M	4M	P2	P2	P2	P2
线3	手	2	3	0卖						
							4M	4M	4M	4M
线4	半	0停	转	P2	2	P2	2	P2	2	P2
线5	柔	6M	P1	P3	P3	P3	P3	P3	P3	P3
线6	全	4M	4M	P2	P2	P2	P2	P2	P2	P2
原料 当期消耗			1R1	2R1 4R2 1R3	1R1 3R2 1R3	2R1 4R2 1R3	2R1 4R2 1R3	3R1 5R2 1R3	2R1 4R2 1R3	3R1 5R2 1R3
原料 当期订单			2R1 4R2 1R3	1R1 3R2 1R3	2R1 4R2 1R3	2R1 4R2 1R3	3R1 5R2 1R3	2R1 4R2 1R3	3R1 5R2	

2. 现金流量表

本年企业预估 P1 能卖出 4 个，仍要有 4P1 库存留待第三年销售，P2、P3 可以卖完。总广告决定投至 11M，其中本地 P1 投 4M，本地 P2 投 1M，区域 P2 投 3M，本地 P3 投 2M，区域 P3 投 1M，区域 P1 因需求量太少放弃。假定 4P1 账期为 2Q，销售额 19M，第一季度即可交货，第三季收现。3P2 账期为 3Q，销售额 20M，因第四季才能交货，当年无法收现。2P3 账期 2Q，销售额 15M，第四季才能交货，当年无法收现。

表 5-17　第二年现金预算表（完成）　　　　　　　　　　单位：M

	1	2	3	4
期初库存现金	24	19	25	31
支付上年应交税				
市场广告投入	-11			
贴现费用	（　）	（　）	（　）	（　）
贴现收入				
利息（高利贷）				
支付到期高利贷				
利息（短期贷款）			-1	-1
支付到期短期贷款			-20	-20
申请高利贷		20		
申请短贷	20		20	20
原料采购支付现金	-1	-7	-5	-7
转产费用	-1			
变卖生产线收入	1	1		
生产线投资	-8	-4	-4	-4
工人工资（加工费）	-1	-3	-2	-3
收到现金前的所有支出	21	13	32	35
应收款到期			19	
产品研发投资	-3			
支付管理费用	-1	-1	-1	-1
利息（长期贷款）				-4
支付到期长期贷款				
申请长期贷款				20
支付设备维护费				-3
租金（厂房）				
购买新建筑（厂房）				
市场开拓投资				-3
ISO 认证投资				-2
其他现金收支				
库存现金余额	19	25	31	23

表 5-17 中的第二年现金预算表显示，今年第三、四季度都需要还短贷，单季本利合计 21M，再加上建线等支出，企业今年的资金缺口较大，每季度都借了 20M，其中第二季度由于企业已无短贷额度，借了 20M 的高利贷，下一年将还 4M 利息，并影响利润。企业当年半自动转产，支付 1M 转产费，区域市场已开拓，只需开拓其他三个市场，开拓费减

至 3M。年末时，为保证下一年投广告，将长贷拉满。

二、权益预算

1. 综合管理费用表预算

表 5-18　权益预算—综合管理费用明细表（第二年）　　　　　单位：M

项　目	金　额	备　注
管理费	4	
广告费	11	
保养费	3	
租　金		
转产费	1	
市场准入开拓	3	□区域 ☑国内　☑亚洲　☑国际
ISO 资格认证	2	☑ISO9000　☑ISO14000
产品研发	3	P2（1　）　P3（　2　）　P4（　　）
其　他		
合　计	27	

表 5-18 显示，由于主要研发工作已经完成，今年的费用有所下降，有利于保证企业稳定发展的目标。企业 P2、P3 研发都只差一季度，合计花 3M，企业变卖两条手工线，但与去年不同，今年卖线时两条手工线的净值刚好等于残值，因此不产生其他费用。

2. 利润表预算

表 5-19　权益预算—利润表（第二年）　　　　　单位：M

项　目	上年数	本年数
销售收入		54
直接成本		25
毛利		29
综合费用		27
折旧前利润		2
折旧		
支付利息前利润		2
财务支出		6
税前利润		-4
所得税		
净利润		-4

企业今年的销售收入 = 19M（4P1 收入）+ 20M（3P2 收入）+ 15M（2P3 收入）=

54M，成本对应计算即可，今年因原有的半自动生产线净值等于残值，不再计提折旧，建好的全自动和柔性是"当年建成的生产线不提折旧"，所以折旧为零，今年的财务支出有所上升，除了仍需支付的 4M 长贷利息，还支付了 2M 短贷利息。净利息-4M，企业仍在亏损，但亏损幅度较小，基本实现稳定目标。同时，企业期望在下一年所有者权益不再下降，能实现首次所有者权益增长。

3. 资产负债表预算

表 5-20　权益预算—资产负债表（第二年）　　　　　　　　　单位：M

资 产	期初数	期末数	负债和所有者权益	期初数	期末数
流动资产：			负债：		
现金		23	长期负债		40
应收款		35	短期负债		60
在制品		10	高利贷		20
成品		8	应交税金		
原料			一年内到期的长期负债		20
流动资产合计		76	负债合计		140
固定资产：			所有者权益：		
土地和建筑		40	股东资本		50
机器与设备		42	利润留存	16	−12
在建工程		16	年度净利	−28	−4
固定资产合计		98	所有者权益合计		34
资产总计		174	负债和所有者权益总计		174

企业应收账款包括 3P2 的 20M 和 2P3 的 15M，年末企业三条生产线上分别正在生产 2P2、1P3，合计 10M，企业库存 4P1，机器设备包括一条半自动、一条柔性线和一条全自动（全自动在第一季还投了 4M，但当年已经建成，所以这 4M 被计入机器设备而不是在建工程），在建一条全自动，因此在建工程 16M。今年企业申请 20M 长贷，累计欠银行 60M 长贷，但原欠的 40M 中有 20M 明年将到期，因此，将这 20M 填入"一年内到期长贷"，其余 40M 仍放入长期贷款。

最终，第二年年末所有者权益 34M，有所下降，但仍维持在 30M 以上，下一年贷款额度与今年持平，但也应注意到，企业明年的资金缺口变得更大。

思考题：

1. 从第二年的预算结果看，你认为你的企业方案应如何调整？
2. 试计算明年的资金缺口有多少？

任务六 第三年预算

一、现金预算

1. 生产采购计划

企业期望第三年权益能上升，并打算在当年再建两条生产线，并期望能通过明年内夺得一个市场老大，由于本年资金压力较往年更大，因此，企业的资金流是否顺畅是企业本年需要关心的主要问题。另外，企业认为半自动线生产效率相对较低，打算在年末变卖半自动线。

表 5-21 案例企业生产采购计划（3、4 年）

	类型	年初状态	第三年				第四年			
			1Q	2Q	3Q	4Q	1Q	2Q	3Q	4Q
线1	手									
	全		4M	4M	4M	4M	P1	P1	P1	P1
线2	手									
		4M	P2	P2	P2	P2	P2	P2	P2	P2
线3	手									
			4M	4M	4M	4M	P3	P3	P3	P3
线4	半	P2	2	P2	2	0 卖				
	全						4M	4M	4M	4M
线5	柔	P3	P3	P3	P3	P3	P3	P3	P3	P3
线6	全	P2	P2	P2	P2	P2	P2	P2	P2	P2
原料	当期消耗		2R1 4R2 1R3	3R1 5R2 1R3	2R1 4R2 1R3	2R1 4R2 1R3	3R1 6R2 2R3	3R1 6R2 2R3	3R1 6R2 2R3	3R1 6R2 2R3
	当期订单		3R1 5R2 1R3	2R1 4R2 1R3	2R1 4R2 2R3	3R1 6R2 2R3	4R1 7R2 2R3	3R1 6R2 2R3	3R1 6R2	

2. 现金预算表编制

企业预计今年将销售 4P1（上年库存）、9P2、4P3。P1 最多在两个市场投广告，且由于各家企业逐步变卖了原 P1 生产线，产能萎缩，广告不需投高，P2 是今年的重点，三个市场都必须投，确保拿满 9P2，P3 压力也较小，预估广告总花费可在 15M 左右。

假定 P1 拿到两张单，分别为 1P1，3P1，收入分别为 5M，13M，账期分别为 1Q 和 2Q，P2 拿到 3 张订单，分别为 3P2、2P2、4P2，收入分别为 24M、17M、30M，账期分别为 1Q、2Q、2Q，P3 拿到两张订单，都是 2P3，收入分别为 16M、17M，账期分别为 1Q，

3Q。这一年订单较以前大增，需要企业生产、营销总监配合安排好生产与交单顺序，尽可能使应收账款能更快收现：P1 全部是库存交单，所以都在第一季度交单，将分别在第二季、第三季收现；P3 只有一条线生产，第二季可交账期 1Q 的单，第三季度收现，另一张只能在第四季交，当年无法收现。P2 的交单可以有几种选择，考虑尽量多收现，第二季度交 2P2，第四季收现，第三季交 3P2，第四季收现，第四季交 4P2，当年无法收现。

表 5-22　第三年现金预算表（完成）　　　　　　　　　　　单位：M

	1	2	3	4
期初库存现金	23	8	20	55
支付上年应交税				
市场广告投入	-15			
贴现费用	（　）	（3）	（1）	（　）
贴现收入		18	6	
利息（高利贷）		-4		
支付到期高利贷		-20		
利息（短期贷款）	-1		-1	-1
支付到期短期贷款	-20		-20	-20
申请高利贷	20	20		
申请短贷	20		20	20
原料采购支付现金	-7	-9	-7	-7
转产费用				
变卖生产线收入				2
生产线投资	-8	-8	-8	-8
工人工资（加工费）	-3	-4	-3	-3
收到现金前的所有支出	54	45	39	37
应收款到期		15+5	20+13+16	17+24
产品研发投资				
支付管理费用	-1	-1	-1	-1
利息（长期贷款）				-6
支付到期长期贷款				-20
申请长期贷款				20
支付设备维护费				-3
租金（厂房）				
购买新建筑（厂房）				
市场开拓投资				-2
ISO 认证投资				-1
其他现金收支				
库存现金余额	8	20	55	66

第一季度必须还上年所欠短贷，但去掉广告费后企业无力偿还，只能在第一季借20M高利贷，还短贷后再借20M短贷，第二季要还24M高利贷本息，为避免高利贷借得过多，此处将当年无法收到的应收账款贴现，企业当年不能收现的应收分别是2P3的17M（明年第三季度收现）、4P2的30M（明年第二季度收现），按规则可以采用联合贴现，此时，可以优先贴收现时间晚的17M，不足部分用30M的应收补足，此处一共贴21M，企业获贴现收入18M，其中17M来自明年三季收现部分，剩下的4M来自明年第二季收现有30M，企业最后还剩应收款26M（年末在二期位置）。第三季仍有1M资金缺口，从26M剩余应收款中贴7M，应收款最后还剩19M。

应收款收现部分，除今年应收收现外，去年尚有15M和20M和应收分别在今年第二季、第三季收现。企业在偿还到期的20M长贷后，由于上年权益为34M，今年还可再借20M。国内市场去年已开拓完成，所以今年只需开拓亚洲和国际两个市场，而ISO900也于去年认证完成，今年只需认证ISO14000即可。

二、权益预算

1. 综合管理费用明细表预算

表5-23　权益预算—综合管理费用明细表（第三年）　　　　　　　　　单位：M

项　目	金　额	备　注
管理费	4	
广告费	15	
保养费	3	
租　金		
转产费		
市场准入开拓	2	□区域　□国内　☑亚洲　☑国际
ISO 资格认证	1	□ISO9000　☑1SO14000
产品研发		P2（　）　P3（　　）　P4（　　）
其　他		
合　计	25	

2. 利润表预算

表5-24　权益预算—利润表（第三年）　　　　　　　　　单位：M

项　目	上年数	本年数
销售收入		122
直接成本		51
毛利		71
综合费用		25

项　目	上年数	本年数
折旧前利润		46
折旧		13
支付利息前利润		33
财务支出		17
税前利润		16
所得税		
净利润		16

销售收入项由所有今年销售订单相加构成，其中，P1 收入 18M（5+13）、P2 收入 71M（24+17+30）、P3 收入 33M（16+17），合计 122M，对应的直接成本为 4P1、9P2、4P3 成本合计。对于折旧项，半自动在第四季卖出，不提折旧，新建成的一条全自动适用"当年建成的生产线不提折旧"，而第一年开建第二年建成的一柔一全需计提折旧，其中柔性线按净值的三分之一向下取整（柔性还未提过折旧，原值就等于净值，即 24M）计提 8M，全自动亦按净值三分之一向下取整计提 5M，合计 13M。今年的财务支出项较多，长贷利息、短贷利息、高利贷利息和贴现产生的贴息本年内都有发生，其中长贷利息 6M，短贷利息 3M，高利贷利息 4M，贴息 4M，合计 17M。本年税前利润为正数，但查上年报表可知，企业截至上年末一直在亏损，因此需要先弥补以前亏损，这里可用本年税前利润与上年所有者权益相加后与 66M 的起点权益相比，显然今年的税前利润还不足以弥补以前年度亏损，因此，不用缴纳所得税。

3. 资产负债表预算

表 5-25　权益预算—资产负债表（第三年）　　　　　　　　单位：M

资　产	期初数	期末数	负债和所有者权益	期初数	期末数
流动资产：			负债：		
现金		66	长期负债		40
应收款		19	短期负债		60
在制品		10	高利贷		40
成品			应交税金		
原料			一年内到期的长期负债		20
流动资产合计		95	负债合计		160
固定资产：			所有者权益：		
土地和建筑		40	股东资本		50
机器与设备		43	利润留存	-12	-16
在建工程		32	年度净利	-4	16
固定资产合计		115	所有者权益合计		50
资产总计		210	负债和所有者权益总计		210

机器与设备项由新建成的一条全自动和第一年开建第二年建成的一柔一全三条线构成，其中新建成的全自动当前净值 16M，第二年建成的柔性线提取 8M 折旧后净值为 16M，第二年建成的全自动线提取 5M 折旧后净值为 11M，合计 43M。

经过三年的预算，企业的方案已较为清晰，在这三年中，企业首先同时研发 P2、P3，开拓所有市场，努力通过所有认证。第一年建一柔一全，第二年再建一全，原有的 4 条生产线分别在第一年卖掉一条、第二年卖掉两条，第三年最后卖掉半自动，企业第三年又建两条全自动，至第四年时，企业已拥有五条全自动/柔性，至此，还有五条线要争取在四五年内完成建设。第三年结束时，权益 50M，达到企业权益增长的目标，并且由于权益增长 16 点，下一年短贷可贷 100M，比本年和上年可多借 40M，大体可以弥补此前所借的高利贷，逐步减少高利贷的借贷，降低企业财务成本。另外，企业在期末有 66M 现金，即使广告费达到 20M 也足以偿还第四年第一季高利贷的 24M 本息和短贷的 21M 本息。企业明年还需归还 20M 的长贷，在归还长贷后，企业只欠银行 40M 长贷，这意味着企业可以借 60M 长贷，60M 长贷可使企业在第五年建多条生产线，从而为第六年销售收入的提升奠定基础。

在三年预算的案例中，还应观察到，每年的预算中，关于生产采购计划都列出了两年，如第二年预算时列出第二、三年生产采购计划，这是因为每一年所做的生产采购必然牵涉下一年的原料到货和产品下线，孤立地只考虑某一年无法使问题考虑变得周全。

尽管企业在第三年达到了权益增长的目标，但企业应反复推敲预算方案，以期尽可能收到更好的效益。因此，在完成三年预算后，企业还需从头梳理，从中发现不合理的部分再做修改。

思考题：

1. 请试编制三年预算，分析预算中有哪些不确定因素。
2. 你认为这家企业的预算还存在哪些问题？
3. 通过三年预算，你认为应如何实现提高权益的目标？

任务七 预算调整

三年预算初步完成后，预算工作尚未结束，还需要对该方案再做细节调整，调整的目标是使企业能获得尽可能多的收益。但同时必须注意的是，调整的另一个目标是使方案尽可能与实际竞争吻合。所以，若企业在预算时将经营中各方面问题都考虑得很仔细，对市场预测和竞争对手揣摩得很透彻，则所编制的方案在拿单后甚至不需要做任何调整，这就是一个成功的预算所要达到的目标。由于在拿单前，不确定因素很多，对预算的调整难度相对也比较大，企业团队需要竭其所能，从多个方面考虑可调整因素。

一、权益控制的合理性

第一年权益将影响第二年贷款额度，第二年权益又将影响第三年贷款额度。从前面的三年预算中还可看到，这种影响还有放大效应，企业在第二年因为上年权益 38M 而只能借 60M 短贷，导致需要借 20M 高利贷确保资金不断流，到了第三年，尽管上年权益仍维持在 30M 以上，但企业的高利贷上升到 40M，还贴现了 28M 应收，两年累计高利贷利息 12M，再加上贴息 4M，累计 16M 利息支出。

由于短贷、长贷、高利贷在申请借贷时都规定为 20M 的整数倍，因此，当企业权益接近 10 的整数倍（如 10，20，30，40）时，就要考虑有无必要调整当年权益。例如，企业权益 39M，接近 40M，若企业权益为 40M 则下年可贷 80M，但 39M 只能贷 60M。

权益的微小差距有可能在后续年经营中产生极大的负面影响。这就要求企业在每年经营中当权益下降时要努力控制权益下降幅度，当权益有上升趋势时要努力将这一趋势持续下去。权益的升降变化直观地看，来自于税前利润的变化，而税前利润的变化则来自于收入与支出的消长，因此，考察收入因素、支出因素是控制权益的关键。

二、收入因素

企业的收入就是销售收入，因此，企业可以通过不断增长的销售收入实现权益的上升。如三年预算案例中，企业第三年销售收入为 122M，比第二年将近多了 70M，从而实现税前利润返正，权益上升。为此，企业需要筹集大量资金来建设生产线，使生产规模不断扩大，从而可以实现销售收入的不断增长。在预算调整中，企业需要关注建线的节奏，让建线与市场发展态势相协调，使产品尽可能销售出去。对于一个需求急速上升的市场来说，企业需要提前做好准备，大规模建线以满足市场需求，反过来，对于一个需求萎缩的市场，企业必须谨慎控制建线规模，耐心等待市场需求回升的出现。

三、支出因素

1. 综合费用

综合费用包含 9 项费用，可以看到，除管理费固定不变不可调整外，其他项都可进行调整。

（1）广告费

广告费的投放并没有一个标准可供计算，广告费的高低主要取决于市场竞争态势和竞争对手的偏好习惯。在预算中，企业不能将广告费设置过低，过于乐观的估计会使企业面临实际经营的困局。但企业可以通过制定合理的广告策略，避开需要大量投广告且拿单有风险的市场，从而节约广告支出。一般而言，高价量大的市场总是市场的亮点，这在市场分析中已经提及，但若所有企业都集中投放于亮点市场时，企业可以逆向投广告，将广告投放在量小价低的市场，既可拿单又可节约广告费。

（2）保养费

保养费（维修费）与企业生产线规模有关，在前期企业可通过变卖原有的低效生产线减少这项费用支出，但在后期，由于企业普遍已建成全/柔搭配生产线，调整保养费的空间几乎没有。

（3）租金

当企业扩大生产规模超过大厂房容量时，使用小厂房是必然，但小厂房使用的初期，企业往往没有足够的资金购买小厂房，所以，租金项此时难以调整，但在经营的后期，企业可以通过权益提升后贷款额的增加和应收的大规模收现筹集足够资金将小厂房买下，从而减少租金支付。

（4）转产费

转产费是企业可以尽量避免的费用支出，一般只有前期对原有的半自动考虑转产 P2 或 P3，对于全自动，因其转产费高且转产周期长，对产能影响过大，尽量不要考虑转产，这就要求企业在预算调整时充分考虑生产线的搭配，手工和柔性都可实现直接转产，但手工生产效率低，而柔性购价太高，手工线的使用不利于企业规模扩张，柔性线灵活而高效，但过多使用也会使企业资金出现严重困难。

（5）市场开拓、ISO 认证、产品研发费用

市场开拓、ISO 认证、产品研发三者是企业发展的要素，若不做这些投资工作，企业未来发展必然会受到影响，但企业可以考虑适时的暂时推迟部分研发认证工作，控制权益。如企业在预算时预估后期主要出售 P3、P4，而国际市场第五年需求主要集中在 P1、P2，因此企业可以考虑第一年暂不投国际市场，节省一点权益，同理，企业分析 ISO9000 订单从第三年将出现，但第三年出现的频率应不会太高，所以可以在第一年暂不认证 ISO900。产品研发也是可调整的，如企业同时研发 P2、P3，但由于年初广告投得过高，导致权益下降太快，年末权益只有 28M，下年贷款只能为 40M，企业可以考虑少研发一季度 P3，节约 2 点权益，使年末权益回到 30M，下年可贷 60M，但企业必须承担少研一季的后果，原本可在第二年第二季上线生产 P3，只能推迟至第二年第三季上线生产，每条 P3 生产线将少生产 1P3。

（6）其他（损失）

其他费用所包含的卖线损失是企业预算中主要调整考虑，对于净值远超残值的生产线，企业应尽量避免将其变卖，而对于生产效率低、净值与残值差距小的生产线，是企业变卖的主要对象。净值与残值差距小意味着其他费用低，并且即使不变卖，年末生产线还要计提折旧，费用并不会因变卖而提高，还因为变卖生产线后不需要交纳维修费进一步节省费用。

其他费用中的违约金在预算项中一般不会做考虑，多是在实际拿单运营中出现。违约金是企业的费用负担，一般情况必然是尽量避免，这要求营销总监和 CEO 在拿单时，对每季的下线产品和总产能有充分的掌握，能根据拿单情况及时调整预算中的交单安排。

但企业可能还面临一些特殊情况，如与主要竞争对手在同一市场产品拿单时，若企业产能已基本满足，但竞争对手还有产品未拿到订单，若让竞争对手拿到订单可能造成对己方不利的局面，企业需要思考多拿单后违约金支付会否对企业造成极大影响，若企业可通过对交单安排重新调整使违约金降到极低水平，则违约拿单不失为一个阻止竞争对手拿单

的好办法。

有时，企业在拿单时剩余产能与订单相比不足，如企业只能再出售 3P2，但订单需求为 4P2，放弃订单意味着销售收入过少，拿下订单企业产能又不足。当订单需求量与企业的剩余产能相差无几时，企业可以考虑拿下订单，重新安排生产。在重新安排生产中，企业往往需要比较违约和加生产线的利弊，即企业的一个选择是全部按时交单，但可能需要临时购买手工线，若产品事先已研发好，则手工线可以在第一季就上线生产，第四季度刚好可以下线一个产品，所以每购买一条手工就可以补充一个产能。但这一做法的前提是，企业有充足的原料可供临时上线生产使用，这就要求企业每年第三、四季原料订购不能严格按零库存来下原料订单，要结合灵活转产和选单意外多下一定的原料订单。多下原料订单意味着原料到货时企业要为原料支付更多的现金，这又对企业的现金流控制提出更高要求。企业的另一个选择是调整生产和交单，把高价的中高端产品全部生产销售，而将低端产品如 P1 的订单违约。在两种选择间对比，选择有利的做法是企业拿单后的预算调整内容。

2. 直接成本

不同的销售产品组合其直接成本不同，因而使既定收入下的毛利水平存在差异，进而影响当年利润水平。

例：有 A、B 两家企业，A 企业今年销售 6P1（收入 29M）、2P2（收入 15M）、2P3（收入 15M），B 组今年销售 7P1（收入 34M）、4P3（收入 29M）。试计算比较两家企业的直接成本和毛利。

计算可知，A 企业销售收入为 59M，直接成本 26M，毛利 33M。B 企业销售收入为 63M，直接成本为 30M，毛利 33M。

尽管 B 企业销售收入比 A 企业高出 4M，但由于 B 企业直接成本高于 A 企业，最终两家企业的毛利相等。在预算调整中观察直接成本，可以发散出更多经营的想法，如走低端产品的薄利多销、高低端产品的量价结合、高端产品的合理选单、高毛利产品组合等。

3. 折旧

折旧的计提使企业的建线计划多了一层顾虑。不断地建线使企业实现规模扩张和销售收入的不断增长，但实际经营中，企业可能面临较复杂的局面。设想市场在第四年价格大幅下滑，甚至数量也相对下降，而企业在第二年曾大规模建线，则企业在第四年将陷入无法增长甚至负增长的境地。因为根据规则，企业在第二年开建的生产线，第三年建成时不提折旧，第四年首次计提折旧，此时恰逢市场低谷，一方面由于需求价格下滑、数量下降使销售收入无法增长，另一方面第二年批量建线使折旧费大幅上升，收入支出两头不利，势必使企业税前利润大受影响。因此，在预算调整中，企业需要结合市场趋势认真思考建线安排，控制折旧变化对利润的影响。

4. 财务支出

财务支出是企业经营中的筹资成本，也即各种利息成本，不合理的筹资方式会使企业的利息支出过大，进而影响企业获利水平。大多数情况下，企业需要对四种筹资渠道进行搭配使用，以最小的筹资成本获取最大的现金流入。在预算调整中，企业的着重点在于保证现金流顺畅的前提下，尽量减少财务支出，并确保下一年有足够的贷款额度。

一般而言，在长贷与短贷选择上，企业宜以短贷为主，长贷为辅。短贷利率低于长贷，短贷为主可以节约资金成本；短贷每季度可借，利于解决日常资金缺口；短贷可以实现滚动贷，因而在同等权益下企业可以筹到更多资金。贴现也是可供企业使用的筹资手段，企业在贴现时，应认真考虑不同账期应收款贴现对企业现金流的影响。一般而言，贴现时应优先选择将账期长的应收款贴现，不足部分再用账期相对短的应收款进行弥补，因为账期短意味着马上就可以收现，贴掉这部分应收款将使本年能收到的现金减少，而账期长有可能到下一年才能收现，对其贴现不会影响当年现金流。

在经营的中后期，企业即使将长短贷都借满也可能还存在资金缺口，这时，企业需要在高利贷和贴现间做权衡选择。从利率来看，显然高利贷对企业更不利，并且高利贷在经营结束时还要被罚分（历年所借高利贷以每借 20M 扣 4 分计算）；但是，高利贷利息支付是在下一年发生，对当年权益不构成影响，而贴息是在当年产生，直接影响当年权益；如预算案例所展示的，有时企业需要把高利贷与贴现结合使用，过量的高利贷增加企业下一年还贷负担，并使企业下一年权益上升受到严重影响，而大量的贴现则会使企业当年权益受影响，进一步影响下一年贷款额度，大量贴现以及不合理贴现会使企业原本可以收现的应收账款被消耗掉，影响当年及下一年现金流，甚至会形成恶性循环，迫使企业年年贴现。

5. 所得税

拿单前的预算不确定因素还比较多，对所得税不需要做考虑。拿单后的当年预算调整中，则可能涉及对所得税项的调整考虑。例如，企业当年税前利润 1M，此前已弥补完所有亏损，按照"按税前利润的四分之一向下取整计算所得税，当计算结果小于 1 时按 1M 交"的规则，这 1M 的税前利润刚好被用于交税，企业净利润为零。企业团队应该积极思考，如何避免掉这 1M 的税收。

四、拿单后的预算调整

拿单后不确定性因素大为减少，企业的预算调整能更明确。企业在订货会拿到的订单与企业之前假定的订单存在着差异，因而需要企业根据当前的订单重排生产及采购，优化交单顺序。对应地，由于交单顺序发生改变，应收账款收现也发生改变，企业需要重新调整现金预算，由于订单可能比预期的要差，将打乱企业此前的权益预算，需要企业对前面所提到的支出因素特别是其中的财务支出等项目进行优化，尽可能将权益控制在较高水平。拿单后的预算调整还需要把重点放在后两年的预算安排和调整上，如在第二年拿单后，企业首先是对当年的预算进行调整，还需要做第三、四年预算，并对其进行优化调整。

五、三年预算的调整示例

1. 调整思路

本部分就此前的三年预算案例，做一次拿单前的预算调整举例，以使企业团队对预算调整有一个较具体的了解。这里仅就第一年的权益控制做出调整，并列示出其后各年引致的结果，对各年的报表数据不再作具体解释。

在三年预算中，企业第一年权益为 38M，如果企业将权益控制在 40M，则下一年可以多贷 20M 短贷，同时还可在第二年多贷 20M 长贷。2M 的权益节约可以考虑从几个方面着手，如：推迟一个市场和一个认证的投资减少 2M 费用；减少 P3 一季的研发（但下一年就只能产出一个 P3，一张订单只包含一个产品的情况比较少见，企业要承担下一年 P3 库存的风险）；多变卖两条手工线节约 2M 维修费（但后续年可供销售的 P1 会减少）；减少两季 P2 研发（明年将没有 P2 可下线）等。具体选择何种手段，需要企业通过仔细的预算过程对比结果再做决策，这里假设选用第一种，推迟国际市场投资和 ISO9000 投资，并假定企业不改变生产、采购及其他研发计划。以下列出各年调整后的结果。

2. 第一年预算的调整

（1）第一年现金预算调整

表 5-26　第一年现金预算表（调整）　　　　单位：M

	1	2	3	4
期初库存现金	42	22	6	30
支付上年应交税	−1			
市场广告投入	−7			
贴现费用	（　）	（　）	（　）	（　）
贴现收入				
利息（高利贷）				
支付到期高利贷				
利息（短期贷款）				
支付到期短期贷款				
申请高利贷				
申请短贷			20	20
原料采购支付现金	−1		−1	
转产费用				
变卖生产线收入				1
生产线投资	−6	−10	−10	−10
工人工资（加工费）	−1	−2	−1	
收到现金前的所有支出	16	12	12	9
应收款到期			20	
产品研发投资	−3	−3	−3	−3
支付管理费用	−1	−1	−1	−1
利息（长期贷款）				−4
支付到期长期贷款				
申请长期贷款				
支付设备维护费				−3

续表

	1	2	3	4
租金（厂房）				
购买新建筑（厂房）				
市场开拓投资				−3
ISO 认证投资				−1
其他现金收支				
库存现金余额	22	6	30	26

（2）第一年权益预算调整

表 5-27　综合管理费用明细表（第一年调整）　　　　单位：M

项　目	金　额	备　注
管理费	4	
广告费	7	
保养费	3	
租　金		
转产费		
市场准入开拓	3	☑区域　☑国内　☑亚洲　☐国际
ISO 资格认证	1	☐ISO9000　☑ISO14000
产品研发	12	P2（4　）　P3（8　）　P4（　）
其　他	1	
合　计	31	

表 5-28　权益预算—利润表（第一年调整）　　　　单位：M

项　目	上年数	本年数
销售收入		20
直接成本		8
毛利		12
综合费用		31
折旧前利润		−19
折旧		3
支付利息前利润		−22
财务支出		4
税前利润		−26
所得税		
净利润		−26

表 5-29　权益预算—资产负债表（第一年调整）　　　　　　　　　单位：M

资　　产	期初数	期末数	负债和所有者权益	期初数	期末数
流动资产：			负债：		
现金		26	长期负债		40
应收款			短期负债		40
在制品		4	高利贷		
成品		10	应交税金		
原料			一年内到期的长期负债		
流动资产合计		40	负债合计		80
固定资产：			所有者权益：		
土地和建筑		40	股东资本		50
机器与设备		4	利润留存	14	16
在建工程		36	年度净利	2	−26
固定资产合计		80	所有者权益合计		40
资产总计		120	负债和所有者权益总计		120

3. 第二年预算的调整

（1）第二年现金预算调整

表 5-30　第二年现金预算表（调整）

	1	2	3	4
期初库存现金	26	1	27	33
支付上年应交税				
市场广告投入	−11			
贴现费用	（　）	（　）	（　）	（　）
贴现收入				
利息（高利贷）				
支付到期高利贷				
利息（短期贷款）			−1	−1
支付到期短期贷款			−20	−20
申请高利贷				
申请短贷	20	20	20	20
原料采购支付现金	−1	−7	−5	−7
转产费用	−1			
变卖生产线收入	1	1		
生产线投资	−8	−4	−4	−4
工人工资（加工费）	−1	−3	−2	−3

	1	2	3	4
收到现金前的所有支出	21	13	32	35
应收款到期			19	
产品研发投资	−3			
支付管理费用	−1	−1	−1	−1
利息（长期贷款）				−4
支付到期长期贷款				
申请长期贷款				40
支付设备维护费				−3
租金（厂房）				
购买新建筑（厂房）				
市场开拓投资				−3
ISO 认证投资				−2
其他现金收支				
库存现金余额	1	27	33	45

（2）第二年权益预算调整

表 5-31　权益预算—综合管理费用明细表（第二年调整）　　　单位：M

项　目	金　额	备　注
管理费	4	
广告费	11	
保养费	3	
租　金		
转产费	1	
市场准入开拓	3	□区域 ☑国内　☑亚洲　☑国际
ISO 资格认证	2	☑ ISO9000　　☑ 1SO14000
产品研发	3	P2（1　）　P3（　2　）　P4（　）
其　他		
合　计	27	

表 5-32　权益预算—利润表（第二年）　　　单位：M

项　目	上年数	本年数
销售收入		54
直接成本		25
毛利		29

续表

项　目	上年数	本年数
综合费用		27
折旧前利润		2
折旧		
支付利息前利润		2
财务支出		6
税前利润		−4
所得税		
净利润		−4

表 5-33　权益预算—资产负债表（第二年调整）　　　　　　　单位：M

资　产	期初数	期末数	负债和所有者权益	期初数	期末数
流动资产：			负债：		
现金		45	长期负债		60
应收款		35	短期负债		80
在制品		10	高利贷		
成品		8	应交税金		
原料		98	一年内到期的长期负债		20
流动资产合计			负债合计		160
固定资产：			所有者权益：		
土地和建筑		40	股东资本		50
机器与设备		42	利润留存	16	−10
在建工程		16	年度净利	−26	−4
固定资产合计		98	所有者权益合计		36
资产总计		196	负债和所有者权益总计		196

4. 第三年预算的调整

（1）第三年现金预算调整

表 5-34　第三年现金预算表（调整）

	1	2	3	4
期初库存现金	45	10	25	54
支付上年应交税				
市场广告投入	−15			
贴现费用	（　）	（3）	（　）	（　）
贴现收入		18		

续表

	1	2	3	4
利息（高利贷）				
支付到期高利贷				
利息（短期贷款）	−1	−1	−1	−1
支付到期短期贷款	−20	−20	−20	−20
申请高利贷		20		
申请短贷	20		20	20
原料采购支付现金	−7	−9	−7	−7
转产费用				
变卖生产线收入				2
生产线投资	−8	−8	−8	−8
工人工资（加工费）	−3	−4	−3	−3
收到现金前的所有支出	54	42	39	37
应收款到期		15+5	20+13+16	17+24
产品研发投资				
支付管理费用	−1	−1	−1	−1
利息（长期贷款）				−8
支付到期长期贷款				−20
申请长期贷款				
支付设备维护费				−3
租金（厂房）				
购买新建筑（厂房）				
市场开拓投资				−2
ISO 认证投资				−2
其他现金收支				
库存现金余额	10	25	54	42

（2）第三年权益预算调整

表 5-35　权益预算—综合管理费用明细表（第三年调整）　　　单位：M

项　目	金　额	备　注
管理费	4	
广告费	15	
保养费	3	
租　金		
转产费		

续表

项　目	金　额	备　注
市场准入开拓	2	□区域　□国内　☑亚洲　☑国际
ISO 资格认证	2	☑ ISO9000　　☑ ISO14000
产品研发		P2（　　）　P3（　　）　P4（　　）
其　他		
合　计	26	

表 5-36　权益预算—利润表（第三年调整）　　　　　　　单位：M

项　目	上年数	本年数
销售收入		122
直接成本		51
毛利		71
综合费用		26
折旧前利润		45
折旧		13
支付利息前利润		32
财务支出		15
税前利润		17
所得税		
净利润		17

表 5-37　权益预算—资产负债表（第三年调整）　　　　　　　单位：M

资　产	期初数	期末数	负债和所有者权益	期初数	期末数
流动资产：			负债：		
现金		42	长期负债		40
应收款		26	短期负债		60
在制品		10	高利贷		20
成品			应交税金		
原料			一年内到期的长期负债		20
流动资产合计		78	负债合计		140
固定资产：			所有者权益：		
土地和建筑		40	股东资本		50
机器与设备		43	利润留存	-10	-14
在建工程		32	年度净利	-4	17
固定资产合计		115	所有者权益合计		53
资产总计		193	负债和所有者权益总计		193

至此，预算调整完成。本次调整使第三年末权益比原预算结果提高 3M，这 3M 权益的提高主要来自于：第一年权益调整为 40M 后使第二年可以多贷 20M 短贷，因而在财务支出上节约 3M（高利贷 4M 利息、短贷 1M 利息）；资金缺口因认证与市场开拓的推迟以及利息支出的节省被弥补，第三年第三季原 7M 的贴现取消，因而节约 1M 贴息；国际市场推迟投资因而少 1M 费用；第二年比此前调整前的预算多申请 20M 长贷，导致第三年多支付 2M 长贷利息。

调整后的方案由于第一年权益提升至 40M，从而在第二年少借 20M 高利贷，并且在第二年年末拉满长贷时，从原来的最多只能贷 20M 长贷变为最多可贷 40M，这多出来的 20M 长贷刚好可在第二年第一季弥补企业资金不足，省掉原方案中第二年第一季的高利贷申请，虽然在当年使企业多增 2M 长贷利息，但为下一年节约 4M 高利贷利息。企业第三年末权益 53M，下一年贷款额度 100M，在第四年第一季还掉 21M 的短贷本息后，最多可借 40M 短贷，资金大大充裕（一次性借 40M 短贷，企业必须先预算清是否有能力在下一年第一季清偿其本息，否则可能会造成资金压力导致又借入高利贷），第四年年末还需还 20M 长贷本金以及 6M 利息，但还掉长贷本金后，企业的最大可借长贷有 60M，为企业第五年发展又可提供大量资金。

调整后的方案仍然可能存在不合理之处。如在企业的三年订单假定上，账期假定有可能比实际订单显得过于温和因而使企业资金回笼过于顺畅；对销售收入的假定可能由于对手的不理智广告费或不理智拿单而不能实现；调整后的方案在第三年虽然相对缩小贷款规模，短贷与高利贷累计借贷从原方案的 100M 调整到 80M，高利贷和贴现仍难消弥掉。而所有者权益上升 3M，明年可借短贷额度与调整前一样，仍为 100M，还款压力未得到完全缓解，并且由于高利贷未能全部避免，仍会对明年的获利水平造成影响。由此，企业需要继续思考，方案还有没有改进的余地，与此同时，企业还需要做出多个方案，重复上述三年预算和预算调整过程，对这些方案进行对比，才能做出合理选择。

思考题：

1. 如果对新年度规划会限定时间，企业团队该怎么确定哪些预算方案？

2. 在多个方案中做选择时，你将以哪些指标来做决策依据？

3. 在确定调整目标后，对你的三年预算方案尝试进行调整，看看能否达到预期目标？

4. 如何在预算中合理分配各部门工作？

模块小结

本模块是关于企业每年初新年度规划会预算管理的学习，虽然预算工作的时间点被规定在年初，但事实上预算管理覆盖并贯穿了企业的全部经营工作。预算管理就是要企业将运营操作全程纳入预算控制范畴，让企业在还未动手操作时就能运筹帷幄、胸有成竹。预算管理强调全面性、系统性，需要企业团队从多角度全方位进行发散思考，通过充分的预算考量，方案的逐步优化，使经营细节逐步清晰，企业的后续经营工作也就会变得简单轻松，因为无论是运营操作还是报表编制已全部体现在预算编制中，后续的各项工作只需要企业团队成员按调整后的预算依序实施即可。

预算的编制主要体现为现金预算编制和权益预算编制两部分，但在具体预算编制时，还包含多个重要步骤，任务一中详列了预算的八个步骤。

市场分析应该有多个角度，要综合考虑市场需求预测所给出需求量和价格，而在具体广告投放中，还需要考虑竞争对手的特点。作为初学者，在做了市场分析后，需要在企业模拟经营实战中通过每一年的订货会竞争去印证自己对市场的理解是否合理，并不断总结分析方法。

根据市场分析的结论，企业需要拟定出多个符合市场需求发展的基本方案，方案的内容主要包括市场开拓计划、产品研发计划、ISO 认证计划、生产线建设计划等。接下来企业需要把这个基本方案具体化，制订出企业各年的生产采购计划，生产采购计划必须具体到每一季企业生产线的建设投资、每一条生产线的生产或变卖安排，每一季原料的订购等。由于生产采购的前后关联性，在每年预算时，生产采购计划必须至少延展到下一年。

基于已制订好的生产采购计划、市场开拓计划、产品研发计划、ISO 认证计划，企业可以着手进行当年现金预算表编制工作。现金预算表事实上是运营流程表的现金流单项表述，企业需要明确现金预算表与运营流程表各项目的对应关系，从而在运营操作环节中可以正确的执行流程和填写运营流程表。同时，还需要知道现金预算表编制与运营流程表填制一个极大的不同在于，运营流程表必须由 CEO 主导从表格第一格开始，按年初、日常运营、年末的顺序填制，在日常运营中按季度逐格填制，现金预算表也分年初、日常运营、年末顺序，但在日常运营编制时则打破季度区隔，根据生产采购计划等一次性计算四个季度数额。从填制方向看，运营流程表可被看成纵向填制，现金预算表可被看成横向填制。在编制现金预算表时，首先按行将当年的收入、支出预算项目填列完成，之后按季计算期末库存现金，当发现存在资金缺口时，则考虑短贷、长贷、高利贷和贴现等融资弥补，直到当年现金不再存在任何缺口。

在解决了现金预算后，需要根据现金预算再编制综合管理费用明细表、利润表、资产负债表进行权益预算。权益预算的结果是否合理，反过来又将影响对现金预算的调整。

企业的预算至少需要做三年，而三年的预算就是对上述过程的重复：市场分析→生产采购计划→现金预算→权益预算。

预算方案不可能一蹴而就，它必须经过反复推敲，不断调整，才能成为一个具有可行性的方案。预算也不是只做一个方案付诸实践即可。在做预算时，初学者往往存在着理想化倾向，对市场销售存在的风险没有概念，把"以销定产"做成了"以产定销"，结果预算一付诸实践，目标完全落空，企业不断走下坡路，还因此得出预算没有任何意义的错误结论。因此，在以后的模拟实战中，企业团队需要树立对预算管理的充分信心，扎实做好预算管理的每一个步骤，在实践中锻炼自己对市场和对手的观察分析能力，不断总结经验教训，对预算一定要做到充分考虑每一细节，在不断的自我质疑中去克服理想化倾向，使预算管理充分发挥作用。

模块六

经营分析

任务一　间谍与间谍数据分析

一、间谍工作及其时间点

所谓间谍，就是收集和记录其他企业的信息，并用以分析竞争对手的现状，从而使企业团队可以基于市场和竞争对手现状作出企业的经营决策。间谍是沙盘模拟经营中的岗位之一，当企业团队由五人组成时，间谍由营销总监主要负责。但间谍工作并非只由间谍岗位人员或营销总监个人负责。

在正式运营开始前，所有企业都经历了完全相同的起始年经营，正式年度的经营与起始年在流程上基本类同，但由于起始年数据是确定的，因而省掉了部分正式年必须的操作，比如模块五的预算管理，而间谍工作也同样被省略掉。关于间谍工作具体时间点，这里截取沙盘模拟经营大赛的时间安排作参照，见表6-1。

表6-1　沙盘模拟大赛中的时间安排（片断）

时间	内容
09：30-10：15	第一年经营
10：15-10：40	第一年商业信息收集　第二年广告投放
10：40-11：10	第二年市场活动
11：10-12：10	第二年经营
12：10-12：25	第二年商业信息收集

表中第一年经营、第二年经营是指企业当年的运营过程，即指企业从运营流程表的第一格开始按运营流程表经营整个一年，然后依次编制订单登记表、综合管理费用明细表、利润表、资产负债表，所有报表编制完成后向裁判提交综合管理费用明细表、利润表和资产负债表。当所有组都已提交报表后，则该年经营结束。商业信息收集就是间谍工作，市场活动指参加订货会争取广告订单。由此可以确定间谍工作的时间是在所有企业经营结束之后，下一年年初各企业向裁判提交广告费之前。请注意观察表6-1中的时间分配，企业经营一年的时间一般为一小时，但间谍及投放广告两项工作一共只有25分钟，在这25分钟时间里企业需要对所有竞争对手信息进行收集整理和分析、还要通过对市场的分析由营销总监和CEO讨论决定广告费投放并提交广告费给裁判，因此，间谍工作是分工合作来

完成。

1. 间谍工作的开始时间

每年年末由裁判宣布间谍开始的时间点，间谍时间未开始前，所有企业成员不能离开自己企业盘面，不能查看其他企业盘面。

2. 间谍工作人员分工

在六组沙盘模拟经营中，一般每个竞争对手派一个成员去收集信息即可，其余成员留守自己企业盘面，并负责回答其他企业间谍人员提出的问题，对于其他企业间谍人员提出的关于盘面摆放的任何问题，企业留守成员有义务回答，但可以拒绝回答关于企业往年订单问题。若企业团队人数较少时，只留一个成员留守自己企业盘面，负责向其他企业回答问题，其余成员都参与间谍工作。

3. 间谍要求

间谍过程中，间谍人员可以观看其他企业盘面摆放的任意内容，可以用稿纸或自制表格做记录，但不能自行翻动被间谍企业的任何报表和盘面道具。

二、间谍的目的

在沙盘模拟经营的省赛与国赛中，各企业团队成员最多只能由 5 人组成，但参赛队伍数则远多于课堂教学组织，企业往往需要面对多达 20 甚至 30 多个竞争对手，一个企业成员在 10 余分钟时间需要间谍 5 个以上对手。在很短的时间里，要求企业成员收集如此多的信息，如果不能明确间谍究竟达到什么目的，间谍时就很难抓住重点，间谍工作也就失去了意义。

间谍的最直接目的就是让企业的 CEO 和营销总监能精准地投出下一年年初广告费。间谍工作结束后，紧接着就是下一年年初广告费投放以及订货会选单。企业必须在投放广告费前，对竞争对手有充分的了解，从中找出与自己生产同类产品的企业，预估这些企业可能在与自己竞争的产品市场上投多少广告费，从而做出合理的广告费决策，尽可能把产品销售出去。

间谍的另一个重要目的，就是通过对竞争对手的信息收集判断竞争对手的走向，并以此修正企业事先的估算，对企业未来发展的走向作出调整。

三、间谍的内容

间谍就是要收集其他企业的当年经营的所有信息，以分析竞争企业的现状及其未来动向，据此做出决策，因此，企业派出的间谍人员应尽可能将对手企业盘面所有信息进行收集。具体而言，所要收集的信息主要包含 4 个中心里的 14 项信息。

1. 财务中心

（1）库存现金

（2）应收账款

（3）长期贷款

（4）短期贷款（含高利贷）

2. 生产中心

（1）生产线的数量

（2）在建生产线情况

（3）在制品情况

（4）厂房情况

3. 物流中心

（1）原料库存

（2）产品库存

（3）原料订单

4. 营销与规划中心

（1）产品研发

（2）市场开拓

（3）ISO 认证

在企业经营的后几年里，由于企业间的业绩已出现分化，再加上多年的间谍工作使企业间相互了解已经很深入，所以间谍的内容可以视情况有所缩减。但在经营的前几年里，需要全面掌握竞争对手信息，这需要间谍人员一方面要不断加强信息收集操作的练习，提高信息收集的效率。另一方面也需要间谍人员能在收集过程中做一些信息加工工作，以为后续广告费投放工作争取更充分的时间。

四、间谍信息收集的表格化

由于收集的信息很多，并且信息收集工作一直要延续到第五年年末，杂乱无章的间谍信息记录必然会为企业后续的信息分析工作带来麻烦，因此，建议企业团队将需要收集的信息以表格形式做记录。间谍表格的制作主要基于企业自身的信息阅读偏好，同时尽可能将一个竞争对手的所有年份间谍信息呈现在一张间谍表格上，如此则可在一页纸上即将一个竞争对手各年发展情况一览无余。

表 6-2　间谍表设计示例

组号：									
产品研发					市场开拓				
P2					区域				
P3					国内				
P4					亚洲				
9K		14K			国际				
					生产线情况				
原料订购					编号	第一年	第二年	第三年	第四年	第五年
	第一年	第二年	第三年	第四年	第五年	1				
订购时间	名称	数量	数量	数量	数量	数量	2			

4季	R1				3				
4季	R2				4				
3季	R3				5				
3季	R4				6				
4季	R3				7				
4季	R4				8				
原料库存					9				
产品库存					10				
厂房情况	大厂房				现金				
	小厂房				应收款				
长期贷款					短期贷款				
权益					高利贷				

表6-2所示的间谍表栏目涵盖了前述的所有14个需要间谍的项目，表格对原材料订单按第三、四季度进行了细分，再加上原材料库存栏目，使对手的原料采购计划清晰显露，并可以结合企业生产线建设和生产线生产情况进行产能分析。产品研发、市场开拓和ISO认证均按研发投资期数留出空格，方便掌握对手的研发进度。但该间谍表格也有不足之处，如在生产线部分，虽然将最大10条生产线的空间预留，并且也将6年时间标出，但每一年只是粗略地留下一格，难以分门别类地反映出生产线可能的各种具体指标，如生产线类型、在制品种类以及在建生产线的安装进度等。企业团队可借鉴这张间谍表并根据自己的需要进行改进，力求使企业的间谍工作更加高效。

五、间谍数据整理与分析

1. 间谍数据整理

在投广告前，应由专人（间谍岗位人员）将企业派出人员填制的间谍表依组号整理或按企业定义的标准分类整理（如企业可将竞争对手按与已相关程度分类），之后再从间谍表中把关键信息摘抄出来，以便于对关键数据的分析和选单过程中快速查阅。

2. 间谍数据的分析

因研发认证等情况从间谍表可直接阅读，所以间谍数据的分析，重点在计算分析对手企业的产能。假设第二年年末间谍C企业信息如表6-3，可作分析如下所示。

表6-3　间谍表—数据分析案例

组号：C										
产品研发						市场开拓				
P2	√	√	√	√	√		区域	√			
P3	√	√	√	√	√		国内	√	√		
P4							亚洲	√	√		

9K	√	√	14K		√		√		国际	√		√			

原料订购							生产线情况					
		第一年	第二年	第三年	第四年	第五年	编号	第一年	第二年	第三年	第四年	第五年
订购时间	名称	数量	数量	数量	数量	数量	1	手-全	P3			
4季	R1	4					2	手1	2			
4季	R2	6					3	卖	全P2			
3季	R3	2					4	半1	1			
3季	R4						5	全	P2			
4季	R3	2					6	柔	P3			
4季	R4						7					
原料库存							8					
产品库存		4P1	2P2				9					
厂房情况	大厂房	买	买				10					
	小厂房						现金	15	10			
长期贷款		40	80				应收款		8			
权益		42	23				短期贷款	40	80			
							高利贷					

（1）最大可投广告数额

企业库存现金 10M，应收账款若贴现可得 6M 贴现收入，因此该企业最大可投广告数额 16M。

（2）研发认证

该企业已研发完成 P2、P3，且在第二年就已上线生产 P2、P3，企业的市场开拓、ISO 认证都没有出现推迟情况，这意味着该企业下一年可在本地、区域、国内销售 P1、P2、P3。

（3）借贷情况

该企业长贷 80M，下一年累计本息需还 28M；短贷 80M，下一年每季需还 21M；没有高利贷，但由于该年企业没有卖出 P2，导致年末权益下跌至 23M，下一年最多只能贷 40M，资金压力很大，预计下年第一季至少借 20M 高利贷。

（4）厂房

该企业下一年资金困难，虽然大厂房已无空余，但应该不会使用小厂房。

（5）产能

该企业当前库存 2P2。关于下一年产能计算，首先看生产线情况。

第一条线，原为手工，第一年变卖后建设一条全自动用于生产 P3，年末在制品 P3，由于全自动一般不考虑转产，因此该线明年可产 4P3。

第二条线，手工线，一直在生产 P1，第一年年末在制品在 1Q，第二年年末在制品在生产线 2Q，可推算出明年该生产线可产 1P1。但手工线无转产周期，不排除明年有转产可能。

第三条线，原线已卖，但第二年才开始建线，下一年准备生产 P2，明年预计产 3P2。

第四条线，半自动线，一直生产 P1 无任何停产转产，若明年无转产、停产则可产 2P1。

第五条线，第一年开建的全自动，第二年年末在制品 P2。明年可产 4P2。

第六条线，第一年开建的柔性线，第二年年末在制品 P3，柔性线可以灵活转产，需要结合原料来分析生产情况。

接下来结合原料分析手工线及柔性线的生产情况。

该企业年末无原料库存，因此所有上线生产所需原料均来源于原料订单。

第三季、第四季各订购 2R3，则其明年第一季、第二季只能有两条线可上线生产 P3，而第一条线是固定生产 P3，因此，柔性线明年第一季、第二季可上线生产 P3，由此考虑第二条手工应不准备转产 P3，但不排除可能在明年第二季 P1 下线后转产 P2（P2 原料只需提前一个季度订购），但无论是否转产都不影响明年该线下线产品（第二季下线 1P1）。

P3 原料是 2R2、1R3，该企业第四季订购 6R2，其中有 4R2 可用于 P3 生产，剩余两个 R2 是第三条、第五条上线生产 P2 所需。

第四季订购 4R1，需要用到 R1 原料的产品有 P1、P2，第二条线明年第一季产品更新生产后还在 3Q，不需要上线生产，必然需要 R1 原料的只有第三条、第四条、第五条，一共是 3R1 需求，企业多订 1R1，应考虑有可能用柔性线转产 P1。

P2 原料是 1R1，1R2，由于企业为柔性线也订购了 2R2、1R3 准备用于生产 P3，因此这条柔性线也可以上线生产 P2。

结论：该企业第三年除柔性线外，可供出售的产品为 4P3、3P1、9P2，柔性线明年第一季下线 P3，但第二季以后一共三个下线产品不确定，P1、P2、P3 都有可能，因此该企业 P1 最大可卖量为 6 个，P2 最大可卖量为 12 个，P3 最大可卖量 8 个。这里可以看出，柔性线为企业带来生产的灵活性，同时也使其他企业间谍分析不确定性增加。

将各家企业的产能一一分析汇总后，再与市场进行对比，即可得出本年供求基本关系（如把第三年所有企业 P2 供货量与 P2 市场需求总量比较，即可知 P2 市场是处于供过于求还是供不应求），根据供求关系态势可知广告费的可能趋势，并结合各企业广告投放的习惯和企业自身的资金约束进行广告费决策。

思考题：

1. 试改进表 6-2 的间谍表，使产线记录更清晰。

2. 案例中对柔性线只预估了每种产品的最大数，试对柔性线进行排产，确定柔性线生产的所有可能性。

任务二 广告投入产出比分析

一、广告投入产出比的含义

广告投入产出比是指企业投入的广告费与销售收入比值，用以评价广告效果。即：

广告投放产出比＝当年销售收入/当年广告费总和。

这个公式也可推广用到单个产品或单个市场分析上，即对单个产品求其销售收入与广告费的比值，或在单个市场上求市场销售收入与市场广告费的比值。进一步，还可汇总企业历年的销售收入和广告费，求取历年销售收入总和与历年广告费总和的比值。

二、广告投入产出比的作用

1. 事后分析

广告投入产出比一般用于事后分析。每年订货会结束后，比较各企业当年的广告投入产出比，可使各企业从中汲取广告投放教训。广告投入产出比高，即每 1M 广告费投入能获得更高的收入，说明企业广告投入相对较为精准；反之，广告投入产出比越低，企业的广告费投入浪费大，高广告获得低收益。

表 6-4 某年各企业广告投入产出比计算案例数据

企业	A	B	C	D	E	F
销售收入	119	83	146	125	182	146
广告投入	13	8	21	40	28	24
比值	9.15	10.38	6.95	3.13	6.5	6.08

表 6-4 的案例中，A、B 企业广告投入产出比最高，每投 1M 广告费赚取收入超过 9M，而 D 企业广告投入产出比最低，投入 40M 广告费只赚取 125M 销售收入，每 1M 广告费只获得 3M 销售收入。D 企业需要多观察其他企业的广告投放，从中总结出合理的广告投放策略，并在下一年广告投放中做改进。

2. 经验数据分析

初学者往往对广告费应该投多少比较茫然，总希望能有规律可套用。基于此目的，可以对以往比赛的数据进行分析，借鉴这些比赛中各企业的广告费投放策略。经验数据分析期望从已完成的沙盘模拟经营比赛数据中去寻求广告投入产出比的合理比值，从事前阶段就降低企业犯错的机率，在经验数据分析中，除了计算广告投入产出比外，同时把企业当年的税前利润、支付利息前利润引入进来，并据此分析销售收入、财务支出（利息，财务成本）对息前利润、税前利润的高低所构成的影响，广告投入产出比是否与税前利润、支付利息前利润有着固定的规律性关系。

以下为数次不同比赛同一年数据列表。

表 6-5　比赛场次一数据

企业	A	B	C	D	E	F
销售收入	19	47	78	101	81	103
广告投入	4	10	7	6	10	10
比值	4.75	4.7	11.14	16.83	8.1	10.3
支付利息前利润	−2	3	11	38	20	25
税前利润	−12	−6	2	29	11	16

表 6-6　比赛场次二数据

企业	A	B	C	D	E	F
销售收入	75	98	69	46	95	110
广告投入	5	16	7	2	8	7
比值	15	6.13	9.86	23	11.88	15.71
支付利息前利润	22	15	8	4	22	33
税前利润	10	−1	−8	−15	2	16

表 6-7　比赛场次三数据

企业	A	B	C	D	E	F
销售收入	75	89	133	110	75	108
广告投入	13	6	17	14	10	7
比值	5.77	14.83	7.82	7.86	7.5	15.43
支付利息前利润	6	28	21	21	15	24
税前利润	−11	19	4	12	4	12

表 6-8　比赛场次四数据

企业	A	B	C	D	E	F
销售收入	132	124	203	83	143	167
广告投入	22	19	32	6	20	22
比值	6	6.53	6.34	13.83	7.15	7.59
支付利息前利润	23	28	59	−3	25	25
税前利润	−1	3	35	−46	0	−4

表 6-5 至 6-8 是四场比赛数据，这四场比赛市场预测完全相同，比赛都是在六家企业间展开，并且都是针对同一年所投广告获得收益，但每一场比赛的企业人员完全不同。

（1）财务成本高低是企业是否能获取收益的关键因素

竞争对手不同，结果会有很大差异。比赛场次四除了 D 企业外普遍广告费投入较多，并且收入也普遍高出其他场很多，但税前利润却很不理想。对比场次四的支付利息前利润和税前利润，应知道这些企业虽然取得了不错的收入，但为此付出的财务成本太高，导致企业税前利润受到严重影响。而其他场次里收入并不是很高的一些企业，销售收入虽然处于中下水平，但由于综合费用和财务成本都很低，因而取得不错的税前利润。如比赛场次三的 B 企业销售收入只有 89M，但利息支出只有 9M（与之对比，比赛场次四 B 企业支付利息前利润也是 28M，但由于当年利息支出达到 25M，导致企业几乎没有收益），税前利润达到 19M，在所有企业中居于前列。因此，企业对筹资的利息费用控制是企业取胜的关键因素。

（2）绝对的高收入是收益的重要保障，绝对的低收入则导致绝对的低利润

将 24 家企业的销售收入求平均值，当年所有企业平均销售收入为 98.5M。对高于和低于平均销售收入的企业分类统计，可看到，排除财务成本的影响，高收入企业支付利息前利润普遍在 20M 以上，而低收入企业的支付利息前利润多数在 15M 甚至更低水平，比赛场次一中的 A 企业和比赛场次四中的 B 企业息前利润甚至已为负数。考察税前利润为负的九家企业，高收入企业只占了两家，低收入企业则多达七家。由此可知，销售收入的绝对高值对企业的收益非常重要，在控制好综合费用与财务支出的前提下，绝对的高收入将使企业获得绝对高的净利润。

（3）广告投入产出比与息前利润和税前利润的关系

仍然将所有企业按销售收入高低分组，并按广告投入产出比比值排序，分别观察高低收入组的息前利润和税前利润变化规律（如表 6-9、6-10 所示）。

表 6-9　低销售收入组排序结果

企业	销售收入	广告投入	比值	支付利息前利润	税前利润
B	47	10	4.7	3	-6
A	19	4	4.75	-2	-12
A	75	13	5.77	6	-11
B	98	16	6.13	15	-1
E	75	10	7.5	15	4
E	81	10	8.1	20	11
C	69	7	9.86	8	-8
C	78	7	11.14	11	2
E	95	8	11.88	22	2
D	83	6	13.83	-3	-46
B	89	6	14.83	28	19
A	75	5	15	22	10
D	46	2	23	4	-15

表 6-10   高销售收入组排序结果

企业	销售收入	广告投入	比值	支付利息前利润	税前利润
A	132	22	6	23	-1
C	203	32	6.34	59	35
B	124	19	6.53	28	3
E	143	20	7.15	25	0
F	167	22	7.59	25	-4
C	133	17	7.82	21	4
D	110	14	7.86	21	12
F	103	10	10.3	25	16
F	108	7	15.43	24	12
F	110	7	15.71	33	16
D	101	6	16.83	38	29

分析表 6-9，随着广告投入产出比的逐步升高，低收入组的支付利息前利润开始有一个上升趋势，但当比值升到 8 之后，趋势并不明显，当比值升到最高时，支付利息前利润却降至一个低点。比值最低的四组，其税前利润全部为负，但在比值上升过程中，税前利润的变化趋势则比较混乱。各组广告投入产出比的比值普遍超过 5，半数以上超过 8。

分析表 6-10，高收组的支付利息前利润也没有随着比值上升有明显上升或下降趋势，而税前利润趋势相对明显，在剔除第二行高数据后，税前利润经过一定的上下浮动后最终呈上升趋势。高收入组所有企业比值都超过 6，半数以上超过 7.5。

我们得出结论如下。

广告投入产出比反映的是企业广告费本身的经济性，比值高低一定程度上反映企业广告策略的合理性。但企业取得的销售收入最终转化为净利润，除了广告费外，还需要花费大量其他成本费用，而广告投入产出比并不能反映这些费用支出对最终净利的影响。因此，一定的广告投入产出比不能决定企业当年最终是获利还是亏损，过高的广告投入产出比所反映的未必是企业广告费的节约，这有可能是企业投入极小的广告却因其他企业已拿满订单或是广告费失误而意外地获得大订单，或者企业逃避市场竞争，只选择在对自己企业极其有利的狭窄市场投放广告，虽然广告费得到节约，但却导致销售收入过低（如表 6-6 中的 D 企业）。

"开源节流"是企业经营中需要把握好的关键问题，所谓"开源"就是要不断扩大销售收入，因此，在一个预期需求量越来越大的市场，企业就应充分把握机会，不断扩大生产规模，实现销售收入的迅速增长，销售收入的倍增是企业获利的关键，在销售收入绝对高值的前提下，即使广告投入产出没有达到理想值，企业仍然可以有较高的获利水平（如表 6-8 中的 C 企业），因为庞大的销售收入足以将高额广告费冲抵并还保有丰厚的盈余。表 6-8 中 C 企业的数据表明，高广告并不可怕，只要企业能确保有足够高的收入，通过高额广告在各个市场中压制对手获取有利订单，企业仍然可创造高盈利水平。真正可怕的是在明知无法获得高收入的情况下企业仍盲目投入高广告，不仅导致广告投入产出比的低值水平，也必然会降低企业的获利水平，甚至使企业亏损。当然，在确保取得高销售收入的前提下尽可能节约广告费用将使企业的获利水平更上一个台阶，这需要企业对竞争对手的广告投放习惯有充分的把握，从而可以避开竞争对手密集出现的市场，或者仅以极小的广告差压制住对手。

所谓"节流"则是需要企业尽可能节约成本、费用。在模块五的预算调整环节，已对各类成本、费用做了详细说明，而在这里又特别强调了财务成本（财务支出）节约的重要意义。当企业盲目借贷导致财务成本过高时，原本理想的销售收入、广告投入产出比都会被高成本吞噬掉。而反过来，当企业面对一个衰退市场、销售收入难以提高时，成本的节约有意义，甚至可使企业在低收入条件下仍能取得理想的获利（如表6-7中的B企业）。

广告投入产出比仍是有重要意义的参考指标，从高低收入组的数据对比可以看到，高销售收入与高广告投入产出比的搭配再加上成本、费用的节约必然使企业获得极高的利润。分析高低收入组的广告投入产出比数据，在今后的广告投放中，企业可以将5-6、7-8的广告投入产出比做为广告投放的参照系数，在确保有足够销售收入和尽可能节约成本费用的前提下，5-6的广告投入产出比可使企业有盈利可能，可把5-6的广告投入产出比称为"温饱线"；7-8的广告投入产出比有可能使企业获得较高的盈利水平，可把7-8的广告投入产出比称为"小康线"。

企业在投放广告费时，可以将"温饱线""小康线"作为广告费总和的一个总体把握，在具体的市场竞争中，视竞争的激烈程度不同，对具体广告费做调整，如此，可使广告费的投入趋于合理。

预算及对预算的调整才是确定广告费的最关键过程，只有在预算及其调整过程中，企业才能通过市场分析、竞争者分析，对销售收入的实现进行预先的控制调整。同样，也只有在预算过程中，企业才能不断优化各类成本费用的开支。通过预算，企业可以计算出不同的广告投入所带来的获利水平，因此才能确定合理的广告投入。

思考题：

1. 试确定一个广告投入产出比，再用这个比值来确定你的广告费。
2. 在企业模拟实战中，你理想的广告投入产出比是多少？

任务三 经常性费用占销售收入的比例分析

一、经常性费用

在任务二中，我们可以看到，财务成本大小如何影响企业的获利水平，并且将财务成本视为企业是否能获取收益的关键因素。除财务成本外，事实上，其他费用也经常会影响企业的获利水平，企业有必要对这些费用占销售收入的比例进行分析，从而确定导致企业获利水平不能提升的关键因素，进而在下一步操作中加强对这些费用的控制。

经常性费用是每年都会发生的费用，它包括综合费用中的管理费、广告费、维修费、厂房租金、转产费、其他费用，同时还包括利润表中的直接成本、折旧费和财务支出。其中，维修费、厂房租金和转产费在经常性费用分析中被合称为经营费。经常性费用将市场开拓、产品研发、ISO 认证所产生的费用排除在外，因为这些费用都是在企业研发投资工作中产生，并非每年都一定发生，并且，研发认证等支出对企业未来发展具有重要意义，企业需要对研发认证工作产生的费用在多个年度进行合理安排分配，但刻意地压制研发认证支出会影响企业的发展，因而也不是企业费用控制的主要项目。

二、经常性费用占收入比例的分析

1. 比例计算

经常性费用占收入比例的计算方法很简单，将每一项经常性费用分别除以销售收入即得该项费用占销售收入的比例。

如：企业广告费 20M，销售收入 100M，则广告费占销售收入的比例为：$20/100 \times 100\% = 20\%$。

2. 亏损基本判定

经常性费用占销售收入比例可以反映出企业的盈亏状态，这也可以直接从计算方法体现出来。当经常性费用总占比超过 1 时，意味着企业的这些费用开支总和已超出企业的销售收入，显然企业当年出现亏损。但经常性费用并不是企业费用的全部，因此经常性费用总占比小于 1，并不能简单判定企业一定能盈利，这时还需将企业的市场开拓、ISO 认证、产品研发等费用占销售收入比例一并纳入考虑，当包括研发认证在内的总费用占销售收入比例超过 1 时，企业亏损，否则企业当年获利。

3. 比例合理性的分析判定

若孤立地截取一家企业计算其各项费用的比例，然后以费用所占比例的高低直接判定企业某一项费用开支不合理，这一判定并不有效。因为企业的各项费用开支特点不同，这决定某些成本或费用在任何一家企业经营中总会占销售收入的很大比例，并不因其比其他费用所占比例高就一定不合理。

例：A 企业当年销售 15P1，6P2，6P3，销售收入 157M。B 企业当年销售 4P1，4P2，4P3，销售收入 80M。分别计算两家企业直接成本占销售收入的比例。

A 企业直接成本 $= 15*2+6*3+6*4 = 72$（M）。

B 企业直接成本 $= 4*2+4*3+4*4 = 36$（M）。

A 企业直接成本占销售收入比例 $= 72/157 \times 100\% = 46\%$。

B 企业直接成本占销售收入比例 $= 36/80 \times 100\% = 45\%$。

若孤立地对 B 企业进行费用比例判定，可以看到，直接成本占销售收入的比例在所有费用占比中一定处于比例最高的行列，但将 A、B 企业对比则可看到，两家企业虽然销售收入差距很大，但直接成本的收入占比差异并不大，B 企业的直接成本占比还小于 A 企业直接成本占比。因此，对单个企业的费用间比例进行直接比较不能作为费用比例合理与否的判定标准。

三、案例分析

对表6-8比赛场次四中六家企业当年经常性费用占销售收入比例进行计算比较，如表6-11，6-12（当年所有企业均无其他费用，该项略去）。

表6-11　企业经常性费用数据　　　　　　　　　单位：M

组号	管理费	广告费	经营费			直接成本	折旧	财务支出	销售收入
			维修费	租金	转产费				
A	4	22	7	3		60	11	24	132
B	4	19	5			50	16	25	124
C	4	32	6		4	84	14	24	203
D	4	6	6			37	31	43	83
E	4	20	9			64	16	25	143
F	4	22	7	8		73	14	29	167

表6-12　企业经常性费用占销售收入比例

组号	管理费	广告费	经营费	直接成本	折旧	财务支出	经常性费用占比合计
A	0.03	0.17	0.08	0.45	0.08	0.18	0.99
B	0.03	0.15	0.04	0.4	0.13	0.2	0.95
C	0.02	0.16	0.05	0.41	0.07	0.12	0.83
D	0.05	0.07	0.07	0.45	0.37	0.52	1.53
E	0.03	0.14	0.06	0.45	0.11	0.17	0.96
F	0.02	0.13	0.09	0.44	0.08	0.17	0.93

1. 管理费占销售收入比例

所有企业管理费都是4M，不可调整。除D企业外，其他企业占比基本都是0.02、0.03，D企业高至0.05，说明D企业本年销售收入偏低。

2. 广告费占销售收入比例

除D企业外，其他企业广告费占销售收入比例在0.13~0.17之间，差距较小。而D企业却只有0.07，D企业的广告费占比偏低，反过来也就是广告投入产出比偏高，这说明D企业广告费投入的经济性很高，但结合销售收入偏低的判定，可推定该企业属于逃避竞争只选择在有利市场投极小广告或者偶然因素导致企业以极低广告投入收获大订单。

3. 经营费占销售收入比例

B、C两家企业经营费占销售收入比例最低，这表明B、C两家企业生产规模、厂房费用控制较合理，而A、F两家企业比例则高至0.08、0.09，从表6-11可看到，A企业租用小厂房产生3M租金，F企业则同时支付大厂房5M租金和小厂房3M租金，因而使经营费占比变得很高。租用厂房并不是不合理的经营行为，但必须在预算中预先估计其对企业获利水平的影响，将租金占比尽可能降低。总体来讲，A、F两家企业的经营费比例虽然相比其他企业过高，但因产线规模扩张也使销售收入得到相应增长，所以占比仍可认为是合理的。

4. 直接成本占销售收入比例

分别选取直接成本占销售收入比例最高的 A 企业和最低的 B 企业，对比其当年产品销售组合如下。

A 企业当年销售产品组合：8P1+8P2+5P3，销售收入分别为：33+57+42 = 132（M）。

B 企业当年销售产品组合：5P1+8P2+4P3，销售收入分别为：22+65+37 = 124（M）。

两家企业都在销售同样产品，但在数量组合上有差异。逐一对比两家企业三种产品的销售情况如下。

B 企业比 A 企业少销售 3P1，因而少 11M 的销售收入，少销售的 3P1 其单价相当于（33-22）/3，只有 3.7M 的单价，而 B 企业销售的 5P1 平均单价 4.4M，A 企业因这多出来的 3P1 被拉低 P1 销售单价，抬升直接成本占销售收入比例。

A、B 两家企业销售同等数量 P2，但 B 企业 P2 销售收入却高出 8M，A 企业 P2 平均单价 7.125，而 B 企业 P2 平均单价却达到 8.125，相当于 B 企业比 A 企业多销售出一个 P2 却不承担这一个 P2 的成本，P2 的收入差异进一步抬升 A 企业直接成本占销售收入的比例。

B 企业比 A 企业少销售一个 P3，两者销售收入只有 5M 差距，相当于 A 企业多卖的 P3 只有 5M 单价，几乎与 P1 单价相同，考虑 P3 成本 4M，A 企业多销售的 P3 非常不划算，这又一次拉升相对拉高 A 企业直接成本占销售收入比例。

由前面的分析可知，控制直接成本占销售收入的比例，首先要合理搭配产品销售品种组合，其次还需要进行合理的产品销售订单组合，订单选择很重要。若订单选择不合理，即使有可观的销售数量，也难以提高销售收入，使直接成本占销售收入比例较其他企业相对过高。

5. 折旧占销售收入比例

一般而言，折旧体现企业此前的批量建线规模（第三年建的生产线在第五年提折旧），规模建线是必要的，但如果批量建线时间点选择不合理，使企业大规模计提折旧时恰好遭遇市场下滑则有可能因企业无法实现销售导致企业折旧占比升高，企业如果批量建线但广告投入不合理也同样会因销售收入过低而拉高折旧占比。

表 6-12 显示，D 企业的折旧占比高达 0.37，与其他企业差距巨大，其折旧费也达到 31M，几乎是其他企业的两倍。但查看维修费项，发现该企业产线规模并不大，比 A、E、F 三家企业都小，是否因该企业在第二年集中建线导致当年折旧费畸高？通过对 D 企业经营数据的查询，发现该企业在第一年开建两条柔性线，第二年将原有的三条手工和一条半自动变卖后，在大厂房又开建两条柔性线和一条全自动，第三年再建一条全自动。三年时间建五条生产线，就建线数量而言并不算过多，但问题在于该企业以柔性线建设为主，三年时间一共建了四条柔性线，只建了一条全自动。而柔性线建线资金压力大，并且由于规则采用加速折旧法，使得企业在生产线建成后的开始几年折旧费负担相对很重，建线后的产能规模相对全自动也较小，因而使折旧费相对销售收入占过高比例。因此，D 企业的主

要问题是生产建线组合不合理，应考虑将柔性线减少至 1~2 条，这样既能保证企业在选单时的灵活性，也可使企业节约大量资金，减少财务成本，使企业获利水平得到提升，同时也可使企业折旧费不致拉升过高过快，影响企业的获利水平。

6. 财务支出占销售收入比例

财务支出包括长贷利息、短贷利息、高利贷利息和贴息。要控制财务支出占销售收入的比例，企业主要考虑尽量减少或避免高利贷和贴现，以短贷为主，以长贷为辅来实现企业资金筹集。由于高利贷和贴现的利率都很高，过度利用会使企业筹资成本被急速拉升，当企业销售收入不足以弥补筹资成本时，企业只能年年亏损。

表 6-12 中，D 企业的财务支出占销售收入比例远超其他企业，其财务支出总额高达43M，如将这 43M 假设为短贷利息，则企业的上年短贷借款额将达到 860M，企业必须在第二年权益达到 430M 才能有如此高的借款额度，这显然是不成立的。如假设为长贷，则企业第二年权益也必须达到 220M 才可实现借贷 430M 的长贷，也不能成立。因此，D 企业应是借了极多的高利贷，才导致如此高的财务支出。

在折旧占销售收入比例的分析中我们已经知道该企业在三年里建了 4 条柔性线，而通过预算可知，这必然使该企业出现很大的资金缺口，如果再考虑销售不利企业产品被迫库存导致权益下跌，长短贷可贷额度因之缩减等，不难想象该企业所面临的资金流困境。所以 D 企业的问题并非在于对筹资四种方式的不合理搭配，而在于投资分配的不合理加剧了企业资金短缺进而迫使企业过度借贷。

7. 经常性费用合计占销售收入比例

前面一至六条对分项的费用占比做了比较，本项考察企业所有经常性费用合计占比情况。D 企业仍然是比例最不合理的企业，其费用已远超其销售收入，企业亏损严重。而除C 企业以外的其他企业比例也很高，若将经常性费用中未计入的产品研发、市场开拓等投资费用考虑进来，则企业销售收入将可能不足以抵偿所有费用，企业将出现亏损。表 6-8中税前利润项显示，当年只有 B、C 两家企业税前利润为正数，E 企业税前利润为零，其余企业全部亏损，并且，获利的 B 企业应是在尽量少研发后才勉强实现获利。企业通过对经常性费用合计占销售收入比例的分析，需要关注到，即使相较于其他企业，各单项费用比例都不是非常突出，但总体比例也可能会很高，影响企业获利水平。在实际经营中，企业应如 C 企业实现对成本费用的控制，以 C 企业的费用比例，当企业销售收入超过 100M时，企业当年获利将达到 15M 左右，而在最后两年的爆发阶段，企业还应通过更好地控制进一步提高这一比例，使企业获利实现倍增。

思考题：

1. 除了财务支出，你认为在你的企业运营中还有哪些费用控制具有关键作用？

2. 如何使企业既能扩张生产规模，同时又使企业的财务支出占销售收入的比例相对不高？

3. 通过案例，你从 D 企业的经营中总结出哪些经验教训？

任务四 财务指标分析

一、财务指标

财务指标是指利用企业财务报表中的数据所计算编制的经济指标，用以反映和评价企业的经营过程和经营成果。财务指标可以帮助企业透过报表分析企业的经营问题，找出企业间业绩差异的原因，从而修正后续经营方案。

二、财务指标的分类

根据财务指标对企业运营中问题的反映角度不同，可以将财务指标分为四类，分别为偿债能力指标、营运能力指标、盈利能力指标和发展能力指标。

三、偿债能力分析

偿债能力是指企业用其资产（和收益）清偿到期债务的能力，具体地，偿债能力分析又包括短期偿债能力分析和长期偿债能力分析。偿债能力体现企业对到期债务的承受能力。

1. 短期偿债能力分析

短期偿债能力是指企业以流动资产对企业的到期流动负债及时偿还的能力。企业短期偿债能力的衡量指标主要有流动比率、速动比率和现金比率。

表 6-13 某企业第四年年末资产负债表 单位：M

资 产	期初数	期末数	负债和所有者权益	期初数	期末数
流动资产：			负债：		
现金	3	13	长期负债	40	60
应收款	40	66	短期负债	60	60
在制品	14	18	高利贷		20
成品	8	10	应交税金		
原料			一年内到期的长期负债	20	
流动资产合计	65	107	负债合计	120	140
固定资产：			所有者权益：		
土地和建筑	40	40	股东资本	50	50
机器与设备	25	43	利润留存	−18	−16
在建工程	24		年度净利	2	16
固定资产合计	89	83	所有者权益合计	34	50
资产总计	154	190	负债和所有者权益总计	154	190

（1）流动比率

流动比率＝流动资产/流动负债。

其中，流动资产取资产负债表中的流动资产合计数，流动负债取资产负债表中的短期负债（含高利贷和应交税金，另外一年内到期长贷由于还贷周期已缩短到跟短贷、高利贷相同，也应计入流动负债）。

一般而言，流动比率越高，意味着企业的资产流动性越大，在短期债务到期前企业资产变为现金偿还债力的能力越强，即企业的短期偿债能力越强。由于不同行业的流动比率存在较大差别，因此对流动比率合理与否的衡量，需与同行业平均流动比率做比较，还需要具体分析流动资产中各项目的比例才可确定。

在企业经营模拟中，流动资产的各项目变现能力最强的是现金，其次是应收账款，再次是可在短期内出售的产品，最后是在制品和库存原料。若一家企业流动比率高，但其流动资产中大部分是原料、在制品和库存产品时，则其实际短期偿债能力并不强。

在企业分析评价时，一般将流动比率的合理值设定为2（只是经验性标准，适用于一般企业）。若流动比率小于1.25时，意味着企业有较高的短期偿债风险，大于2时，企业短期偿债能力较强，但企业流动资产相对过多，经营相对保守。

例：表6-13企业第三年、第四年流动比率计算。

第三年：企业流动资产65M，流动负债80M（其中短贷60M，一年内到期长贷20M）。流动比率＝65/80≈0.81。

第四年：企业流动资产107M，流动负债80M（其中短贷60M，高利贷20M）。流动比率＝107/80≈1.34。

可见该企业在第三年、第四年流动比率都偏低，企业面临较大的短期偿债风险，但第四年企业的比率已超过1.25的临界值，偿债风险相对变小，显示企业经营正在好转。

（2）速动比率

速动比率＝（流动资产-存货）/流动负债。

速动比率也称"酸性测试比率"，速动比率计算是把存货从流动资产扣除后再与流动负债相除，扣除存货的流动资产可称为速动资产，由于将变现能力差的存货从流动资产中剔除，相比于流动比率，速动比率对企业偿还短期债务的能力分析将更准确可靠。

在沙盘模拟经营中，需要扣除的存货包括在制品、原料和产品库存，也即速动资产包括现金和应收账款。在实际运营中，企业应考虑应收账款账期，很显然，4Q应收账款与1Q应收账款相比，其变现能力差距大。若企业应收账款中4Q账款所占比例很大，则所计算的速动比率也大打折扣。

存货通常在流动资产中占近一半比例，因此，一般速动比率的合理值设定为1。速动比率不宜太高也不宜太低，过高的速动比率意味着企业闲置现金太多，没有充分利用投资机会，过低的速动比率则意味着企业面临无法偿还短期债务的风险。与流动比率类似，当速动比率小于0.25时，企业将面临较大的短期偿债风险，而当速动比率大于1时，则意味着企业相对保守，未充分利用投资机会。

例：表6-13企业第三年、第四年速动比率计算。

第三年：企业速动资产为 43M（从流动资产中扣除在制品、原料和产品库存），流动负债为 80M，速动比率 = 43/80 ≈ 0.54。

第四年：企业速动资产为 79M，流动负债为 80M，速动比率 = 79/80 ≈ 0.99。

企业第四年速动比率几乎为 1，达到理想值，但第三年只有 0.54，有较大短期偿债风险，但仍高于 0.25 的临界值，所以企业债权相对安全。

（3）现金比率

现金比率 = （流动资产-存货-应收账款）/流动负债。

现金比率，也称为现金资产比率。在速动资产扣除存货基础上，现金比率的计算进一步将流动资产中的应收账款也扣除，具体到沙盘模拟中，现金比率也就是现金与流动负债之比，这表示每 1M 流动负债有多少现金可用于偿还。现金比率越高，则企业的短期偿债能力越强。

现金比率通常以 0.2 为宜，现金比率过高意味着企业筹资后却未充分运用筹集到的资金，过低则可能增加企业短期偿债风险。

例：表 6-13 企业第三年、第四年现金比率计算。

第三年：现金比率 = 3/80 ≈ 0.03

第四年：现金比率 = 13/80 ≈ 0.16

企业第四年现金比率相对较高，与 0.2 的合理值差距不是很大，从现金比率角度看，企业的短期偿债能力较强，但第三年则过低，企业存在偿债风险。

上述三个关于短期偿债能力指标都具有一个共性，指标数值越高，则企业的短期偿债能力越强，但指标值不能过高，过高则表明企业经营存在问题，有可能是现金持有过多，这表明企业资金利用效率过低，也有可能是存货积压过多，表明企业产品组合策略存在问题，销售渠道不畅，并且说明企业实际可以用于清偿债务的现金资产并不多。但这三个指标也不能过低，过低则意味着企业存在着短期债务风险。

2. 长期偿债能力分析

长期偿债能力指标与短期偿债能力有所不同。在短期偿债能力分析中，企业是以流动资产的变现做为流动负债的偿债保证，而企业不可能将长期性的资产（厂房，生产线）如流动资产一样变现用于清偿长期债务，因此，长期债务的清偿主要是通过企业的获利来实现，长期偿债能力分析的指标主要着眼于企业的权益负债结构。

（1）资产负债率

资产负债率 = 负债总额/资产总额。

资产负债率是企业负债总额占资产总额的比例，即企业的资产有多大份额是通过借贷购置的，反映企业债权人在企业总资产占有的份额，该指标同时也可以用来衡量企业在清算时债权人利益受保护的程度。这里负债总额包含资产负债表中的长期负债和短期负债，资产总额包括固定资产和流动资产。

对于企业债权人而言，资产负债率反映其向该企业借贷的风险程度，对企业自身而言，资产负债率则反映企业的负债经营能力。

一般而言，资产负债率在 0.4~0.6 被认为是合理的，资产负债率过低一方面说明企业可能有充足的资金来源，另一方面说明企业没有充分享受利用借贷资金发展企业的好处，还可通过资金借贷扩大企业发展规模。资产负债率过高对企业债权人不利，使企业债权人对借贷的承受力降低，也使企业的偿债风险增加，甚至可能因企业借贷本息过高而导致破产。

例：表6-13企业第三年、第四年资产负债率计算。

第三年：资产负债率 = 120/154 ≈ 0.78。

第四年：资产负债率 = 140/190 ≈ 0.74。

该企业两年的资产负债率都偏高，甚至高于 0.6 的上限值，企业债权人长期债权有风险，不过第四年该企业资产负债率有所下降，在向好的方向发展。

（2）权益负债率

权益负债率 = 负债总额/所有者权益合计。

权益负债率也称产权比率，权益负债率计算公式中的负债总额来源于债权人，所有者权益合计来源于企业所有人，权益负债率是衡量企业债权人和企业所有人的资金比例关系。

由资产负债率的 0.4~0.6 合理值范围可以推出权益负债率的合理范围应为 0.67~1.5（资产负债率为 0.4，即负债在企业资产来源中只占 0.4，而企业购置资产全部来源于负债和所有者权益，因此所有者权益在企业资产来源中占 0.6，权益负债率 = 0.4/0.6 = 2/3，约等于 0.67，同理可推知 0.6 的资产负债率对应的权益负债率为 1.5），当权益负债率超过 1 时，即企业负债总额超出企业的所有者权益，这意味着企业善于负债经营，但若比值过高，则意味着企业的债务风险加大。反之，若企业的权益负债率过低，意味着企业的长期偿债能力很强，但企业未充分运用财务杠杆，没有享受到负债经营带来的好处。

例：表6-13企业第三年、第四年权益负债率计算。

第三年：权益负债率 = 120/34 ≈ 3.53。

第四年：权益负债率 = 140/50 ≈ 2.8。

该企业在三、四年的负债比例较高，企业善于负债经营，但债务风险大，从第三年至第四年，权益负债率呈下降趋势，企业债权人风险有所下降。

（3）利息保障倍数

利息保障倍数 = 息税前利润/利息费用

利息保障倍数又称为已获利息倍数或利息支付倍数，是指企业息税前利润与利息费用之比。利息保障倍数是衡量企业支付负债利息能力的指标，反映公司负债经营的财务风险程度。

一般而言，利息保障倍数越高，表明公司支付借款利息的能力越强，负债经营的财务风险越小。若企业利息保障倍数小于 1，则企业存在严重的债务危机，不但没有还本的能力，连利息支付也存在困难。合理的利息保障倍数应该在 3 左右，至少应大于 1。利息保障倍数也反映出企业获利能力强弱，是企业负债经营的前提依据。

在企业沙盘模拟经营中，利息保障倍数中的息税前利润就是利润表中的支付利息前利润项目数据，利息费用就是利润表中的财务支出项目数据。

表 6-14 某企业第四年利润表 单位：M

项 目	上年数	本年数
销售收入	91	110
直接成本	44	52
毛利	47	58
综合费用	24	19
折旧前利润	23	39
折旧	10	6
支付利息前利润	13	33
财务支出	11	17
税前利润	2	16
所得税		
净利润	2	16

例：表 6-14 企业第三年、第四年利息保障倍数计算。

第三年：利息保障倍数 = 13/11 ≈ 1.18。

第四年：利息保障倍数 = 33/17 ≈ 1.94。

企业这两年的利息保障倍数都大于 1，企业虽然面临债务风险，但利息支付应该有保障，企业获利水平在提升，第四年利息保障倍数上升幅度较大，正逐步向 3 倍的理想值合理值靠近。

（4）固定资产长期适配率

固定资产长期适配率 = 固定资产净值 /（所有者权益 + 长期负债）。

固定资产长期适配率从长期性资金来源与长期性资产购置间的平衡性与协调性角度出发，反映公司长期的资金占用与长期的资金来源间的配比关系（企业的固定资产一般应以长期负债为购置资金来源），体现企业财务结构的稳定程度和财务风险的大小。

一般而言，合理的固定资产长期适配率应小于 1，这意味着企业有充足的长期资金来源，短期债务风险相对较小，指标数据相对越低越好，但过低时，意味着企业长期负债过多，财务成本过多。反之，当企业固定资产长期适配率大于 1，则表明企业有部分固定资产是用短期负债购置，企业可能存在盲目的产线扩张，企业存在短期债务风险。

在沙盘模拟经营中，所有者权益即是资产负债表中的所有者权益合计，固定资产净值是资产负债表中的固定资产总计项。

例：表 6-13 企业第三年、第四年固定资产长期适配率计算。

第三年：固定资产长期适配率 = 89/74 ≈ 1.2。

第四年：固定资产长期适配率 = 83/110 ≈ 0.75。

企业第三年指标低于大于1，企业生产线建设部分利用了短期负债，因而使企业面临短期债务风险，企业第四年的指标值比较理想，企业有较充足的长期资源来源用于生产线建设。

四、营运能力分析

营运能力分析也可称为管理能力分析，采用的都是关于资金周转的指标，通过计算企业资金周转指标来分析企业资产利用的效率，用以衡量企业的管理能力高低。

1. 应收账款周转率

应收款项周转率=当期销售净收入/平均应收款余额。

其中，当期销售净收入=销售收入-销售退回（企业沙盘模拟经营中不存在销售退回情况，所以销售净收入即为销售收入），平均应收款余额=（期初应收款余额+期末应收账款余额）/2。

应收账款周转率反映了企业年内应收款收现的平均次数。应收账款周转率越高，说明企业应收账款收回越快，企业平均账期越短，资金流动性强，企业短期偿债能力强，反之，应收账款周转率越低，意味着企业的应收账款账期过长，资金被占压在应收款上，将会影响企业的正常资金周转。应收账款周转率的合理值为3，但不同行业具有不同特点，因此还需要在同行业中做比较才可确定其合理性。

例：表6-13企业第三年、第四年应收账款周转率计算。

查该企业第二年资产负债表，该企业第二年年末应收账款为29M。

第三年：平均应收款余额=（29+40）/2=34.5（M），应收账款周转率=91/34.5≈2.64。

第四年：平均应收款余额=（40+66）/2=53（M），应收账款周转率=110/53≈2.08。

该企业第三年周转率接近3，但第四年反而下降，有可能会影响企业的营运资金周转。但资金周转率低，结合企业利润表和资产负债表数据，该企业第四年经营相比于第三年经营是逐步好转的，应收账款周转率的下降也可能是市场赊销需求的比例远大于现金销售需求的比例，企业顺应市场需求增大企业销售收入，只要能确保企业正常资金周转，则适当的周转率下降也是可以接受的。

2. 存货周转率

存货周转率=主营业务成本/存货平均余额。

存货平均余额=（年初存货+年末存货）/2。

存货周转率体现企业的销售状况及存货资金占用状况，衡量企业存货资金周转速度，存货周转率越高，则企业存货资金周转越快，企业的利润率就越高。反之，企业存货周转慢，则存货资金周转慢，企业投入存货的资金从投入到完成销售的时间越长，企业的利润率相对越低。一般存货周转率的合理值为3，存货周转率过低时，反映企业的生产、采购、销售管理水平低下，由于存货占用水平过高，还可能会影响企业的短期偿债能力。

在沙盘模拟企业经营中，主营业务成本就是企业销售产品的直接成本，即利润表中的直接成本项，存货平均余额就是在制品、原料与库存产品的平均余额。

例：表6-13企业第三年、第四年存货周转率计算。

查该企业第二年资产负债表，该企业第二年在制品14M，成品8M，原料库存无。

第三年：年初存货＝14＋8＝22（M），年末存货＝14＋8＝22（M），存货平均余额＝（22＋22）/2＝22（M）。

存货周转率＝44/22＝2。

第四年：年初存货＝14＋8＝22（M），年末存货＝18＋10＝28（M），存货平均余额＝（22＋28）/2＝25（M）。

存货周转率＝52/25＝2.08。

该企业第四年存货周转率上升至2.08，上升幅度较小，与合理值还有较大差距，说明该企业在生产、采购、销售等业务管理中还存在问题，需要继续改进。

3. 固定资产周转率

固定资产周转率＝销售收入/平均固定资产净值。

平均固定资产净值＝（固定资产期初净值＋固定资产期末净值）/2。

固定资产周转率又称固定资产利用率，用以反映企业固定资产的资金周转和固定资产利用效率。固定资产周转率越高，则表明企业固定资产利用效率高，企业固定资产管理水平越强。反之，固定资产周转率越低，则企业的固定资产利用率越低。固定资产周转率的合理值为1，过低的固定资产周转率可能会影响企业的获利水平。由于折旧方法和折旧年限不同，所计算得到的固定资产净值不同（比如沙盘模拟经营中使用的是加速折旧法，而实际的企业经营中，其他企业有可能使用平均年限法，工作量法等计提折旧，方法不同时，固定资产净值不等），因此，企业间固定资产周转率需在同一折旧法前提下做对比。

例：表6-13企业第三年、第四年固定资产周转率计算。

查询该企业第二年资产负债表，该企业第二年固定资产总额75M。

第三年：平均固定资产净值＝（75＋89）/2＝82（M）。

固定资产周转率＝91/82≈1.11。

第四年：平均固定资产净值＝（89＋83）/2＝86（M）。

固定资产周转率＝110/83≈1.28。

对比固定资产周转率的合理值，该企业的固定资产利用率比较高，固定资产管理能力较强，相比于第三年，其第四年固定资产周转率有所上升，企业管理水平呈上升态势。

4. 总资产周转率

总资产周转率＝销售收入/平均资产总额。

平均资产总额＝（期初资产总额＋期末资产总额）/2。

在固定资产周转率基础上扩大分母至全部资产，得到总资产周转率指标。总资产周转率将企业全部资产纳入指标计算，综合评价企业全部资产的经营质量和利用效率，综合反映企业整体资产的管理能力。总资产周转率越高，则企业资产周转越快，企业的管理能力、销售能力也越强，相应地也使企业短期偿债能力得到增强，反之，企业的总资产周转率越低，则企业的管理水平存在问题，包括存货管理、销售管理都可能存在问题，企业需要从不同角度环节去找出管理中的问题。总资产周转率可以用来衡量企业运用资产赚取利润的能力，其合理值为0.8。

例：表6-13企业第三年、第四年总资产周转率计算。

查该企业第二年资产负债表，该企业第二年资产总额172M。

第三年：平均资产总额＝（172+154）/2＝163（M）。

总资产周转率＝91/163≈0.56。

第四年：平均资产总额＝（154+190）/2＝172（M）。

总资产周转率＝110/172≈0.64。

该企业第三年总资产周转率偏低，说明企业对资产的整体利用率不高，赚取利润的能力有待增强，第四年总资产周转率虽有所上升，但仍未达到合理值0.8，仍有较大的改进空间，企业可以考虑通过薄利多销带来绝对利润的增加，加速资产周转。

五、盈利能力分析

盈利能力是企业实现资金增值的能力，体现为企业收益数额的大小与水平的高低。盈利能力分析指标主要包括主营业务毛利率、净利率、总资产收益率和净资产收益率等。

1. 销售毛利率

毛利率＝（销售收入-销售成本）/销售收入＊100%。

在企业沙盘模拟经营中，销售收入就是利润表中的销售收入，销售成本就是利润表中的直接成本。毛利率指标的含义是每1M销售收入扣除直接成本后，有多少钱可用于各项期间费用和形成盈利，足够的毛利率才能使企业形成盈利。毛利率指标反映企业产品销售的初始获利能力，毛利率的合理值为15%，毛利率越高，代表企业取得同样销售收入的直接成本越低，反之，企业取得同样销售收入的直接成本越高。

例：表6-14企业第三年、第四年毛利率计算。

第三年：毛利率＝（91-44）/91＊100%≈51.65%。

第四年：毛利率＝（110-52）/110＊100%≈52.73%。

计算结果表明，企业产品组合合理，对直接成本控制到位，因而取得了理想的毛利率数据，不过由于沙盘模拟的产品成本特点决定沙盘经营的毛利率合理值与标准设定有很大差异，具体的判定还需与其他企业做对比后再做判断。

2. 销售净利率

销售净利率＝净利润/销售收入＊100%。

净利润是企业当年利润表计算的最终结果，也是利润项目中最重要的指标，销售净利率指标体现了企业每1M销售收入所带来的净利润数额，是企业销售收入的收益水平。销售净利率越高，表明企业在获取销售收入的同时，获取了更多的净利润。一般销售净利率的合理值为10%。

例：表6-14企业第三年、第四年销售净利率计算。

第三年：净利率＝2/91＊100%≈2.2%。

第四年：净利率＝16/110＊100%≈14.55%。

第三年企业销售收入带来的净利润过低，表明企业销售收入的盈利水平过低，企业获利能力较弱，需要分析企业成本费用支出项目，对具体存在的成本费用问题作出判断，第四年净利率超过 10%，企业成本费用控制比较好，每 1M 销售收入所带来的净利润达到 0.15M，获利水平较高。

3. 总资产收益率

总资产收益率＝息税前利润/资产总额＊100%。

在沙盘模拟经营中，息税前利润就是利润表中的支付利息前利润，资产总额是企业资产负债表中的资产总额期末数。总资产收益率是一个综合指标。息税前利润的多少与企业的资产多少、资产的结构、经营管理水平有着密切关系，影响总资产收益率的因素主要有产品价格、直接成本高低、产品销售数量、生产线建设时间与规模等。总资产收益率越高，则企业资产的利用效率越高，企业的"开源节流"取得了良好效果。反之，企业需要从影响总资产收益率的因素着手，努力增加销售收入，控制企业的成本费用。一般总资产收益率的合理值在 10%。

例：表 6-13、6-14 企业第三年、第四年总资产收益率计算。

第三年：总资产收益率＝13/154＊100%≈8.44%。

第四年：总资产收益率＝33/190＊100%≈17.37%。

该企业第三年总资产收益率尚未达到合理值，但第四年上升较快，高于 10% 的总资产收益率合理值，资产利用效率升高，企业在增加收入和节约支出两方面取得了很好的效果。

4. 净资产收益率

净资产收益率＝净利润/所有者权益＊100%。

净资产收益率也叫股东权益报酬率、净值报酬率、权益报酬率。净资产就是企业所有人的所有者权益，净资产收益率反映企业所有者权益的投资报酬率，是衡量企业盈利能力的重要指标，它代表企业所有者每投资 1M 所能获得的净收益。净资产收益率越高，则企业所有者的投资收益越高，企业获利能力越强，净资产收益率的合理值为 8%，过低的净资产收益率表明企业获利能力较弱。

例：表 6-13、6-14 企业第三年、第四年净资产收益率计算。

第三年：净资产收益率＝2/34＊100%≈5.88%。

第四年：净资产收益率＝16/50＊100%＝32%。

该企业第三年净资产收益率偏低，需要努力扩大收入规模，同时控制成本费用，而第四年上升速度非常快，远超净资产收益率合理值，这表明企业在当年的获利水平非常强，企业所有人的投资收益很高。

六、发展能力分析

所谓发展能力是指企业在生产的基础上，扩大规模、状大实力的潜在能力。发展能力分析主要是将企业的各项财务指标与往年进行纵向对比分析，以此判断企业的发展变化趋势，对企业未来发展情况做出准确预测。

1. 收入成长率

收入成长率＝（本年销售收入－上一年销售收入）/上一年销售收入。

收入成长率指标反映企业销售收入规模的扩张情况，成长率指标的高低与企业的产品生命周期有关，当企业处于成长期时，收入成长率指标值较高，收入成长率超过10%；当企业处于成熟期时，指标值相对较低，收入成长率在5%～10%之间；处于衰退期时，企业的指标值相比成熟期更低，收入成长率低于5%，甚至可能变为负数。

例：表6-14企业第三年、第四年收入成长率计算。

查询企业第二年利润表，该企业第二年销售收入为44M。

第三年：收入成长率＝（91-44）/44 * 100%≈106.82%。

第四年：收入成长率＝（110-91）/91 * 100%≈20.88%。

该企业第三年、第四年收入成长率都远超10%，说明企业所选择的产品组合生产周期在成长期，但第四年收入成长率下降较多，企业的产品组合有可能在从成长期逐渐过渡到成熟期。

2. 利润成长率

利润成长率＝（本年净利润－上年净利润）/上年净利润 * 100%。

将企业的本年净利与上年净利纵向对比，利润成长率反映企业实现价值增值的速度，是综合衡量企业资产营运、管理业绩、成长状况和发展能力的重要指标。利润成长率越高，企业发展越好，企业的发展潜力越大。2015年制造业企业的"三年利润平均增长率"良好值需要达到25.10%，而优秀值则需要达到35.70%以上。

例：表6-14企业第三年、第四年收入成长率计算。

查询企业第二年利润表，该企业第二年净利润为-8M。

第三年：利润成长率＝[（2-（-8）]/|-8| * 100%＝125%。

第四年：利润成长率＝（16-2）/2 * 100%＝700%。

这里需要说明的是，第三年的利润成长率计算方法不够合理，由于企业从第二年的亏损转为盈利，使利润成长率计算基数为负数，如果过于严苛，便难以计算其利润成长率（华尔街关于上市场公司收成长率计算中，当企业上年净利润为负而企业当年净利润为正时，不提供利润成长率百分率数据，而代之以"P"字母表示企业已转盈利），此处分母取第二年净利的绝对值，以使第三年成长率有数据可取。

第四年企业利润增长惊人，利润成长率远超制业优秀值，企业发展态势非常好。

3. 净资产成长率

净资产成长率＝（期末净资产－期初净资产）/期初净资产。

这里净资产即是企业资产负债表中的所有者权益合计项。净资产成长率用以衡量企业所有者权益的增长比率，反映企业资本规模的扩张速度，体现企业经营效果的提高程度，是衡量企业总量规模变动和成长状况的重要指标。净资产成长率越高，则企业经营业绩越高，企业资产保值增值的能力越强，配合净资产收益率指标，若企业在净资产收益率很高的前提下，净资产也保持很高的增长率，则意味着企业未来发展潜力巨大。2015年制造业的净资产成长率优秀值为17.9%，良好值为12.6%。

例：表 6-13 企业第三年、第四年净资产成长率计算。

查询企业第二年资产负债表，该企业第二年所有者权益合计为 32M。

第三年：净资产成长率 = （34-32] /32 * 100% = 6.25%。

第四年：净资产成长率 = （50-34）/34 * 100% ≈ 47.06%。

该企业第三年权益增长缓慢，净资产成长率远未达到制造业良好值，第四年上升势头较猛，第四年净资产收益率也很高，表明企业发展状态良好，并且具有强大的发展潜力。

思考题：

1. 试计算你的企业各项指标值并与合理值进行对比。
2. 如何使你的企业指标值达到合理值？
3. 请利用你的企业数据制作指标值变化趋势图，并分析导致这一变化趋势的原因。

任务五　杜邦分析

任务从四项能力分析列举了大量的财务指标，单纯地运用某个财务指标虽然可以分析企业所存在的某些问题，但并不能建立财务指标间的联系。杜邦分析法是一种财务分析方法，最早在 20 世纪 20 年代由杜邦公司首先采用，它利用各主要财务指标所存在的内在联系，建立起财务指标分析的综合模型，从而综合地分析和评价企业财状况以及经营业绩，直观地反映出企业的财务状况和经营成果的总体面貌。

一、杜邦分析的指标及其联系

1. 净资产收益率

净资产收益率 = 总资产收益率 * 权益乘数。

其中，权益乘数又称为股本乘数，是指资产总额相当于所有者权益的倍数，即：

权益乘数 = 资产总额/所有者权益合计 = 1/（1-资产负债率）

权益乘数反映了企业财务杠杆的大小，权益乘数越大，说明股东投入的资本在资产中所占的比重越小，财务杠杆越大，企业资本结构中负债的比例越大。

2. 总资产收益率

总资产收益率 = 销售净利率 * 总资产周转率。

3. 销售净利率

销售净利率 = 净利 * 销售收入。

4. 总资产周转率

总资产周转率 = 销售收入/平均资产总额。

其中平均资产总额 = （期初资产总额+期末资产总额）/2。

5. 净利

净利 = 销售收入-总成本费用。

6. 平均资产总额

平均资产总额＝平均流动资产总额+平均固定资产总额。

7. 总成本费用

总成本费用＝直接成本+综合费用+折旧+财务支出+所得税。

8. 流动资产

流动资产＝现金+应收账款+存货。

二、杜邦分析方法

以前文任务五表6-13、表6-14企业的第三年、第四年为分析对象。

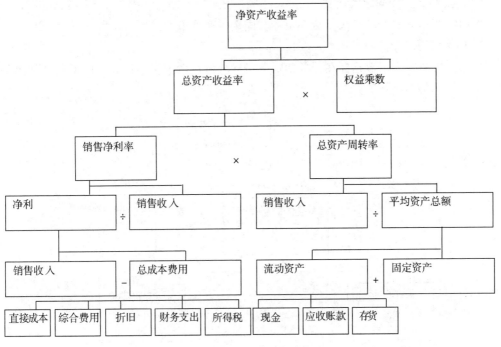

图6-1　杜邦分析图结构

1. 分析的基本思路

（1）净资产收益率是分析的核心

首先分析企业从第三年至第四年净资产收益率的变化，进一步将净资产收益率做分解。

（2）总资产收益和权益乘数

净资产收益率的升降来自于总资产收益和权益乘数两方面变动的力量，因此，分别分析总资产收益和权益乘数的变动及对净资产收益率的变动影响。

（3）销售净利率和总资产周转率

总资产收益的变动又取决于销售净利率和总资产周转率两方面变动，分别分析销售净利率的变动和总资产周转率的变动，并分析两方面变动对总资产收益变动的影响。

（4）净利和销售收入

销售净利率的变动取决于净利变动幅度与销售收入变动幅度的共同作用，要分别分析净利和销售收入的变动及其对销售净利率的影响。

（5）销售收入和平均资产总额

总资产周转率的变动受销售收入变动和平均资产总额变动影响，因此，要具体分析总资产周转率的变动来自于哪一方面的影响。

（6）销售收入和总成本费用

企业的净利取决于销售收入与总成本费用的对比，净利的上升究竟是来自于企业销售收入的上升还是企业总成本费用的节约？

（7）流动资产和固定资产

平均资产总额的变动取决于流动资产和固定资产两方面。

2. 指标计算

杜邦分析图中大多数指标在任务四财务指标分析案例中作了计算，以下分别列出各项指标第三年、第四年数值。

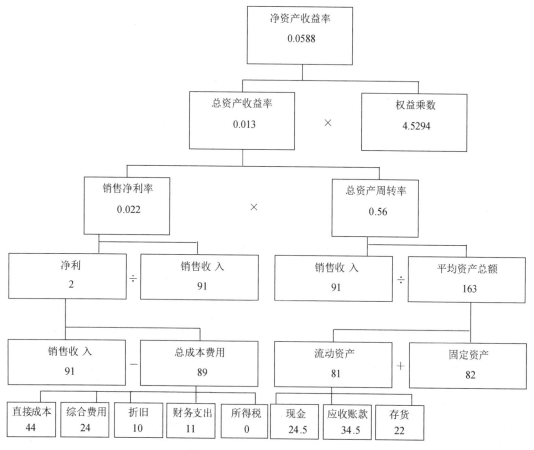

图6-2　案例企业第三年杜邦分析

（1）净资产收益率

第三年：0.0588，第四年：0.32。

（2）总资产收益率

总资产收益率在任务四中采用了息税前利润作分子来计算，一般应用净利润为分子来计算，即：

总资产收益率＝净利/资产总额。

第三年：$2/154 \approx 0.0130$，第四年：$16/190 \approx 0.0842$

（3）权益乘数

权益乘数＝资产总额/所有者权益合计。

第三年：4.5294，第四年：3.8。

（4）销售净利率

第三年：0.022，第四年：0.1455。

（5）总资产周转率

第三年：0.56，第四年：0.64。

（6）净利

第三年：2，第四年：16。

（7）销售收入

第三年：91，第四年：110。

（8）平均资产总额

第三年：163，第四年：172。

（9）总成本费用

第三年：直接成本+综合费用+折旧+财务支出+所得税＝44+24+10+11+0=89。

第四年：直接成本+综合费用+折旧+财务支出+所得税＝52+19+6+17+0=94。

（10）平均流动资产总额

查企业报表得第二年年末流动资产各项数据：

现金：46M，应收账款：29M，在制品：14M，产成品：8M，原料：0M。

第三年：平均现金＝（46+3）/2=24.5。

平均应收款＝（29+40）/2=34.5。

平均存货＝（14+14）/2+（8+8）/2=22。

平均流动资产总额＝24.5+34.5+22=81。

第四年：平均现金＝（3+13）/2=8。

平均应收款＝（40+66）/2=53。

平均存货＝（14+18）/2+（8+10）/2=25。

平均流动资产总额＝13+53+25=86。

（11）平均固定资产总额

第三年：82M，第四年：86M。

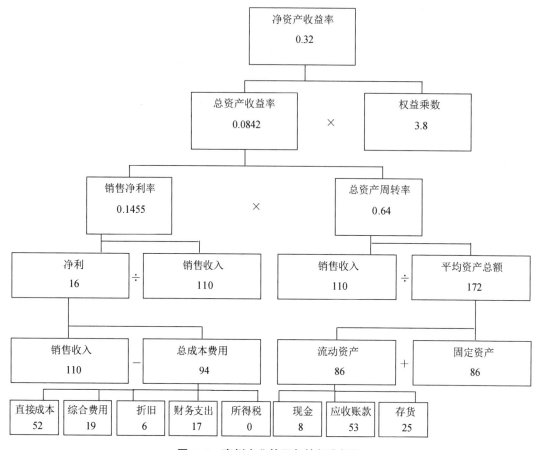

图 6-3　案例企业第四年杜邦分析图

3. 分析

1）对比图 6-2 和图 6-3，第四年净资产收益率大幅上升，这主要来自于总资产收益率的大幅上升，而权益乘数的下降一定程度阻止了净资产收益率的上升幅度。权益乘数下降，说明企业资本结构发生变化，企业负债比例相对下降，资本结构中企业所有者权益上升。

2）进一步分析总资产收益率上升的原因。总资产收益率的上升得益于销售净利率和总资产周转率两个因素都在上升，其中，销售净利率的增长幅度特别大，总资产周转率的上升幅度并不是很大，但既然总资产周转率上升了，说明企业对资产的管理控制水平在增强，总资产利用效率在增加。

3）分析销售净利率大幅上升的原因。销售净利率之所以大幅上升，是因为企业的净利大幅上升，虽然销售收入也在上升，但上升幅度远小于净利的上升幅度，因此使销售净利率最终得以大幅上升。

4）进一步分析净利上升的原因，虽然销售收入和总成本费用都在上升，但销售收入绝对值上升 19M，而总成本费用只上升 5M，两者上升值相差 14M，这就是企业净利上升

16M 的原因，即净利的上升主要来自于销售收入的上升，同时因为总成本费用的相对上升使净利上升幅度略受影响。

5）总成本费用上升原因的分析，具体看各项费用变化，由于销售收入上升，产品销售量变大，导致直接成本上升，但第四年综合费用得到节约，折旧也下降，财务支出上升比较多。由于直接成本与财务支出上升比较多，使总体成本费用上升。直接成本上升是正常的，因为销售上升必然使直接成本上升，但财务支出上升需要引起企业重视，折旧下降是因为企业第一年建线在第三年第一次计提折旧，第四年折旧额相对下降，综合费用下降说明企业把研发工作安排在前期，所以第四年的研发工作相对减少，使企业费用下降。

6）分析总资产周转率上升的原因，首先得益于销售收入的上升，这说明企业的资产利用效率得到提高，但平均资产总额也在上升，影响了总资产周转率上升的幅度。

7）平均资产总额的上升是因为流动资产和固定资产都在上升，两者上升幅度相近，共同对平均资产总额上升幅度产生影响。

8）流动资产中的平均现金在下降，平均应收账款上升幅度较大，平均存货也有所上升，从而使平均流动资产总额上升。流动资产的内部变动趋势对债权人不利，由于变现能力最强的现金下降，而变现能力相对差的应收款和存货上升，使企业变现能力相对变差。不过，仔细分析数据，可以发现企业主要是第二年现金非常多从而拉高第三年平均现金，而第三年、第四年现金都相对较少使平均量下降，从投资效率角度考虑，虽然企业变现能力相对变差，但企业没有过多闲置资金，说明企业资金利用率比较高。

9）总而言之，导致企业净资产收益率大幅上升的主要原因是企业销售收入的大幅上升和成本相对得到控制，从而使净利得以大幅上升。而净利的大幅上升又引起销售净利率的大幅上升，再加上企业资产利用效率提高使总资产周转率得到提升，从而使总资产收益率得到大幅提升，权益乘数的下降对净资产收益率的上升起相反作用，但由于总资产收益率上升幅度很大，最终使净资产收益率获得大幅上升。企业发展态势良好，在下一步发展中，还应该努力控制财务成本（财务支出），使总成本费用得到抑制，保持总资产周转率的上升态势，进一步提高净利，使净资产收益率最终得到提升。

思考题：

1. 为自己企业编制两年的杜邦分析图，你的净资产收益是上升还是下降，是什么因素导致其上升或下降？

2. 分析你的企业下一步要控制的主要因素，并思考如何进行控制。

任务六 波士顿矩阵分析

一、波士顿矩阵简介

波士顿矩阵，也称为波士顿集团法，四象限分析法，由波士顿咨询公司创始人布鲁斯·亨德森首创于 1970 年，他用一个二维矩阵图把企业的各个相对独立的业务单位划分到四个象限，从而显示出业务单位间的发展差别和发展潜力的不同，为企业优化业务组合，实现企业的现金流量平衡指明方向。

通过波士顿矩阵分析方法可以分析企业的产品组合是否符合市场需求变化，使企业找准产品组合发展的方向，将资源在产品品种间进行合理分配。波士顿矩阵划分四象限通常采用市场增长率和相对市场份额两个指标，因而也称为市场增长率—相对市场份额矩阵。市场增长率通常用企业产品的销售增长率来反映，相对市场份额是企业产品品种在市场上的占有率指标。

通过两个指标分别从纵向与横向高低值划分，企业各类产品按其两个指标表现值划分至不同象限，成为不同性质的产品类型。如产品销售增长率高，同时相对市场份额大，则表明产品具有良好的发展前景，企业在该产品生产、销售上具有强大的实力；反之，若产品销售增长和市场份额都很低，该产品既不能给企业带来现金的利益增长，也没有任何发展潜力。

二、波士顿矩阵构造

1. 坐标轴及指标值界线

如图 6-4，波士顿矩阵以企业产品的相对市场占有率为横轴，以销售额增长率为纵轴。

销售额增长率以当年相对于上年的增长率计算，即：

销售额增长率=（当年销售额-上年销售额）/上年销售额 * 100%。

相对市场占有率需要在企业产品市场份额基础上再进行加工计算。相对市场占有率指企业销售额与主要竞争对手销售额的对比。相对市场占有率可以有两种算法，一种是把占市场份额最大的企业作为对比对象，用企业的市场份额去除以市场份额最大者的市场份额，即：

相对市场占有率=企业某产品市场份额/该产品份额第一企业的市场份额。

另一种算法则是把市场中的前三名市场份额相加，再用企业的份额去除以三名竞争对手的市场份额之和：相对市场占有率=企业某产品市场份额/产品前三企业市场份额之和。

销售额增长率计算结果为百分比，在构图时，以 10% 为象限划分值（如图 6-4 所示），相对市场占有率计算结果是倍数值，如按第一种算法计算相对市场占有率，企业排名第一，则把市场排名第二的企业的份额作为公式中的分母，若企业份额是第二名企业份额的 8 倍，则计算结果就是 8。相对市场占有率以 1（倍）为象限划分值。10% 的销售额增长率和 1 （倍）的相对市场占有率在坐标系中交叉，将所有产品分入四个象限：明星产品、问题产品、现金牛产品、瘦狗产品。

2. 波士顿矩阵的四种产品类型（业务组合）

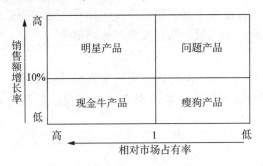

图 6-4　波士顿矩阵的构造

（1）明星产品

明星产品正如舞台的明星，具有高销售增长率和高市场份额。明星产品需要企业扩大生产规模、抓住市场机会大力发展，近期内，企业为了长远利益，必须在明星产品上花费大量资金以使其能实现规模化发展，进一步提高企业的市场份额，明星产品一般是从问题产品发展而来，并期望最终发展为现金牛产品，但明星产品最终能不能发展成为现金牛产品并不能确定。

（2）问题产品

处于高销售增长率、低相对市场占有率象限的产品称为问题产品。销售增长率高表明该产品市场前景比较好，市场机会比较多，但低相对市场占有率则表明该产品可能是企业的新产品，企业的产品市场还未充分开拓，有较大的风险，需要大量资金投入以适应市场的迅速发展。问题产品如果继续向前发展，可能会转化为明星产品，但也有可能产品改进不符合市场需求而沦为瘦狗产品，企业需要谨慎决策是否投资发展。

（3）现金牛产品

销售增长率低而相对市场占有率高的产品称为现金牛产品。现金牛产品是已进入产品生命周期中成熟期的产品，通常销售量大，现金牛产品销售可为企业提供大量资金，销售增长率低则意味着企业不需要再为现金牛产品扩大生产规模、投入资金。现金牛产品是企业现金的可靠来源，企业对该类产品重在保持现有发展，并可以利用现金牛带来的资金去支持其他产品的发展。在现金牛产品的继续发展中，若随着市场环境的变化使产品市场份额下降，则现金牛产品有可能成为瘦狗产品。

（4）瘦狗产品

瘦狗产品是双低产品，即低销售增长率、低市场占有率的产品。瘦狗产品难以为企业带来利润，甚至可能使企业出现亏损，不可能如现金牛产品为企业带来大量现金，而同时又与现金牛产品一样，企业没有再投入大量资金发展的必要。瘦狗产品是处于市场淘汰边缘的产品。企业需要逐步减少瘦狗产品的生产，甚至直接将产品生产线变卖或转产去生产其他产品。

三、波士顿矩阵的应用法则

1. 成功的月牙环

企业各种产品在波士顿矩阵中的分布类似月牙环形，这表明企业盈利大的产品不止一个，还有不少的明星产品，而问题产品和瘦狗产品则很少。

2. 黑球失败法则

当企业现金牛象限没有一个产品时，可用一个大黑球置于现金牛象限。这表明企业没有任何产品可以实现较大盈利，为企业带来充足的现金，企业应调整产品组合，开发新产品。

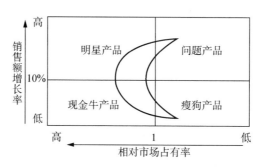

图 6-5　波士顿矩阵—成功的月牙环

3. 西北方向大吉

在企业的波士顿矩阵构造中，产品趋向于集中在西北方向，表明企业拥有很多明星产品，发展潜力极大。反之，若企业产品趋向于集中在东南方向，即瘦狗产品居多，则企业产品大多处于衰退期。

4. 踊跃移动速度法则

产品的销售增长率越高，为维持其持续增长所需资金量也相对较高，而市场占有率越高，创造利润的能力也越大。按正常趋势，问题产品经明星产品最后转为现金牛产品，标志该产品从需要耗费大量资金到为企业提供效益的发展过程，但这一过程移动速度的快慢会对其所能提供的利润大小产生影响。

思考题：

1. 试运用波士顿矩阵构造四种产品的分析模型。
2. 哪一种产品是你企业当前发展的现金牛产品？

模块小结

本模块重在对经营过程的分析，通过分析加强对竞争对手的了解，使企业找出自身与竞争对手间存在的差距，对自己存在的问题做深入分析，从而为进一步经营找准方向。

本模块的第一个问题是企业每年年末必须做的间谍操作及间谍数据分析。在沙盘模拟经营比赛中，每一年年末当所有企业提交当年报表后，到下一年年初投广告费之前，将会有一段间谍时间，由企业派出适当数量的人员去查看其他企业的盘面。企业需要在很短的时间里记录下其他企业当前发展的数据，包括生产、采购、财务等盘面信息都是企业需要间谍的。间谍工作的目的是通过对竞争对手各项指标的分析，从而为来年投广告费能正确决策提供信息支持。间谍是企业最关键的工作之一，只有对竞争对手的充分了解，结合对市场的分析，企业才能投出合理的广告费，实现利润最大化。为使间谍既能高效完成又能使信息方便整理，企业可以制作间谍表格。

本模块第二个问题对广告投入产出比指标的分析，广告投入产出比指标将企业的广告费与销售收入比对分析，考察企业广告费投得是否合理，一般可以用做事后分析，但也可以根据历史比赛数据利用广告投入产出比进行经验性分析，从而为广告费的投放确定一个合理的范围，使广告费投放有可参照的依据。

模块第三个问题是关于经常性费用占销售收入比例的分析，其目的是要找出企业异常的费用开支，并分析其可能原因，在下一步经营中努力控制不合理费用，从而确保企业销售收入的增加能够带来企业净利的增加。

模块的第四个问题是关于财务指标的分析，从偿债能力分析等四个角度运用多个指标对企业的财务状况进行分析，发现企业增长原因，促使企业维持和扩大有利因素的影响，同时找出企业发展中存在的问题，使企业能在经营过程中努力克服不利因素。

杜邦分析是模块的第五个问题，杜邦分析是对财务指标的综合分析，在第四个问题中，企业已学会对分项指标的分析方法，但是各指标孤立分析不利于企业找到发展中的真正症结，而杜邦分析通过指标分解展开的图形化方式，把各类财务指标联系起来，以净资产收益率为核心，逐层展开，使企业一步步深入分析，最终找到影响企业净资产收益率的关键因素，从而在经营中可以有针对性地控制这些因素，使企业发展走上正轨。

本模块最后讲述了企业产品组合选择的分析方法——波士顿矩阵分析方法。波士顿矩阵以销售增长率和市场占有率两个指标划分出四个象限，将产品按其销售增长率指标值和市场占有率指标值对应放入四个象限，使企业看清产品组合是否合理，在下一步经营中，企业应考虑放弃或减少瘦狗产品的生产、销售，企业应谨慎考虑问题产品的决策，对于问题产品要么放弃，要么发展，若选择放弃则企业不必再研发问题产品，否则需要投入大量资金努力将问题产品转化为明星产品进而转为现金牛产品，而现金牛产品是企业的现金支柱，企业只需要维持其发展，并依靠其所带来的大量现金流发展问题或明星产品。明星产品在当前需要企业大量投入资金，并期待在未来明星产品能发展成为现金牛产品。

对企业经营过程的分析，目的是确立合理的发展方向或修正错误的发展思路，企业团队通过对各类分析方法的学习，可以综合运用各种分析手段，使团队成员能看清企业发展中存在的问题，从而在未来经营中有明确的方向。

模块七

团队运营总结

当沙盘模拟经营结束时，企业团队的每个成员需要对整个模拟经营过程进行回顾、反思和总结，不同的岗位，需要从自己的岗位工作出发进行部门工作的反思和总结。此外，整个企业团队需要由 CEO 组织共同撰写一份团队运营总结，作为提交给企业董事会的工作报告，对企业六年的运营进行回顾，对六年中团队的运营工作进行反思和总结。

任务一　运营总结撰写的基本要求

一、内容全面，覆盖部门岗位职责

各部门成员在撰写总结时，需要基于部门应有的反思角度（在后续任务中将依次对各岗位角色的反思角度做说明），对整个运营工作的开展进行全面回顾，内容涵盖自己所参与完成的各项工作。

二、经营得失分析到位

在对运营过程的全面回顾中，撰写人需要对运营当时的所做的选择和操作进行分析，从中总结出自己参与经营工作的成功之处和在工作中的失误和所犯的错误。所做的分析要有合理性，总结的成功经验和失败教训要有理有据。

三、对企业经营有独到见解与创新性看法

撰写总结不可人云亦云，需从自己参与整个沙盘经营的切身体会出发去分析和解决问题。在对企业经营过程回顾及对自己的成功之处和犯错分析的基础上，各岗位角色需要进一步分析思考对企业经营的改进方法，提出自己的独到见解，基于对历史数据和实战数据的观察分析，从自己岗位的角度为企业的经营提出具有可行性的创新性建议。

思考题：

1. 请回顾企业经营过程，思考如何进行分析？

2. 思考你对企业经营提出过哪些建议，建议是否被采纳？对你的建议进行归纳。

任务二　CEO 的反思与总结

一、团队组建的反思

CEO 作为企业的总负责人，在企业团队成立前，需要充分考虑企业的人才需求组建起一支出色的企业团队，并根据每个成员的特点分配工作部门和工作岗位，并在运营过程初期观察每个岗位工作的完成情况，修正对成员与岗位匹配的看法，对团队角色分配做合理调整，以保证企业运行能顺畅进行。CEO 总结中需要对团队组建工作进行反思，全面回顾团队组建工作的过程，分析其中存在的问题，并考虑团队组建工作应该如何进行改进。

二、战略制定的反思

CEO 负责企业战略的制定，这包括组织企业所有成员进行初步讨论，安排团队重要岗位人员分别制定多个预算方案，组织成员对多个预算方案进行讨论选择。CEO 负责对战略方案选择的最后拍板，并根据实际运营中的动态变化适时调整预算方案。在总结中，CEO 需要全程回顾战略制定过程，分析企业是如何作出预算方案决策的，从运营结果看，选择是否合理。在运营过程中对预算的编制和调整存在哪些问题，需要如何改进。

三、运营过程组织的反思

CEO 既要负责战略的制定，还需要负责战略实施过程的组织和指挥。在运营中，CEO 依据运营流程表安排企业所有成员依序进行操作，要确保企业工作能有条不紊地逐项展开，并要保证企业工作能按时完成，还要确保企业的期末报表编制准确、及时。在总结中，CEO 需要对其在企业运营过程中所发挥的组织、指挥作用进行反思，是否严格按照运营流程表的操作顺序进行运营工作组织监督，是否在企业团队成员的调配上做到有序，企业报表出现编制错误的原因主要是什么？企业的运营流程工作进展速度如何，有哪些需要改进的地方，如何进行改进等。

四、运营中决策的反思

CEO 为企业制定战略，负责战略的实施，也负责在企业每一年运营中的策略制定和决策。在运营过程中，CEO 需要充分听取成员的意见和建议，对企业的财务、生产、营销、采购决策进行拍板。在总结中，CEO 需要对每一年各项决策过程进行回顾，反思决策可能存在的问题，并对可能的改进提出自己的见解。

五、团队精神建立的反思

企业需要有自己的企业文化，一个企业团队也需要 CEO 建立自己的团队精神，充分调动企业成员的经营积极性，化解企业成员在经营中所产生的矛盾，使企业经营工作始终在团结、有序、和睦的气氛中开展。CEO 需要回顾在企业运营中自己有没有为团队树立特定的团队精神，如何在团队运营中发挥团队精神的作用，在成员中出现矛盾时是如何解决的。企业团队的氛围如何，应该如何改进自己的工作。

六、CEO 总结撰写实例

CEO 沙盘模拟运营总结

企业经营沙盘模拟，就是利用类似沙盘理念，采用现代管理技术手段——ERP 来现实模拟企业真实经营，使学生在模拟企业经营中得到锻炼、启发和提高。ERP 是企业资源计划的简称。企业资源包括厂房、设备、物料、资金、人员，甚至还包括企业上游的供应商和下游的客户等。用友 ERP 企业经营沙盘模拟实训课程就是针对一个模拟企业，把该模拟企业运营的关键环节：战略规划、资金筹集、市场营销、产品研发、生产组织、物资采购、设备投资与改造、财务核算与管理等部分设计为该实训课程的主体内容。

整个学期的沙盘模拟有 A、B、C、D、E、F 六个组，我们是 C 组成员，虽然从现在的运作上看我们组占优势，但回过头看看以往我们的经营成果状况，我们输了，只是说输得不是很彻底。现作出以下分析：

一、团队组建

我们的沙盘团队在一开始组建时就显得很不正式，原本应由作为 CEO 的我来进行成员招募，但我没有其他企业的 CEO 那么积极主动，结果成员主要都是原本坐在一块儿的同学，或者其他企业招募后没有找到岗位的同学。我们的团队由一个男生和四个女生组成。除 CEO 由我担任外，其余四名同学的角色由我来安排。考虑到营销总监对分析能力要求比较高，并且也需要具有战略眼光，我决定由唯一的男生担任营销总监，而把需要细心、耐心的生产、采购、财务等工作交给其他三名成员。但在一、二年的经营中我发现原来的角色安排并不太合理，尤其是营销总监和采购总监这两个角色，担任营销总监的同学对市场分析不到位，而采购总监的同学则在原料订购计算上总是出错。在第三年时，我重新安排了所有人的角色，从后面几年的经营看，各角色的表现好于此前安排。

二、战略制定

在第一年的新年度规划会讨论未来发展战略时，我组织所有成员进行了方案的讨论。大家把各种可能选择列举出来，可能的方案有 P1P2、P1P3、P1P2P3、P1P3P2、P1P2P3P4。由于 P4 产品市场需求出现得比较晚，并且市场需求量相对也比较小，所以大家一致决定把 P4 至少推迟到第四年以后再考虑。剩下的方案中，P1P2、P1P3 显得产品路线太狭窄，如果把目标确定在赚最多的钱，我们需要把大厂房、小厂房都建设生产线，如果 10 条生产线都是全自动或柔性，那么就算第五年年末没有库存，第六年也需要出售将近 40 个产品，而如果只卖 P1P2 或 P1P3，市场需求应该很难满足我们的供货量，所以，我们的选择就只剩下三选一，是先研 P2 还是先研 P3，或者两个产品同时研发。对此，我安排了包括我在内的三个成员负责对三个方案分别进行预算。由于时间相对较短，加上在开始阶段，大家对企业经营规则了解也没有到位，所以预算做得并不是很顺利，最终我们决定选择第一年先研 P2，第二年开始研 P3 的方案。从市场的发展看，方案的选择比较合理，因为 P2 在第四年之前一直是市场需求量比较大的产品，P3 则是逐年在增长，所以先研 P2 有利于企业有比较稳定的销售，而在第二年开始研发 P3，让企业提前进入 P3 市场，也有利于在 P3 销售上占得先机。但关于生产线的建设问题是我们在第一年预算时没做好的部分，这导致我们虽然走了一条合理的路线，却没有通过合理的生产、销售来实现。

三、运营

每一年运营过程，我们都严格按照操作要求，由 CEO 组织大家按先后顺序进行依次完成第一项工作，每个岗位各负其责，很好地避免了操作失误，从第一年到第六年，几乎都是第一个提交报表的企业，并且报表数据也都是准确无误的。

第一年的运营。主要考虑了以下几个问题，一是建线和卖线，二是市场老大争夺。由于我们已经将方案确定为第一年只研 P2，大家觉得相比同时研发 P2P3 的方案，期末权益一下子多了 8M，广告费投放空间比较大，可以考虑去争夺市场老大。采购总监把广告费定得比较高，而营销总监和财务总监则反对高广告，认为应把广告压制在 10M 以内。综合讨论的结果，我们投放了 10M 广告，事后看，这个广告实在是太可惜了。我们离市场老大只有 3M 的差距，这 3M 的差距使我们与市场老大失之交臂，非常遗憾。在拿到订单后，我们对预算进行了调整。既然第一年只能卖出很少的 P1，如果继续用手工半自动生产 P1，明年的 P1 量太大，会占太多资金，所以决定把卖线和建线的规模都再扩大。三条手工线全卖，并且卖一条手工就建一条全自动。对于建起来的三条全自动生产什么，由于当时对市场看得还不是很清楚，大家也比较纠结，但是这三条线都必须在第二年就上线生产，那只能在 P1 和 P2 间作出选择，而我们考虑同时建三条线产 P2，第二年也许是可行的，但第三年要卖 12 个 P2，难度应该比较大，所以决定把其中一条建设时间最晚的全自动线设定为生产 P1。站在第六年来看这个决策，我认为当时的决策不够合理，三条线无论是放在 P1 上还是 P2 上都导致第二年就要研发的 P3 在第三年无线可产，当时更好的选择应该考虑把第三条建线时间推后或者建成一条柔性，便于安排后期的 P3。如果当时冒个风险把三条线都建成生产 P2，应该也会比建成 P1 的效果要好一些。

第二年的运营。虽然第一年没拿到市场老大，但由于广告费投得不高，拿的订单也不算小，可以说此时的压力并不算大。间谍时发现只有四个组在研发生产 P2，瞬间感觉到压力变得更小。从市场需求来看，整个 P2 的需求量有 18 个，平均一个组可以拿 4 个还多，而我们刚好要拿 4 个，还小于平均量。而 P1 大家都有比较多的库存，拿单就显得比较困难。所以，第二年我们选择多投 P1 广告，P2 广告总共只投了 2M，本地 1M，区域 1M。结果，在本地我们恰好没轮到拿单，在区域我们选了一张 3P2 的单，期末库存 1P2。事后来看，虽然当年只库存 1P2，但我们第二年的广告策略还是有问题，P1 既然已经是普遍库存，而 P1 价格也不高，一味的高广告未见得能拿到好单，如果把 P1 的广告稍压低一些，把本地或区域的 P2 广告加高一些，局面就会有所改观。第二年由于三条全自动还需要继续投资，已无闲钱的我们没有选择再建新生产线。第二年对后续经营造成的不利影响是，权益降到 40 以下，导致后面开始借高利贷。

第三年的运营。总体来讲，第三年在前三年里算是比较成功的一年，我们终于实现盈利。但广告费应该还有调整的余地，虽然把 P2 全部卖完，但是应该说对对手的分析还是不到位，国内市场尽管也有好几个组投广告，但是大家都倾向于在本地和区域拿了很多单，到了国内市场里，几乎所有组产能都显得很小。如果我们把本地市场和区域市场广告相对节约一些，而把拿单的重点放到国内市场，则在更少的广告费之下可以拿到同样的订单。为在第四年能产出 P3，我们建了两条自动线，下一年可以产出 6P3。

第四年的运营。第四年销售业绩不错，所有库存全部扫空，但是我们的问题是，在广告投放时又忘记了先前的教训，各企业都倾向于在前面的市场出货，而后面市场可以拿到充足订单，结果导致我们自己在后面市场广告费浪费比较大。与其他企业相比，我们的广告总额高得太多，这一年我们的权益涨幅很可观，如果广告费能有更多节约的话，权益会有更大提升。令人欣喜的是，这一年我们还意外抢到一个市场老大，使下一年广告费可以得到节省。由于上一年建设两条自动线后，大家觉得产能基本足够，再加上资金压力也比较大，下一年可贷资金相对比较多，所以决定到第五年再大规模建线。

第五年的运营。第四年的成功使所有成员都很开心，大家都期望第五年能有更大的增长，但由于前几年广告费的浪费，大家都觉得需要节约广告，加上今年还有市场老大，所以一下子把广告总额压到很低。然而，这一年的选单非常糟，广告费投入过少，导致当年很多产品没能卖出，尽管最后权益还是略有上升，但事后看来，第五年才是我们被其他企业拉开差距的一年。第五年我们还把第四年才刚刚拿到的市场老大给丢掉，虽然下一年市场还算比较大，销售应不致于出现大问题，但市场老大才享受到一年好处，对我们而言是极大的损失。

第六年的运营。汲取上一年教训，我们在这一年认真分析了市场和竞争对手，把每一个细分市场都仔细进行了盘算，做到广告总额控制，分市场有重点投广告。这一年广告费投放比较成功，也只留下少量库存，最后通过停产将这些库存减少掉。但由于第五年拉开了差距，第六年又没能全部销售完，并且在产能上与其他企业有了差距，所以最后我们落败了。

回想这一学期的经营过程，我们存在的问题还有很多，前期对运营规则不够熟悉，导致报表计算的时间占用过多，相应地用于预算和方案调整的时间显得不足，很多问题考虑得不够周全。后期广告费虽然总体合理，但第五年广告费投得太少导致库存过多，被其他企业拉开差距，最终落败。另外，当我们拿到市场老大时，虽然这是个意外，但我们应该重视市场老大，牢牢把握机会，但却轻易地又把市场老大送出去，导致局面非常不利。此外，我们的建线与市场发展还缺乏配合，需要对市场有更深入地分析，只有把握好市场才能把握好生产线建设工作。

作为 CEO，我应当对企业的经营失败负主要责任，在企业建构的初期，我没有能够正视每个岗位的重要性，岗位分配的随意性使得企业在前期发展不理想，成员的积极性也没能充分调动起来，并且当大家对广告费争执不下的时候，我显得优柔寡断，没有作出一个合理的判断，导致企业广告费总是存在各种偏差，选单过程中，我也存在很多问题，明明已经知道各家企业在本地、区域选了很多订单，但还是忍不住在本地、区域压过多广告，并且选单时也把主要产能集中在了前面的市场，而将后面市场广告费全部浪费。在日常运营工作中，我的组织工作基本到位，能把各成员的工作顺序安排得比较清楚，但是当有成员提出对预算质疑时，由于担心时间不够，还有惰性使然，不愿回头再调整预算，事后看，团队成员的很多建议是很重要的，细节的偏差导致最后出现巨大的落差。

　　无论取得什么样的运营成绩，都是大家努力的成果，财务总监每一次的做账都到位，很认真；生产总监、采购总监也都投入其中；营销总监尽心尽力，尽责做事，虽然商业间谍不是很到位，但基本把控了对手信息；有大家的团结才有现在的成果，虽然我们没有拿到理想的结果，但我相信我们会做得更好，在以后的过程中我们要更加努力做，团结就是力量！

> **思考题：**
> 　1. 试按照任务中罗列的反思角度进行总结撰写。
> 　2. 你对企业经营中 CEO 职责履行还有哪些想法，请在总结中详细列出。

任务三　财务部门的反思与总结

一、预算编制的反思

　　财务总监及财务助理负责财务部门工作，需要与 CEO 一起完成企业运营之初预算方案的制定和调整。在每一年运营中，也需要根据市场趋势、竞争对手情况及自身情况与 CEO 一起讨论决定企业当年的预算方案调整，要确保企业的现金预算是合理可行的，并且下一年营销部门有足够的广告费可支配。在总结中，财务总监及财务助理等人员需要对每一年预算工作的完成情况进行反思，从中找出预算编制工作所存在的问题及对其他部门工作所造成的影响，并提出可能的改进意见和建议。

二、筹资决策的反思

　　每一年企业资金缺口需要财务总监利用短贷、长贷、高利贷、贴现进行弥补，要确保能筹集到足够资金实现企业现金流的顺畅，同时要确保企业资金流顺畅前提下尽可能的财务成本最小化，还需要考虑企业下一年是否有足够的现金回笼偿还所有的长、短期借款。在总结中，财务总监及助理需要对历年的资金筹集选择进行回顾，分析筹资决策可能存在的问题，有没有筹资不合理导致财务成本被拉高情况出现，有没有因为过多地依赖高利贷导致企业盈利最终被高利贷吞噬，使企业陷入恶性循环，并思考有无改进的办法，进一步分析改进筹资决策所产生的结果。

三、交单安排的反思

　　财务总监及助理需要与生产总监密切合作，合理地安排企业每年的订单交货顺序，在确保订单能及时交付的前提下还需要思考如何使企业资金更快地回笼，确保企业可以节约财务成本，不致出现 1M 缺口被迫借高利贷或循环贴现等不利局面。在总结中，财务总监需要回顾和梳理六年中的交单安排工作，分析交单操作中有没有不合理的情况，并思考如何进行改进，并对改进的结果作出自己的判断。

四、投资重大决策的反思

财务总监筹集到的资金需要在生产、营销、采购间进行合理分配，还需要与 CEO 一起讨论决定企业的生产线建设、产品研发、市场开拓等重大决策。在总结撰写时，财务总监需要全面回顾每一年生产线建设、变卖生产线、产品研发、市场开拓等重大决策中，自己如何发挥作用，对存在问题的资金运用是否提出过合理的改进办法，是否始终积极参与企业的重大决策，企业的重大决策对后续经营产生了什么影响，如在某年的大规模建线所导致的折旧费大量产生是否对企业之后的经营业绩产生重大负面后果，企业的重大决策失误应该如何去改正。

五、报表编制的反思

报表编制是企业财务部门人员每年末工作量最大的工作事项，并且也是对财务部门工作人员基本功的最重要考验。财务总监及其助理需要根据营销总监所提供的订单登记表、产品核算统计表依次编制综合管理费用明细表、利润表和资产负债表。在总结撰写中，财务部门人员需要回顾企业年末报表编制过程，反思在企业报表编制中，有没有严格按照编制顺序进行编制，有没有对报表数据进行验算核对，有没有出现报表编制错误，报表编制出现错误时是如何去查找错误的，报表编制错误的主要原因有哪些？应如何避免报表编制中出现的各种错误。每年的报表编制工作有没有出现超时，出现超时的原因是什么，应该如何改进报表编制工作，保证报表提交的及时性和准确性等。

六、财务总监总结撰写实例

财务总监沙盘模拟运营总结

这个学期，我们安排了沙盘模拟经营学习，整个班级分成六家企业，每个企业由五至六名成员组成，分别负责企业的营销、采购、生产、财务和总经理工作，我所在的企业一共有五个成员，我负责的是财务部门财务总监的工作。下面从我所担任的财务总监角色进行总结。

一、预算管理

预算管理是对企业的经营进行预先的规划计算，体现在运营流程中，预算管理首先是系统规划会需要完成的工作，也是财务总监需要完成的重要工作。但预算管理并不仅是系统规划会才涉及的环节，可以说，整个企业经营中都包含了预算管理的思想。

在企业组建好之后，CEO 就召集大家对未来发展进行谋划，并由我主要承担进行现金预算和权益预算的工作。我们首先对 P2P3、P1P2 等几种可能的产品组合进行了讨论，并分析其他企业可能的动向。在讨论中，我们组的营销总监认为，多数企业一定会先研发 P2，然后再根据权益研发 P3，这样会导致 P2 的销售相对比较困难，我们可以反其道行之，先研发 P3，如果 P3 只有一两家企业销售的话，则我们就能在前期 P3 广告上大幅度节约，然后也可以有能力去研发 P2。于是，我们主要对研发 P3 这一方案做了预算。经过预算，虽然 P3 的研发费相对 P2 的研发费贵了一倍，但是若考虑第二年广告费节约，这个方案还是有很好的可行性，另外我们初步确定P2的研发不能太靠后，最好是在第二年就开始研发，最迟不能超过第三年。经过商议和预算，初步的方案是卖掉两条手工线，只建设一条自动线来生产P3。下一年再继续建设生产线。

在第二年的选单上研发生产P3的企业竟然只有我们一家，比我们预料的还要少，但由于生产线建设已成定局，我们只能接受第二年以1MP3广告拿2P3的结果。可以说，我们的做法相对过于保守，预算时资金流还是比较充足情况下，最终选择只建一条全自动比较失策，应可以考虑建设两条全自动，或者把柔性线考虑在内，这样后期建柔的压力相对变小。此外，我们当时还可有另一个选择，企业原来还有一条半自动线，保守一点的做法是可以将这条半自动在第一年第四季停产，第二年第一季转产，第二季上线生产P3，这样我们至少在第二年多卖出一个P3，而到第三年可比原定方案多卖两个P3，并且，由于其他企业进入P3的非常少，增加的两个P3在广告费上没有什么压力。

由于开始学习阶段，对规则和市场都还不太熟悉，在前期预算中问题很多，对原料采购的现金控制不够好，在明明没有柔性线的情况下，却多下了原料，导致资金被占用。随着对规则的逐步熟悉，后面几年的预算把控有很大提高，预算的效率也变得很高，总体来讲，六年的预算管理工作比较成功，在运营开始之前，就对整个运营局面有了较充分的估算，使得我们每一年的运营都比较有把握。

二、筹资管理

在六年的运营中，基本上是以短期贷款为主，同时从第二年开始借长贷。第三年资金压力比较大，而由于需要还第二年所欠的短贷，因此，借了20M的高利贷。后期为了少借高利贷，适当进行了部分应收账款的贴现。总体而言，筹资安排做到了让筹资成本尽可能节约，但也存在一些问题。比如在后期贴现时，由于时间仓促，没考虑应收账款间的差异，经营完成时才发现，我当时把1Q的应收款贴现了14M，而这笔应收款如果不贴现，可以在当年第二季度收现，如果选择贴其他3、4账期的应收款，第三季度就不会又出现很大的资金缺口，也不需要再贴7M应收账款。所以，在应收账款贴现时，应该重视账期问题，优先选择把账期长的应收贴掉，而账期短的尽可能收现。此外还有一个失误是当我们权益上升时，明明可以在年末再申请长贷，但对规则还是理解不透，没有继续拉满长贷，使得下一年还贷压力比较大。

三、交单安排

每一年的交单工作主要由营销总监和生产总监在负责，但我也要参与其中。一、二、三年交单问题并不是很多，也主要因为前三年我们的订单相对不多，不存在在交单顺序上的多样化选择问题。但是后三年交单安排就有不少问题了，比如第四年交单时，有三张P3的订单，我们当时直接按下线数量顺着把三张单交完，仔细考虑是可以有多个交单方案的，如果把一张小单先在第一季交货，再把稍大的单放在第二季交，最大单放在第四季交，则当年的收现就会增多，而由于我们优先把大单交掉，而这张大单价格比较高，但账期却是4Q，导致当年无法收现。还有一年，我们拿单时仓促间把能拿的单都拿掉，回来计算的时候由于单子比较多，理不清头绪，导致最后违约掉一张P1单，事后想来这个做法也不正确，因为违约之后，我们竟然还库存了3P2，我们完全可以通过对柔性线生产的调整消化掉这张订单，所以这个损失毫无必要。对于交单，我们考虑的因素太少，总是简单地把订单按数量顺序交完，而没有去考虑订单的账期，没有去考虑怎样安排好生产线的转产，因此，使现金流总是不够顺畅，也导致额外付出了一定的筹资成本。

四、运营中的决策问题

在预算管理中，我们已经解决了很多问题，但实际运营中，我们还需要不断调整，一般情况下，我们企业的运营决策主要由 CEO 拍板，但 CEO 很多时候也会征询大家意见。作为财务总监，我在运营中的决策参与不够，没有充分地去考虑后期经营中生产线如何建设、产品组合怎么搭配等问题，而只是把现金流中的资金缺口弥补掉就算完成任务。并且，在运营结束后，我意识到自己存在一个问题，当其他同学提出需要建设生产线时，我总是阻止这类建线计划，因为按我的想法，能尽量少建线才能使财务成本降低，现在我意识到，企业虽然要尽可能节约财务成本，但借钱是必要的，财务一定要学会借鸡生蛋，要学会负债经营，只要借来的钱可以产生充足的销售收入，那么这些销售收入在年末就会转为我们的所有者权益，而所有者权益的上升在下一年又给我们带来更大的筹资空间，如此我们的资金就可以更充足。而如果总是谨小慎微，千方百计不借任何贷款，其结果是使企业的路越走越窄，产品研发、市场开拓等工作都无法开展，这样的发展格局，虽然企业可能因为成本相对低而不会破产，但也肯定无法取得好的业绩。

五、期末报表编制

在第一年报表编制中，我们出现了很多错误。在第一年综合管理费用表的填制中，我们对费用项目都不清楚，不知道保养费就是运营中的维修费，也不清楚其他费用所包含的内容。利润表和资产负债表的问题就更多了，利润表中的计算关系是我们第一个没搞清楚的问题，然后是综合费用不知道它就是前一张表的合计数，而事实上这些问题在操作前都是规则部分讲过的，实际运用中却全部忘掉。在第一年计算资产负债表时，计算了多次报表都不平衡，导致我们企业的报表提交严重超时，后来才终于找到报表出错的原因，而导致报表出错的原因是我们在操作流程中操作不规范，比如更新生产时，两个人同时操作导致该下线的产品没下线，不该下线的产品下线了，结果库存现金、在制品、产成品项目都发生错误。在第二年之后，对报表的编制相对比较熟悉，但仍然出现很多错误。由于在整个经营过程中，总是在不断调整事先的预算，而后面的报表编制工作却与预算调整发生脱节，主要是因为我在报表编制时，常常记住的还是此前的数据，从而导致报表数据对不上，直到查预算表和盘面，才发现这些问题。不过，到了五、六年时，报表编制工作对我而言已变成比较轻松的事情，只需要把预算做完后，报表项目基本可以填制完成，等到大家配合把盘面推完时，我的报表编制工作也基本可以结束了，并且做到报表准确无误。所以，报表编制工作首先需要的是细心和对规则的熟悉，其次则是多练习，只要经过几年的反复报表编制练习，就一定能确保报表编制能及时准确。

回想一学期的财务总监工作，觉得有很多收获。在做预算时，它要求我一定要全面地思考企业各环节工作的现金收入和现金支出，不可有遗漏；还要求我随时关注企业有没有资金缺口，要在高利贷、短贷等筹资手段中去做出合理选择，它要求我要全面地管理企业的现金和权益，通过权益结果去判断现金流安排是否存在不合理的地方，各个事项间的逻辑联系非常紧密，又需要在多个目标间进行平衡，它既需要我严格把控保证企业有足够的现金可支配，又能合理地安排生产规模，还要确保下一年可以有资金来还款，还有足够的额度申请借款。在编制报表时，要求我必须把预算数据和盘面数据转化为各类报表中的数据，并且在最后要使资产与负债权益之和相等，而通过报表平衡关系的检查，可以从中发现此前经营中存在的错误，使经营结果的正确性又得到了检验。财务总监工作使我在今后的学习和工作中变得更加细心，并常常会去思考事物间的联系，考虑问题时会思考更多相关性问题，而不是孤立片面地看待问题。同时，一学期的财务总监工作，也使我与团队成员间有了更深厚的感情，我们之间不再是一般同学关系，更多了一层"同事"间的默契和朋友间的友谊，大家相互学习，共同进步，打造出一个优秀的企业团队。

思考题：
1. 试按照任务中罗列的反思角度进行总结撰写。
2. 你对企业经营中财务部门职责履行还有哪些想法，请在总结中详细写下。

任务四 生产部门的反思与总结

一、生产计划制订与调整的反思

生产总监及生产助理负责生产中心事项，企业运营初预算方案制定需要进行生产计划的制订，每一年预算调整中，也需要根据调整要求进行生产计划的重新安排。在撰写总结时，生产总监及生产助理需要对每一年生产计划制订与修改进行回顾，计划制订是否与现金预算和权益预算核对无误，计划本身是否合理，产品上线和下线的顺序安排是否有可调整之处，并对调整后的计划及其影响作出判断。

二、运营生产操作的反思

生产总监及助理在 CEO 指挥下负责运营流程执行中生产中心的操作，包括建线、变卖生产线、产品上线、下线，生产线转产，厂房出售，租用厂房，购买厂房等。生产部门人员需要回顾运营生产操作过程，反思在运营过程是否严格按照 CEO 的指挥控制顺序操作，在运营操作中有没有出现操作失误，产生操作失误的原因主要有哪些，应如何改进对生产中心的操作安排以避免重复出现操作错误。

三、生产线重大决策的反思

生产部门人员负责和参与企业生产线建设、变卖、转产等重大决策，并将重大决策事项通过生产计划的制订和修订体现出来。生产总监及助理需要对生产线重大决策中自己所发挥的作用进行回顾，反思在重大决策中自己有无提出重要建议，企业的重大决策是否合理，企业的建线、卖线对后续企业经营有什么不利影响，如果重新决策，应如何调整决策内容。

四、厂房决策的反思

企业在运营开始阶段拥有大厂房，由于资金的短缺，企业需要考虑是否出售大厂房；企业在运营中后期随着产能的扩张，需要利用小厂房，对小厂房需要考虑采用租还是买的方式。生产部门人员作为厂房的管理者，需要参与厂房决策，在总结撰写中，生产总监和助理需要对企业厂房决策情况进行回顾，对厂房决策中可能存在的问题进行分析，提出自己的看法。

五、与采购部门合作的反思

生产部门需要与采购部门密切合作。生产部门制订的生产计划是采购部门采购计划的依据，生产部门在执行运营操作中需要从采购部门获得原料执行产品上线操作。在总结中，生产部门人员需要回顾运营中如何与采购部门人员共同制订生产采购计划，如何保证配合顺畅。有无出现因生产计划错误导致采购计划出错从而影响企业运营的情况出现，出现此类情况给企业造成什么后果。应如何改进与采购部门的合作。

六、与营销部门合作的反思

生产中心的生产排程必须严格按照事前制订的生产计划执行，下线的产品放置于产成品库，由营销人员负责交单工作。在订货会选择订单时，当出现产能与订单有差异时，生产部门人员需要基于原有生产计划思考可能的调整拿单方案，向营销人员提供参考建议。在总结时，生产部门人员需要回顾历年生产安排情况，生产安排有无出现重大失误，下线产品是否符合营销部门交单需要，有没有出现因生产部门操作失误导致营销部门交单失败情况。在选单过程中，有没有向营销人员提出过重要的选单建议，使企业获利水平提升。与营销人员的配合还存在哪些问题，需要如何进行改进等。

七、生产总监总结撰写实例

生产总监沙盘模拟运营总结

一学期的沙盘模拟运营结束了，在这一学期时间里，我们对沙盘模拟的规则进行了学习，并运用沙盘模拟规则进行了分组对抗训练，把一班级的同学分成了六组，每个组分别由 CEO、财务总监、营销总监、生产总监、采购总监、财务助理等角色组成一个团队接手一家企业，然后经过起始年经营，再由企业团队从第一年一直经营到第六年，最后再比较各企业的经营业绩。在沙盘模拟经营中，我担任了本企业的生产总监，主要负责生产中心的规划和操作，现对一学期的沙盘模拟运营工作进行总结。

一、关于生产线

通过对规则的学习，我们了解到，企业可以购买使用的生产线有四种类型，分别是手工线、半自动、全自动和柔性线。每一种生产线的购买价格、安装周期、转产要求、折旧等各有不同。在运营的开始阶段，我试图对几种生产线进行对比，哪一种生产线建设对企业更为有利。

首先，手工线很便宜，但手工线需要三个季度才能生产一个产品，而每家企业所能建的生产线数量受到厂房空间的局限，如果做一个极端的假设，如果企业把十条生产线位置都建成手工线，那么每年的产能就只能维持在十几个产品，并且需要交纳和其他生产线一样多的维护费，虽然折旧费上可以节省比较多，但产能吃亏太多，结果很不划算。

半自动也存在类似问题，它虽然比手工线产能多了一倍，但与全自动及柔性相比，还是显得产能过少。半自动线的购买价格刚好是全自动线的一半，产能也刚好是一半，因此，建两条半自动和建一条全自动的花费一样，提取折旧时，一条全自动第一次需要提5M，而两条半自动只需提4M，比全自动少1M，但是到下一年提折旧，一条全自动需要提3M折旧，而两条半自动仍然需要提4M，结论是两者只是对前后年有影响，最后折旧费总和一样。但一条全自动在生产四个产品的同时只占了一条生产线空位，而两条半自动则占到两条线空间，这意味着以半自动为主的企业产能必然比以全自动为主的企业小很多，另外两条半自动需要2M的维护费，而产生同样产能的一条全自动只需1M维护费。这样比较下来，全自动显然是更合理的选择。但在经营过程中，也有一些调整性操作，如果后期感觉到竞争压力太大，就不能太勉强去建全自动了，倘若建了大批全自动而市场太挤卖不出去，对企业而言，就会因建线的贷款成本、生产线的维护费、库存资金占压导致需要更多借贷等不利因素而陷入困境，在这一情况下，适当建一些半自动生产线甚至建一些手工线都是不错的选择。

柔性线也是一种很好用的生产线，产能大，并且转产非常方便，在后期选单中，我们的柔性线起到了很好的作用，使我们在选单时有更大的选择余地。但是柔性线相比全自动价格太过于高昂，一条柔性线比一条全自动价格高出8M，也就是说，建柔性线要比建全自动多花50%的钱，建两条柔性线的钱可以用来建三条全自动，显然三条全自动多了四个产能，就算生产的是P1，也照样能赚得比两条柔性多。因此，柔性线虽然好用，但数量确实不能太多，它能分别帮助企业实现灵活转产的目的，就足够了，再说，柔性线与全自动线潜力分是一样的，所以，达到灵活转产目的之后再多建的柔性线就是浪费了。

我所在的企业第一年很幸运地抢到了市场老大，因为要保住市场老大，P1的产能不能太少，所以在前期我们只变卖一条手工，一直保留着两条手工和一条半自动，但这也无形中限制了我们的建线空间，第一年我们建了两条全自动后，感觉空间就不够用了，所以在第二年就大胆地租用了小厂房，但在第三、四年资金压力相对比较大，建线进度受到一定影响，直到第五年才终于完成最后几条生产线的建设，并且无力把两条手工和半自动再变卖建新线，最终只建了两条柔性和五条全自动，未能实现生产线全部建为全自动及柔性的预期目标。不过第六年市场相对第五年市场并没有变大，所以我们的产能水平相比于其他企业也算不错，还是确保了顺利拿下第一。回顾建线的历程，我觉得我们的主要问题在于第二年建线过快，而第三年又存在还长贷的危机，导致第三、四年资金流变紧，无法顺利实现产线更换，如果把第二年建线的规模缩小，把批量建线的时间点推迟到第四年、第五年，由于权益的上升，这两年我们应有足够的资金建起多条生产线，那么十条全自动加柔性的生产线规模应该是可以达成的。另外，如果前期扩张没有这么快的话，也不需要多付好几年的小厂房租金，这必然使我们的权益进一步上升，对后期批量建线也存在很大好处。从第二年开始租用小厂房，一直到第五年我们才终于买下小厂房，非常不容易，所以，对于小厂房，在使用时一定要做好准备，企业的权益要能承受租金费用，当然，承受的前提是，小厂房建线不能建太少，建太少没有足够的产能，收不抵支就是必然的结果。

二、关于生产操作

在更新生产和开始下一批生产的操作上，第一、二年犯了不少错误，也连累财务总监年末算报表总要算三四次，然后，算不平，大家只好返工推预算表推盘面。结果发现，是我们生产部门的错，更新生产时，忘记把下线产品放产品库了，这个错误一般还容易被发现，不容易发现的是，产品上线时只给了原料，竟然忘了给加工费。更严重的是，总是把更新生产和开始下一批生产连到一块儿操作，导致下线上线产品一片混乱。第三年以后，我和我的生产助理商量决定，由生产助理一人进行操作，我主要负责看着生产计划监督他的操作，之后操作很顺畅，财务总监虽然又出现报表不平的情况，但与生产中心无关了。总结起来，虽然合作是必须的，但在某些操作上，分工明确才更重要，两个人一起做盘面操作，导致出错的机率远高于一人操作。

三、关于生产计划和采购计划

每一年做预算，我们都需要编制生产计划，然后再把生产计划交给采购部门的人，由他们再编制采购计划。生产计划编制主要体现几个问题，卖线、建线、生产更新、上线生产等。这里首先是要学会生产计划中的各种标记使用，掌握了基本的画法之后，生产计划的制订相对就比较简单。但是，生产计划很难一次就确定，所以，我一般需要准备铅笔来编制，便于进行修改。比如一开始我们打算卖掉三条手工，建两条全自动。但随后看完市场发现，卖掉三条手工，我们下一年就只能有4P1用于销售了，而第二年本地市场上的P1需求有20个之多，只比第一年少了两个，如果4P1不是最大单，最大单被其他企业拿到的话，这等于把市场老大送给别人，所以必须更改原计划。很多时候，我在与营销总监一起看市场时，总是雄心勃勃把生产线加了好几条，但是一到财务总监手上，就被一条条否定，第三、四年甚至被全部否决。但财务总监的否决是有道理的，因为企业当时确实资金压力很大，大规模建线虽然可以带来大量的销售收入，但高利贷也必须大规模去借，并且，我不能确定这些新增的产能是否一定能全部卖出。

生产计划的制订可以说是我们生产部门工作的最核心工作，一旦生产计划确定下来，剩下的操作不过是对生产计划的执行，因此，每一年我和生产助理主要精力都是围绕着生产计划的制订和优化，使企业生产能不断扩大规模之上。

四、关于团队合作

团队合作很重要，而对于生产部门来讲，更需要强调合作。当我们需要上线生产时，得与财务部门合作获得支付工人工资的现金；当我们需要上线生产时，则需要找原料采购部门获取生产所需的原料；当我们要下线产品时，得与营销部门沟通，按照营销部门的订单合理安排下线产品，以保证不违约，还能有足够的资金流。

具体到我们的团队合作中，应该说，团队合作的效果令人满意。财务总监虽然在我规划建线时很果断地否决了我的计划，但是在生产上总是毫不含乎地给予我加工费的支持，有力地保证了生产的顺利进行。而在与营销部门的合作中，我们主要是按照营销总监的交单需求把柔性线生产安排好，其他生产线安排比较简单，所以合作起来也比较顺畅，并且在第五年选单时，我们为营销总监的选单决策还提供了一个很好的参考。由于当时订单已选了比较多，营销总监的计算出现了问题，没有考虑柔性线转产的可能，准备放弃P3的第一轮选单，而恰好我通过生产计划发现可以有两个产能转过去生产P3，及时提醒营销总监后抢到了这张订单，使企业多增长了几点权益。当然，团队合作中也存在一些摩擦和矛盾，但总体而言，整个团队还是比较团结和充满斗志的。

一学期的沙盘学习转眼间就结束了，我很珍惜这一学期的学习机会，它让我学到很多企业经营的技巧，也让我对企业经营有了很多思考，让同学间增进了对彼此的了解，同时又使我们对整个企业经营的流程有了较为直观的把握，相信在未来的工作岗位上，我能运用所学发挥自己的长处把事情做得更好。

思考题：
1. 试按照任务中罗列的反思角度进行总结撰写。
2. 你对企业经营中生产部门职责履行还有哪些想法，请在总结中详细写下。

任务五　采购部门的反思与总结

一、采购计划制订与调整的反思

在制定预算方案时，采购部门人员需要根据生产部门制订的生产计划来制订原料采购计划，合理安排原料的订购和到货时间，要确保企业生产的顺利进行，同时又不能因原料订购导过多占太多企业的资金。在实际运营中，企业预算调整时，采购计划相应也要做出调整。采购计划不仅要考虑当年的原料到货上线生产，还要考虑下一年原料的订购和到货问题。在总结撰写中，采购部门人员需要对每一年采购计划制订和调整过程进行回顾，并反思在原料采购计划制订中对原料订购的计算还存在什么问题，需要采取哪些措施加以改进。原料采购计划的制订是否确保了企业生产的正常进行，有没有出现采购计划错误导致企业生产无法继续，甚至出现订单违约的情况，采购部门的失误对企业后续经营造成了什么影响，造成计划编制失误的主要原因是什么，应如何改进采购工作以避免这些失误再次出现。

二、采购运营操作的反思

在CEO指挥控制企业运营过程中，采购部门人员需要严格按照操作规程进行下原料订单、原材料入库/更新原料订单等操作。在总结回顾中，采购部门人员需要对历年的原料订购和入库操作进行回顾，反思在原料订购和入库操作中有没有严格按采购计划执行，有没有因对规则的不熟悉导致原料订购出现错误，从而使企业陷入困境。原料订购操作还需要做出哪些改进等。

三、零库存控制的反思

在正常运营中，为避免资金占压，采购部门应按零库存控制原料订购计划，并在每个季度都按需订制，但为了拿单的灵活性需要，又有必要多下一定的原料，使企业不致因原料的限制而无法对手工线、柔性线实现灵活转产，从而错过选单机会和打压竞争对手的机会。关于库存控制，企业采购部门人员需要总结常规原料采购工作中，有没有严格控制原料成本，有没有实现原料期末零库存。在有柔性线和手工线时，有没有确保柔性线转产的灵活性，企业有无因柔性线转产灵活性受限而错失选单的情况。企业有没有因为过多的原料订购而出现资金断流，对企业的经营造成何种影响。在零库存控制中，采购部门还存在哪些问题，应如何改进等。

四、与生产部门合作的反思

生产采购计划需要采购部门与生产部门通过密切配合进行编制。采购总监及采购助理需要对生产采购计划编制过程进行回顾，反思与生产部门人员合作中存在的问题，并思考如何进行改进。在生产采购计划编制中，采购人员有没有对生产部门所编制的生产计划提出过合理建议。在运营操作中，采购人员有没有为企业生产提供充足原料，并在生产中原料的交接有无出现操作失误。与生产部门人员的合作还需要进行哪些改进。

五、与财务部门合作的反思

采购部门的原料到货需要支付现金，采购部门需要与财务人员合作，随时掌握企业现金流的情况，根据现金流结合企业的生产计划确定灵活而成本相对最小的原料订购方案。在资金缺口较大时，采购部门需要与财务部门密切配合，思考资金受限下原料采购的可行方案，使企业损失减少到最低。在运营操作中，采购部门人员需要与财务部门人员配合完成原料到货付款操作。在撰写总结时，采购人员需要对与财务部门人员的沟通进行回顾，反思在出现资金缺口时，企业原料订购方案是否存在问题，有无改进余地。采购部门与财务部门的操作配合是否有不当之处，有没有导致出现操作失误，如何改进以避免这些失误。

六、采购总监总结撰写实例

采购总监沙盘模拟运营总结

企业沙盘模拟经营是一个关于企业经营的模拟游戏，它把企业的各个部门工作搬到课堂的沙盘盘面上，使我们可以直观地感受和参与企业经营活动。在本学期的沙盘模拟经营中，我们一共分了六个企业团队，每个团队又分设多个不同的角色，团队成员既有分工，又有协作，团队间相互对抗，经过六年时间的对抗式经营，最后取得各自的经营业绩。在企业成立时，我应聘了 F 组的采购总监，并一直担任采购总监工作。

一、采购计划的制订

关于原料采购的规则并不复杂。原料的采购主要分成两个环节，首先需要订购，经过一段时间后，原料将到货，而在到货的时候，需要为原料支付现金货款，并且原料订购不需要赊购。这就决定了，原料的购买不是马上买马上就到，而需要一个提前期。而在手工沙盘经营中，原料有四种，分别是R1、R2、R3和R4。其中，R1、R2的提前期只有一个季度，第一季度订购原料第二季度将到货付钱，R3和R4订货周期比较长，需要两个季度的提前期，即第一季度订购要到第三季度才能到货。

为了保证原料订购不会出错，我事先进行了原料采购计划的编制，并进行了反复检查核对。但原料采购计划的制订需要先有生产计划，所以，每次的原料计划编制工作都是在生产部门完成生产计划后才能进行。

第一年的原料订购比较简单，由于CEO所制定的规划方案把三条手工线全部卖掉，只保留一条半自动线还继续生产，所以库存的两个原料已经足够使用。但在第一年我还是犯了一些错，由于上年即起始年第四季度下有1R1订单，但我当时还不了解这项前提，没有对财务总监作任何提示，导致第一年盘面推出来的结果跟预算对不上。另外就是对第三、四季度原料订购完全没有概念，只考虑当年原料够用不需要订购，就没有为下一年订购原料，幸好我们企业第二年生产的是P2而不是P3，并且第二年生产比较特殊，第一季P2才研发完成，要等到第二季才能上线生产，原料订购时间相应地就推迟到了第二年第一季。

第二年原料订购开始变得复杂，因为P2生产线开始上线生产，同时原来的半自动也还在继续生产。在第二年原料采购计划上，我分析得比较仔细，按季度把原料分别汇总，由于我们投入了两条自动生产P2，这两条线所需要的原料都是1R1和1R2，两条线生产周期一样，于是每季都是2R12R2，半自动的变化比较有特点，每两个季度需要为它定制一次原料，因此在奇数季度我需要多下1R1原料，当然还要考虑库存原料问题，否则原料又会多下。这一年原料订购没有出现错误，原料的到货时间也计算准确。

第三年原料订购比第二年又多了一个变数，R3订购也出现了。由于我们企业的P3生产线建设计划比原定的推迟一个季度，原定第三年第二季就应该上线生产P3，这样的话我需要在第二年第四季就下R3原料订单，但因为资金问题，变成第三季度才上线生产P3，因此在第三年第一季我需要下1R1订单，此后的计划比较有规律可循，我们后期建线都基本是全自动和柔性，每季都有生产，因此原料订购除了半自动上线时和柔性线需要转产时有变化之外，大多数情况比较稳定。

第四年及之后的原料订购主要有几个考验，一是我们有柔性线生产，CEO要求让柔性线生产能比较灵活，比如在第四年年末时，因为做P2、P3的企业比较多，CEO和营销总监要求让柔性线能在下一年第一季灵活转产，要同时保证P1、P2、P3都可以上，这样拿单更有把握。当时这个环节我把握得不是很好，主要是对原料的共通性未作思考，结果就原原本本地把1P1、1P2、1P3的BOM直接多下了一堆原料，以至于财务总监表示现金流要过不去了，经过其他同学检查原料订购计划，才让我意识到原来产品间的原料共通性完全可以使我们少订原料。第二个考验就是产线比较多而生产的品种也较多情况下，每一季原料常常会理不出头绪，存在这个问题的原因还是对产品的原料组成不能做到非常熟悉，导致每次计算起来都会弄得很复杂。第三个考验是调整，虽然在前期也会有调整，但生产线多了之后，每一次调整工作花的时间就会比较多，改动频繁时容易导致出错，但越到后期，由于营销总监和 CEO 在销售上总会有更多想法，所以调整是不可避免的，这就要求在计划编制时必须特别耐心和细心。

二、采购操作

采购操作到运营后期基本不存在问题了，问题都集中出现在前三年。一个原因是我对规则还不熟悉，总是分不清原材料入库/更新原料订单和下原料订单之间的区别，当 CEO 要求原料入库的时候，我却操作成了下原料订单，使操作显得比较混乱。经过对操作规则的反复熟悉后，我很清楚这两个步骤的区别，原料入库的前提是此前我们下得有原料订单，而下原料订单是为了后续季度的上线生产，而当前所下的原料订单到了一季度或两个季度后就会变成原材料入库。所以，规则的掌握对于采购部门工作是最重要的。

三、原料库存控制

原料库存控制是一个很奇妙的过程，为了节约原料占用的资金，我都是按季去下原料，并且都是在当年把原料刚好消耗完。但是遇到柔性线生产时，按照灵活生产的需要，CEO 和营销总监会要求我多下原料订单，但是财务总监又要求我在期末不能有原料库存，怎么把期初多订的原料全部在生产中消耗掉，对于采购总监是一个很重要的问题。在六年的经营中，我很好的解决了零库存问题，但进一步我也在思考一个问题，之所以我们总是能把多余原料消耗掉，是因为我们生产的产品间基本有原料共通性，如 R1 为 P1 和 P2 共通，R2 为 P2 和 P3 共通，R3 在 P3 和 P4 间共通，但是 R4 却没有产品可共通，只能用于生产 P4。而没有共通性的原料就有无法零库存的可能性，当企业在期初多下了 R4 原料，但结果企业却因为拿不到 P4 订单而无法使用 R4 原料，并且这一状况一直持续的话，每年都会库存 R4 原料，这将使企业的资金受到影响。

在一学期的沙盘模拟经营中，作为采购总监，我充分地享受了企业经营的乐趣，也享受到了团队合作的乐趣。每一年当生产总监制定出生产计划时，由我对他所制定的生产计划进行审核，之后再根据生产计划来编制采购计划，又由生产总监对我所制定的采购计划进行审核，通过逐年的配合，使我们的编制和审核工作效率越来越提高，为了计划编制更方便，我们甚至还在生产采购计划编制中采用了一些共通的标记，把生产计划和采购计划变得更有特色。而在于财务部门及其他部门合作中，也使我充分享受到了团队合作的乐趣，企业成立之初，CEO 为企业拟定了"快乐经营，享受经营"的宣言，从整个经营过程来看，我们确实做到了快乐经营和享受经营，尽管最后经营的成绩不如预期，没有拿到理想的名次，但对于我们整个团队而言，过程更重要，学到企业经营的技巧和思维方法很有意义，而享受这一过程才是最重要的事情。

一学期的沙盘学习转眼间就结束了，我很珍惜这一学期的学习机会，它让我学到很多企业经营的技巧，也让我对企业经营有了很多思考，让同学间增进了对彼此的了解，同时又使我们对整个企业经营的流程有了较为直观的把握，相信在未来的工作岗位上，我能运用所学发挥自己的长处把事情做得更好。

任务六　营销部门的反思与总结

一、市场分析的反思

市场分析是营销部门的重要工作，在企业拟定方案前，营销部门需要对市场从多个角度进行分析，还要对规则进行研究分析，将市场分析与规则相结合，考虑可能的各种方案。在撰写总结中，营销总监需要回顾市场分析的历程，从哪些角度对市场进行了分析，分析后初步拟定了哪些方案。从运营结果看，此前所做的市场分析工作是否合理到位，是否因为市场分析工作的失误使企业的产品组合不合理，从而导致企业经营业绩受到影响。有没有在市场分析中把价格、数量趋势、规则中的生产线类型、产品的直接成本等因素综合考虑。对市场的判断是否准确。市场分析工作还需要从哪些方面进行改进等。

二、间谍工作的反思

每年年末的间谍时间，企业需要派出间谍人员收集其他企业人员信息，并由营销部门人员主要负责收集整理这些信息，对信息作出分类分析。在总结中，企业营销部门人员需要回顾每年间谍工作的安排与完成情况，反思间谍工作中有无对信息的遗漏和忽略，是否因对间谍信息的遗漏和忽略，导致后续经营失误。对间谍信息的整理是否满足信息分析的要求，是否区分了主要竞争对手和次要竞争对手，区分了间谍中的重要信息和次要信息。间谍的效率在后期有没有提升，有没有坚持在六年时间里都做好间谍工作，是否根据间谍工作需要设计了独到的间谍表格，应该从哪些方面对间谍工作作改进。

三、竞争对手分析的反思

每一年间谍之后，营销总监需要对竞争对手的现状进行分析，并对竞争对手未来发展作出判断。在经营过程中，营销总监及助理还需要对间谍信息反复分析，计算竞争对手的未来产能，以提高年末间谍工作的效率。在总结中，企业营销部门人员需要就竞争对手分析工作进行回顾和反思，对竞争对手的产能估算是否正确，对竞争对手的发展方向预判是否合理，是否存在因误判导致企业未拿到理想订单的情况，对竞争对手的分析是否存在不充分、不合理的情况。

四、广告费决策的反思

每年初，营销部门人员与CEO通过协商对广告费投放进行决策，营销部门人员需要对包括各市场、各产品的单产品广告费做出决策，还需要在财务约束下对各分项广告费做出微调，以确保有足够的资金投放广告费。在后续经营中，企业营销部门人员还需要观察其他企业投放的广告费，从中分析其他企业广告投放的数字偏好、市场偏好等广告投放习惯，为广告费决策提供支持。在总结中，企业营销部门人员需要对广告费决策过程作回顾，对每年广告费决策是否合理作分析，是否存在企业产能偏低情况下却投出高广告费的情况，是否存在被对手以 1M 微弱优势压制的不利局面，广告费不合理决策的原因主要有哪些，营销部门应如何改进自己的广告费决策。

五、选单决策的反思

每年初投放广告费，企业营销总监和 CEO 共同参与订货会争取客户订单，企业所投的广告费在各市场和产品的排名情况决定企业的选单顺序，在选单中，营销总监需要根据企业自己当年产能作出选单决策。在总结中，企业营销总监需要回顾每年选单时，自己对选单如何思考和抉择，选择订单时是否存在对自己企业产能完全不了解或不清楚的情况，是否因对企业产能的不了解而导致多选单造成当年违约，影响了后续经营。在选单决策中，是否有因 ISO9000 或 ISO14000 未投广告而导致被竞争对手压制无法选单的情况，是否因竞争对手可能选到好单而利用广告排名优先而抢下好单的情况，抢下好单后产能不够是如何处理的，对后续企业经营有什么影响。选单决策还需要作出哪些方面的改进。

六、订单登记与产品核算统计操作的反思

在选单结束后，企业营销总监需要将所选的订单依次登记在订单登记表中，对违约订单需要在未售栏做说明，在年末工作结束前，需要填制产品核算统计表，将企业当年销售情况按产品分类汇总其销售额、数量等。在总结中，企业营销总监及助理需要对订单登记和产品核算统计工作进行回顾，反思在订单登记中是否存在登记错误，进而导致企业经营结果出现错误的问题。是否因为订单漏登而导致企业生产安排出现错误，是否因未考虑违约订单而导致企业费用计算错误以及报表编制错误，是否在订单登记和产品核算中严格按 CEO 安排进行操作，营销部门应如何改进订单登记和产品核算统计操作等。

七、交单安排的反思

企业在市场所选订单最迟需要在当年第四季交货，如果有加急订单则必须在第一季度交货。由于交单顺序决定企业当年和下一年的收现时间，营销部门人员需要与财务部门人员配合，根据企业资金需求和企业产品生产的可能调整决定企业当年的交单顺序。营销部门人员需要回顾历年企业的交单安排，并分析交单顺序的合理性，如果原有的交单安排存在问题，需要如何对交单顺序进行调整，调整后对企业的后续经营会产生什么影响。企业的交单安排是否存在操作错误而导致经营结果受到影响，交单安排和操作还需要作哪些改进等。

八、与生产部门合作的反思

企业的订单交货需要生产部门进行合理的生产安排来满足，因此营销部门人员在交单

前需要与生产部门密切合作，协商生产具体安排，以确保交单安排的顺利实现。营销人员在总结中，需要反思与生产部门的合作是否存在问题，是否因配合失误而出现交单失败情况，是否与生产部门不存在沟通和协商情况，导致生产部门完全不考虑现金流问题而自行安排生产计划，影响企业现金回笼。如何改进部门间的沟通和合作。

九、营销总监总结撰写实例

营销总监沙盘模拟运营总结

本学期我们开设了《企业沙盘模拟经营》课程，这是一门既需要动手更需要动脑的课程。在整个学期里，所有同学组成六家企业，六家企业基于给定的规则和市场展开激烈的竞争，争取获得最好的经营业绩。我所在的企业由五名同学组成，我担任企业的营销总监，主要负责营销与规划中心工作，现将一学期的经营工作总结如下。

一、第一年经营

对市场分析的分析，我主要关注数量和价格，经过分析，可以看到 P1 这种低端产品价格逐年在下降，不过数量虽然在单个市场有所下降，但总量还是呈现上升趋势，另外 P1 在最近五、六年的国际市场价格和数量都比较显眼。P2 是一个不错的选择，毛利比 P1 要多些，而且数量在近三四年很不错，后期虽然价格不好，不过数量还是比较稳定。P3 在开始阶段很少，价格也不好，毛利不如 P2 高，一直到第五年之后，P3 与 P2 的价格差距拉大了，数量也上来了。P4 产品可怕就可怕在研发费太高，而且出现的时间点比较晚，再有就是一个市场就几个 P4，风险比较高，不能作常规生产考虑，应该是在权益比较稳定阶段，如果其他企业都不去做，只有我们做的话，广告费上一节约，价格上的优势顿时就能显现出来。但千万不能在权益不高时去碰 P4，有可能会雪上加霜。

根据对市场的分析，按常理，我们应该选择研发 P2，但我们选择了相反的路线，即先研发 P3。既然 P2 是前面几年都比较好，所有企业必然都倾向于去研发 P2，甚至有可能六个组都有 P2，那么 P2 就危险了，所以，我们决定逆向思维，从 P3 先开始做。

P3 第二年、第三年市场需求都不大，如果生产线建得过多，可能会卖不出去，尤其第二年总共只有 8 个 P3，就算只有两个组做，一个组也最多只能分到 4P3。我们就把市场假定为两个组做 P3，我们和另一组各拿 4P3。于是，第一年我们卖掉两条手工线，建了两条全自动，用于明年生产 P3。

第一年年初投广告时，我们的讨论的焦点在于是否要抢市场老大。我考虑不抢，因为市场老大虽然可以节约广告费，但是如果为了抢市场老大，有可能付出比省下的广告费更大的代价，除了大家手上都有 42M 的现金之外，我们完全不清楚对方抢老大的广告上限在多少。最后大家一致同意不抢市场老大，但是要争取一个相对比较大的订单，起码卖出 4P1，这样年末最多剩一半库存。经过预算我们将广告费压制在 10M 左右，最终决定投 8M 广告。广告费公布出来后，我们位于倒数位置，其他企业普遍高投广告，甚至有企业投到 20M 以上，只能庆幸我们没有去抢市场老大，没有使企业一开始就蒙受重大损失。但第一年由于广告排名比预期要靠后，我们只拿到 3P1 订单。经过预算调整，权益刚好为 40M。总结起来看，第一年广告决策还是不错的，如果按原计划投 10M，虽然多投 2M，但排名没有任何变化，反而会使权益下跌 2M，这将使下年贷款少了 20M 的额度，有可能导致第二年就要借高利贷来弥补资金不足了。

第一年末的间谍结果令人大吃一惊，在所有企业中，只有我们一家可以在第二年上线生产 P3，其他企业中也有在研 P3 的，但只研发了一季，显然是打算第三年才生产 P3。

二、第二年经营

第二年初的广告费投放相对变得简单，由于只有我们一家企业做 P3，所以本地和区域 P3 我们分别投 1M 就可以了，需要思考的问题主要是 P1。现在大家普遍有个想法，去抢区域市场老大，因为 P3 我们肯定是无压力的，如果 P1 也能拿到大单，那就可以顺利抢下区域市场老大。所以我们在本地只投了很少的广告，而把大部分广告投在区域的 P1 和 P3 上。

在对市场分析时，我也看到区域的 P1 量很少，只有 7 个需求量，所以如果广告投得多是得不偿失的，而本地有 20 个 P1 的需求量，即使投 1M 估计也会有单可拿，投得多也许可以拿到比较大的单。但是，为了抢市场老大，我觉得已不需要考虑当前是否能赚钱的问题，还是按本地低投区域高投去操作了，然而结果非常令人失望。

在本地我们以很小的广告拿到了 P1 的小单，P3 因为只有一组，我们选了一张 3 个数量的相对大单，到了区域我们的 P1 广告被压到第二名，只能选数量第二大单，而由于在本地已经拿了 3P3 订单，我们的 P3 总产能只有 4 个，这里就只能选 1P3 了，抢夺市场老大失败。总结起来，问题出在思路不清晰，目标模糊。既然要抢市场老大，那就应该把销售集中到区域去，在本地选 3P3 就是犯错。区域和我们竞争老大的都是产 P2 的企业，从市场预测来看，P2 在区域有 10 个需求量，那么最大订单有可能是 3~4 个 P2，而第二年 P2 价格与 P3 相比并不低，所以要能跟拿 P2 最大单的组抢市场老大，本身就很难，此时应该把 P3 广告集中砸到区域去，比如投 3M，理论上可选两轮单，把区域 3P3 的市场需求量全部吃下，这至少最大限度地体现出抢市场老大的诚意。

所以这一年选单，我们虽然卖出了所有 P3，但 P1 广告费浪费比较严重，权益继续下跌至 32M。由于权益已下跌比较多，我原打算研发一季 P2，再增加一条生产线来生产 P2，但财务部门认为应推迟到下一年建线，所以研发和建线都被否决了，从事后来看，这一年研发 P2 至少权益还能保住 30M，而多了 P2 的销售，我们的经营结果应该会好一些。另外，为了突出 P3 优势，我们在当年把半自动转产到 P3，扩大下一年 P3 产能。

第二年末间谍结果比较奇怪，原来在研 P3 的组第二年却没继续研发，原来没研发的组却有三个组都研发了四个季度的 P3，P3 的竞争顿时显得有些激烈了，不过各组能产 P3 的线都有限，从总需求来说，我们的销售问题应该不大。

三、第三年经营

第三年的 P3 市场需求量是上年的两倍略多，把所有 P3 组产能加起来离总需求量也还差两个，所以我决定 P3 广告仍然是低投，只选择本地稍微重投。第三年广告公布出来又让我们感到意外，三个研发 P3 的组，却只有一个组在投 P3 广告，其他两组仍然只投 P1、P2，幸亏我们没有重投 P3，否则就要后悔了。不过在拿单时，数量变得有些尴尬，我们总共需要拿 10 个，但拿到国内时还差 4 个，但市场上最大只有 3 个，所以只能库存一个

P3。汲取上年教训，这一年没再抢市场老大，P1也按常规投广告，虽然拿到数量不多，但多少还能赚一些。这一年虽然需要还长贷，资金流相对比较紧，但我们还是省吃俭用建成了第一条柔性线，并终于研发了P2。

第三年年末间谍特别去关注了此前有研发P3的企业，除了去年已投P3广告的组外，其他组基本可以让人放心，他们所建的生产线已用在P2生产上，对我们不再有威胁。所以，第四年P3仍然只有我们两个组在做。

四、第四年经营

鉴于仍然只有两组做P3，并且第四年P3需求量比较大，我们决定把新建的柔性线也先拿来生产P3，这一年连同年初库存一共要卖14P3，虽然总量很大，但另一家产P3的企业产能不大，我觉得是可以卖出的，并且放心大胆地每个市场都只投1M在P3上。结果，我们在第四年卖出去12P3，库存2P3，原因有两个，只投1M广告只能拿一轮单，而P3每个市场的量都比较小，每张单相对也小，第二个原因是我们没有投ISO9000广告费，而第四年ISO9000条件的单增多不少，导致有些订单无法选择。不过当年的收入还算满意，终于超过100M，这一年年末权益也涨到了50M，在所有组中排在第一位。

通过对前几年各组的间谍和分析，我认为其他各组经营都很保守，产品组合基本局限在P1P2，尽管研了P3，却没有进入P3的打算，P3市场对我们而言仍然是很容易销售。所以这一年年末我们对间谍和市场分析也没再花太多时间，只是简单看了盘面，然后就进入投广告阶段。

五、第五年经营

我们第四年虽然收益很高，却因为资金相对比较紧放弃了建线，鉴于第五年已经是建线的最后机会，我们决定在当年把P1的手工线也卖掉，租用小厂房去建设一批新线，把新建线的产能放在P1、P2上。而第五年的广告仍基本投在P3上，并且都是最小量投放，再在国际P1、P2上投广告争取能抢到市场老大。选单结果证明，我们在第四年年末忽略间谍和市场分析又犯了一个重要错误。在竞争格局方面，其他各组突然开始进入P3销售，对我们的P3销售造成一定影响，我们还是轻视了ISO9000和ISO14000的影响，今年所有市场都未投9K和14K广告，在选单时极度被动，很多订单都无法选择，最致命的错误是，原本以为已经分析了好几年市场，应该不会出错，没想到这一年国际没有P3需求而我们却投了最高的广告费，浪费严重。因为只打算抢国际市场老大，所以我们把P2广告只投在国际，但没想到广告排名靠后并且ISO认证又卡了我们的脖子，导致P2广告也被浪费，整个国际市场就拿到P1订单，市场老大自然也无法抢到。

这一年销售收入非常低，仅高于第一、二年，这使我们当年权益一下子跌回到第三年水平，权益也被其他组赶超。这一年经营完成时，所有成员情绪都很低落，甚至有同学表示要放弃第六年经营。这一年销售出现问题，我作为营销总监需要负主要责任，正因为第五年年末太过于志得意满，我忽略了间谍工作和市场分析工作的重要性，轻视了ISO认证广告对选单的影响，也自以为其他企业不会进入P3市场构成威胁，所以才会投出失败的广告费，导致我们选单失利。

面对这一不利局面，我与还能保持冷静的几位成员一起重新对市场、我们的产能以及竞争对手进行仔细分析，分析的结果是，我们还有希望。今年我们销售惨败，库存10P3，对我们来说是负担，但这10P3只要明年能销售出去，那就会成为我们明年爆长的支撑，所以明年我们仍有希望与其他企业再拼一回。

六、第六年经营

经过仔细分析权衡后，我们大幅提升第六年广告，本地、区域、国内、亚洲遍地开花，在多个市场投了9K、14K广告，由于国际市场偏好低端产品，所以国际市场我们选择轻投。在选单时，我们的广告居于前列，选单相对容易很多。这一年我们一共卖出18个P3，比预期虽然还是少卖了几个，但销售收入达到200多M，净利润达到56M，第一次需要缴纳所得税。虽然最后权益并不是很高，但由于这一年广告很好地压制了其他企业，并由于其他企业经营保守，生产规模较小，增长缓慢等原因，最终，我们获得第一名。

回顾一学期的沙盘经营历程，需要总结的经验教训还有很多，通过沙盘模拟课程，我也学到了很多以前没有接触过的知识和经验，沙盘模拟经营使我学会了分析市场，虽然沙盘模拟的很多内容是抽象的，与现实是有差距的，但我认为沙盘经营使我们学会了思考问题、解决问题的方法，也使我们逐步形成独立思考的能力，从过去做题总是有标准答案的模式中跳脱出来。沙盘模拟也增强了我们的信心，相信自己有实力去解决工作和学习中的各种难题，把工作和学习中每一件具体事情都能做得更好。

思考题：

1. 试按照任务中罗列的反思角度进行总结撰写。
2. 你对企业经营中财务部门职责履行还有哪些想法，请在总结中详细写下。

任务七　团队运营总结的撰写

团队运营总结是以团队形式向董事会提交经营报告，与从部门角度拟定总结有所不同，团队运营总结重在对过程、结果进行描述，对成绩进行分析评价，基于对业绩的评价提出可能的改进措施。

一、经营过程描述

经营过程全面描述，按年展开。对企业经营的整个历程从第一年开始，逐步展开，并且，需要把历年所做的生产、采购、营销、决策等一一进行陈述，在陈述中还需要把具体数据如广告费的数额及具体分布等进行罗列。

二、经营结果描述

在团队运营总结中，需要对历年经营结果中的重要指标具体陈述，还需要将企业自己的经营结果与其他企业作对比，对结果变化及在所有企业团队中的排名情况变化作出描述。

三、经营结果的分析评价

根据对经营过程的描述和经营结果的描述，企业团队需要对取得现在经营结果的主要因素进行分析，并给出对经营结果的自我评价。在经营结果的分析评价中，可以通过文字的描述对企业经营结果进行分析，最好借助其他模块中所提到的各类分析方法通过图形化的方式展现企业经营效果，以直观的方式向董事会呈现企业的经营结果。

四、经营的得失教训总结

企业团队需要梳理每年经营过程中的成功之处和失败之处，总结成功的经验，同时对经营中失败环节分析其原因，并分析总结每次失败对后续企业经营所造成的影响。

五、团队运营的改进措施

企业团队需要反思在历年经营中存在的各方面问题，提出解决的办法和改进的具体措施，并对改进措施能带来的经营效果作出判断和估算。

六、团队运营总结撰写实例

沙盘模拟团队运营总结

在本次沙盘模拟经营中，我们由五人组成一个企业团队，接手了一家企业，接手时企业拥有一间大厂房、三条手工线、一条半自动线，企业当前可以生产 P1 产品并可以在本地市场进行销售，年末权益 66M。董事会期望我们在接手企业后不断扩大生产规模、开拓新市场，使企业发展越来越好。我们企业团队在接手这家企业后，经过六年努力，最终在所有企业中取得最好的业绩，以 134 的权益和 558 的总分获得第一，现对六年的经营进行回顾和总结。

一、第一年经营

第一年在本地 P1 投入 2M 广告，广告处于偏低位置，拿到 3P1 订单，为使 P1 不致在下一年库存过多，当年将三条手工线全部卖出，只保留半自动生产线继续生产 P1。从第一年第二季开始建三条全自动，全部用于下一年生产 P2。从第一季开始研发 P2，共研发四个季度。同时开拓本地、区域、国内、亚洲和国际市场，并进行 ISO9000 和 14000 认证。第一年年末权益 51M，当年权益最高组为 F 组，权益 57M。

二、第二年经营

第二年本地 P1 投广告 3M，区域未投，本地 P2 投 3M，区域 P2 投 4M。共拿到 4P1 和 6P2 订单，上年所建的三条全自动线刚好能产 6P2，P1 继续库存。第二年从第一季即开始研发 P3，同时完成 P2 研发。第二年借了 100M 短贷，但考虑长贷利率太高，没有借长贷。生产线方面，当年从第一季开始建设一条柔性线。年末权益降至 46M。

三、第三年经营

第三年是资金压力最大的一年，因此没有再新建生产线，并且因存在资金缺口，还借了 20M 的高利贷。年初广告投放考虑其他组产能不大，竞争压力相对较小，只投了 12M

的总广告，不过12P2的销售量事先已做好卖不完准备，P1则在本地和国内轻投捡单，P3要到当年第二季才能上线生产，一共2P3产能，只选择在国内市场轻投。结果当年一共拿到6P1、10P2、2P3的销售量，除了新建柔性线所产P1外，P1、P3全部卖完，年末库存1P1，2P2，销售额首次突破100M，达到125M，税前利润达到21M，交了1M的税后年末权益回升至66M。年末权益排名升至第一。另一个好消息是，当年拿到国内市场老大，下一年广告费还可以节省掉一部分。

四、第四年经营

第四年广告费比上年略有提高，因为我们企业的P2销售任务比较重，考虑重投P2，分别在本地、区域P2重投了5M和4M广告，国内因是市场老大，不需要重投，其余市场和产品相对投得较低。当年共拿到订单2P1、11P2和4P3。第四年共有五条线在生产，其中第二年建的柔性线从去年第二季后一直用于生产P3，第一年所建的三条全自动一直在生产P2，而半自动线继续生产P1。当年决定继续扩大生产规模，并研发新产品，从第一季起再建一条柔性线，并从第一季开始研发P4。当年P2库存较上年扩大，达到3P2，P1与去年持平，仍为1P1。第四年将高利贷还掉后，累计只借了80M短贷，将长贷全部拉满，长贷总额达到120M。销售收入较去年又有上升，达到138M，扣去各类税费后最后净利润为11M，年末权益上升至77M，继续保持权益排名第一的优势，但与第二名的差距缩小。上年第二名权益59M与本企业相差7M，而今年第二名（上年也排名第二）权益升至73M，差距缩小至4M。

五、第五年经营

第五年将销售四种产品，广告总额比第四年又略上升，总广告19M。由于P2仍是我们的主要产品，拿满产能比较困难，所以仍是采取在所有市场P2全投的策略，同样有选择地在亚洲、国际重投，本地、区域相对轻投，作为国内市场老大，由于P1、P4产能都不大，将P1、P4拿单全放在国内，而P3虽然产能不大，但国内能拿5P3的可能性太小，因此除国内外还投了亚洲市场。当年销售非常圆满，所有库存和下线产品全部销售一空，共计卖出3P3、15P2、5P3、2P4，销售额达到177M，完税后年末权益跳升至103M，但当年销售额最高的F组达到184M，只是由于F组上年权益只有56M，当年虽然净利润高达32M，比我们团队的26M还高出6M，权益只有88M，与本企业仍然还有一段距离，而上年排名第二的E组则在当年涨得很少，权益只有79。至此，与排名第二的组权益差距扩大至15M，只要第六年经营稳扎稳打，相信第一名应不会有太大悬念。为保持和继续扩大优势，凭着宽裕的资金流，第五年租用小厂房，从第一季起再建三条全自动，下一年生产线规模将近到9条线。当年未再继续借长贷，只借了60M短贷。

六、第六年经营

由于上年已将所有库存清空，当年的P2销售压力相对变小，所以今年只在国际市场P2选择重投，而其他市场P2都只轻投，P3今年多一条全自动生产，产能达到7个，销售压力也不大，所以选择在本地重投，其余市场轻投。由于今年打算把新建的三条全自动中两条拿来生产P4，加上原来的一条柔性线可产4P4，需要出售10P4，目前做P4的组达到三个组，平均每个组可以拿9个，广告如果不偏废某一市场，应该可以拿满，因此在各市场 P4 全投广告，但全部考虑轻投。这一年的总广告达到了 28M，在所有企业中广告费最高。但第六年由于市场相对第五年有所萎缩，加上各企业在第五年也建了生产线，使得当年拿单不如预期顺利，共计拿到 2P1、10P2、7P3、9P4，P1 和 P3 按计划全部卖出，而P2 则库存两个，P4 库存 1 个。当年因是最后一年，可以在足够交单时停产，所以以上库存都是理论库存。当年销售收入再次创下新记录，达到 222M，扣掉所有税费后，企业最后净利润 31M，但当年无论是销售收入还是净利也都不是最高的企业，当年销售收入最高的 A 组，销售收入达到 229M，净利达到 53M，但由于 A 组此前一直处于权益徘徊不前的状态，第六年的暴发也只能使其权益达到 90M，与本企业相差 40M，而上年排名第二的 F组虽然在今年也有爆发，但爆发力度比本企业稍小，最后权益 116M，与本企业相差 15M。第六年考虑综合潜力系数对总分的重要作用，我们利用闲置资金购置了小厂房，并在空余的最后一条线空间从第二季开始建设一条半自动，半自动安装周期为两个季度，因此第四季度刚好建成，建成后直接停产，年末需要为该条线付出 1M 的维护费。由于本企业已研发所有产品，并且生产线除了两条半自动外，全部是全自动和柔性，同时拥有大小厂房，市场开拓及 ISO 认证全部完成，第六年年末还夺得本地市场老大，同时仍保持国内市场老大，高利贷也只在第三年有 20M 的借贷，因此综合发展潜力系数分值也是所有企业中最高分，最终本企业以高出第二名 100 多分的总成绩夺冠。

七、经营得失分析

首先分析企业成功之处：

1. 合理的广告投放。

每一年广告费都注重轻投与重投相结合，确保顺利实现企业的销售计划。由于对市场分析比较到位，对竞争对手的广告投放习惯也逐步加以掌握，使得历年广告投放都能比较准确地把握住各个分市场的动向，重投广告确保了可以在数量多价格相对不错的市场拿到大订单，轻投广告的市场也能确保捡单顺利。广告费投放的合理使每年销售收入基本稳定增长，并且由于产线的规模扩张而在后两年实现收入的爆发式增长，使权益年年跃升。

2. 合理的生产线建设步骤。

除了第一年一次性建三条全自动相对比较冒险外，后续几年的建线基本都配合了产品研发和市场的拓展，生产线建设不能盲目，建线所产生的新产能如果没有合理的销售渠道，势必只能成为企业的库存负担，因此在建设生产线时，必须结合市场考虑销售的可能性。当第二年、第四年建设柔性线时，我们在同期配合了 P3 产品的研发和 P4 的研发，因此，这两条柔性线的产能既可以全部放置在 P3，并由于是柔性线可以有一定灵活性，也可以转回去生产 P1 或生产一定的 P4，销售不会出现大问题，第五年我们大规模扩张三条生产线时，根据市场容量，选择将两条生产线用于生产 P4，一条生产 P3，这三条生产线的扩张也是在企业产品组合宽度足够前提下的稳妥决策。

3. 合理的财务成本控制。

六年时间，我们只借了 20M 高利贷，没有申请过贴现，所有资金收入主要来源于长贷、短贷和企业的应收账款收现。这应归功于财务总监对资金流的良好控制和营销总监实现的销售收入增长，由于销售收入逐年增长，使本企业的贷款额度扩展很快，企业有足够资金继续发展，并且财务总监在交单安排上也非常合理，使我们资金回笼速度很快，从而很快消减了 20M 高利贷对企业的不利影响。

4. 对市场与 ISO 认证工作始终重视。

市场开拓和 ISO 认证工作多数企业也在开展，但与本企业却有个很大不同。有一些企业在开拓了新市场后，由于产能小，根本不能顾及去新市场销售，还有一些企业虽然产能也足够大，但却忽略在新市场的广告费投放。很多企业总是抱有侥幸心理，在广告投放时，为了节约广告费而故意不投 ISO9000 和 ISO14000，这在后几年的选单中会造成严重后果。当然，如果每一年都在所有市场全面铺开 ISO9000 和 ISO14000 的广告投放，这对企业来讲是一笔不小的开支，尤其第五年、第六年，若每一市场都投 ISO9000 和 ISO14000，则光是这两项认证的广告费总和就达到 10M，再加上各市场产品广告，负担很重。对此，本企业认为并无必要，根据对市场预测和此前开单的观察，ISO9000 和 ISO14000 主要高频率出现于高端产品，如 P3 和 P4，而 P1、P2 出现的可能性相对小很多。因此，本企业将高端产品的销售尽量集中化，不使高端产品销售过于分散，则在需要销售高端产品的市场，就必投 ISO9000 和 ISO14000，对于只需要销售 P1、P2 等产品的市场则可以考虑不投。这样一定程度可以节约广告费。但第六年本企业的高端产品销售也很难在个别市场解决，所以第六年广告提升有很大部分就是 ISO9000 和 ISO14000 广告占了很大比例。总之，在 ISO9000 和 ISO14000 上，本企业总是给予高度重视，而由于其他企业的轻视，使我们享受到低广告高收入的好处。

5. 团队默契的配合。

每一年的经营，都离不开企业各部门的有序运作，每一个企业团队成员都是团队的重要组成。本企业的生产总监、采购总监总是能及时地在预算阶段制定出符合 CEO 要求的生产、采购计划，财务总监总是能很快地做出现金和权益预算，为我们的方案调整争取了更多富贵时间。而企业的 CEO 总能够对企业的运营给予严格的指挥控制，使我们的犯错机率降到最低，而营销总监总是能对市场和竞争对手做出及时分析，并根据分析结论投出合理广告费。可以说，取得第一的成绩，离不开团队的任何一个成员，正是所有成员彼此默契的配合才取得了今天的好成绩。

失败之处分析：

虽然取得了第一的好成绩，但仔细分析，我们在六年经营中还是犯了不少错误：

一是在第二年的筹资存在问题，当年其他企业都选择了拉满长贷，而唯有我们企业因为考虑长贷成本是短贷两倍，因此借了 100M 的短贷以减少利息支出。结果这使我们下一年还贷压力大增，而又由于权益下降，使贷款额度受影响，导致我们在第三年借了 20M 的高利贷弥补资金缺口。如果在第二年选择借长贷，虽然利息相对短贷高了，但下一年还贷压力会减小很多，也省了高利贷的申请，最终对企业还是更有利。

二是生产线建设还有改进的余地，半自动线应该在经营中期甩掉，在权益上升后把建线的速度稍微再加快一些，从而使第六年可以达到十条全自动及柔性的规模，从第六年销售看，虽然 P2、P4 我们未能全部销售出去，但是国际市场的高价 P1 则是供远小于求，若甩掉半自动而加两条全自动，并将新增产能放到国际市场，完全是可以销售出去的。

三是产能间的分配还有一定问题，没有充分发挥柔性线的灵活生产作用，同时在第一年全自动建设上过于冒险。虽然我们建了两条柔性线，但转产的频率非常低，这使得建线投资显得过于高昂。而第一年拿到6P2，实在是过于幸运，而这三条P2全自动在后面几年也确实给企业造成了一定影响，尽管第五年、第六年P3需求相对很大，但这三条线却无法转产去生产P3，导致我们的P3规模始终难以扩大，没有充分享受到市场的好处。

总结六年的沙盘经营历程，本企业通过全体成员的努力，最终取得了令人满意的成绩，但从中也需要汲取一些经验教训。通过六年的沙盘模拟经营，我们对生产、采购、营销、财务都有了细致深入的理解，有利于我们在其他专业课程中更好地提高专业水平，也帮助培养了企业的成员分析问题和解决问题的能力。沙盘模拟经营通过一个动手与动脑相结合的形式，把企业引入课堂，使我们学到了传统课堂无法学到的知识和技能，一学期的学习，获益非浅。

思考题：

1. 试按照任务中所提出的要点撰写团队运营总结。
2. 你对团队运营总结还有什么想法，请在总结中详细写下。

模块八

实战案例

对实战数据的分析在企业沙盘模拟大赛训练中具有重要作用，通过对实战中各团队报表数据的阅读分析，企业团队可以从中学到重要的经营经验，汲取失败企业经营的教训。本模块为企业团队提供一次6组手工沙盘实战的报表编制等数据（五年），供企业团队作借鉴和参考。

任务一　A 组实战数据及主要经营描述

一、A 组综合管理费用明细表

表 8-1　A 组综合管理费用表（1~5 年）

年份	管理费	广告费	设备维护	厂房租金	转产费	市场开拓	ISO认证	产品研发	其它	总计
1	4	7	2			4	2	4	2	25
2	4	19	4			3	2	3		35
3	4	13	4			2	1	8		32
4	4	11	4			1	1			21
5	4	12	7							23

二、A 组利润表

表 8-2　A 组利润表（1~5 年）

项目	1	2	3	4	5
销售收入	11	50	102	104	109
直接成本	4	21	39	42	48
毛利	7	29	63	62	61
综合费用	25	35	32	21	23
折旧前利润	−18	−6	31	41	38
折旧	2		10	6	9
息前利润	−20	−6	21	35	29

续表

项目	1	2	3	4	5
财务收/支	4	5	11	10	12
额外收/支					
税前利润	−24	−11	10	25	17
所得税					4
净利润	−24	−11	10	25	13

三、A 组资产负债表

表 8-3 A 组资产负债表（1~5 年）

资产						负债+权益					
流动资产	1	2	3	4	5	负债	1	2	3	4	5
现金	19	57	27	35	65	长期负债	40	60	40	80	80
应收		20	41	87	51	短期负债	20	60	60	80	80
在制品	4	10	10	12		应付款					
产成品	12	9	2	2		应缴税					4
原材料						1 年期长贷		20	20		
流动合计	35	96	80	136	116	负债合计	60	140	120	160	164
固定资产						权益					
土地和建筑	40	40	40	40	70	股东资本	50	50	50	50	50
机器设备	3	35	25	34	57	利润留存	16	−8	−19	−9	16
在建工程	24		16	16		年度利润	−24	−11	10	25	13
固定合计	67	75	81	90	127	权益小计	42	31	41	66	79
资产总计	102	171	161	226	243	负债权益总计	102	171	161	226	243

四、A 组主要经营描述

1. 第一年经营

第一年在本地 P1 投广告 7M，拿到 2P1 订单。第一季卖掉第二条手工线，第二季卖掉第一条手工线。第三条手工线和半自动线继续生产 P1。从第二季开始，每季投 8M 在第五、六条线位置建设两条全自动线用于生产 P2，将在第二年第二季建成，同时可上线生产。从第一季开始研发 P2，当年研发四季，明年还将研发一季。截至年末，企业当年共下线 5P1，原库存 3P1，卖出 2P1，库存 6P1。原材料按需订制，年末无库存原料。开拓所有市场，ISO 认证全部投资。

2. 第二年的经营

企业第二年初在本地 P1 投 7M，区域 P1 投 4M，P2 投 8M，共拿到 6P1、3P2 订单。

第二年一共有四条线在产，其中第三条手工和半自动生产 P1，两条新建的全自动从第二季开始上线生产 P2。第二年第一季 P2 研发完成，第二年第四季研发一季 P3，准备明年再研发四季，后年第一季可以上线生产。截至当年年末，企业共下线 3P1、4P2，加上期初库存的 6P1，一共是 9P1、4P2，卖出 6P1、3P2 后库存 3P1、1P2。原料按需订制，年末无库存原料。第二年年末申请 40M 长贷（企业上年权益 42M，长贷拉满）。A 组成为区域市场老大。继续开拓所有市场和进行 ISO 认证。

3. 第三年的经营

第三年年初在本地 P1、P2 分别投 2M、4M 广告，区域 P1、P2 分别投 1M、1M 广告，国内 P1、P2 投 2M、3M 广告，共拿到订单 6P1、9P2。原有的四条生产线（一手、一半、两自）继续维持生产，在大厂房第二条线空位置从第一季开始建设一条全自动线，预计将于第四年第一季建成投产，将用于生产 P3。继续研发 P3，至本年第四季研发投资结束。本年共下线产品 4P1、8P2，加上期初库存的 3P1、1P2，一共是 7P1、9P2，卖出 6P1、9P2 后库存 1P1。原料按需订制，年末无库存原料。继续维持区域市场老大。继续开拓所有市场和进行 ISO14000 认证。

4. 第四年的经营

第四年年初本地投 P2 广告 3M，区域 P1、P2、P3 各投 1M，ISO9000 投 1M，国内 P2 投 1M，亚洲 P1、P2 投 2M、1M，共拿到订单 3P1、8P2、3P3。第四年第三季卖掉第三条手工线，新建成的全自动从第一季开始上线生产 P3，原有的半自动继续产 P1，两条全自动继续产 P2，在大厂房第一条空线位置从第一季开始建设一条全自动，预计明年第一季开产，准备用于生产 P3。本年共下线产品 3P1、8P2、3P3，加上原库存的 1P1，共计 4P1、8P2、3P3，卖出 3P1、8P2、3P3，年末库存 1P1。原料按需订制，年末无库存原料。继续维持区域市场老大。开拓国际市场和进行 ISO14000 认证。

5. 第五年的经营

第五年年初本地 P2、P3 各投 2M 广告，区域 P1、P2、P3 各投 1M 广告，ISO9000 和 ISO14000 各投 1M，国内 P2 投 1M，亚洲 P2、P3 各投 1M 广告，共拿到订单 2P1、8P2、5P3。考虑裁判将经营时间缩短至五年，企业当年生产以卖出为原则，生产排程交完所有订单后，所有生产线先后停产。大厂房第一条、第二条线在当年第三季停产，半自动第二季停产，两条产 P2 的全自动第四季停产，另从第二季开始投 8M 在大厂房第三条线位置和小厂房第一条线位置开建两条半自动用于综合发展潜力加分，第四季建成后即停产，企业当年共生产 1P1、8P2、5P3，加上库存的 1P1，共 2P1、8P2、5P3，全部卖出，企业年末无在制品，无产品库存，无原料库存。年末购置小厂房。保持区域市场老大。

思考题：

1. 请根据报表数据和主要经营描述编制 A 企业的生产采购计划和现金预算。
2. 你认为 A 组的经营是否存在问题？如何进行改进？
3. 如果经营时间延长至第六年，试为 A 组编制第六年预算和报表。

任务二　B组实战数据及主要经营描述

一、B组综合管理费用明细表

表 8-4　B 组综合管理费用表（1~5 年）

年份	管理费	广告费	设备维护	厂房租金	转产费	市场开拓	ISO认证	产品研发	其它	总计
1	4	2	2			4	2	4	2	20
2	4	11	3			2	1	1		22
3	4	10	3			2	2			21
4	4	10	3			1	1			19
5	4	11	6			1				22

二、B组利润表

表 8-5　B 组利润表（1~5 年）

项目	1	2	3	4	5
销售收入	6	27	51	141	68
直接成本	2	13	19	58	28
毛利	4	14	32	83	40
综合费用	20	22	21	19	22
折旧前利润	−16	−8	11	64	18
折旧	2		13	8	5
息前利润	−18	−8	−2	56	13
财务收/支	4	6	12	9	8
额外收/支					
税前利润	−22	−14	−14	47	5
所得税					1
净利润	−22	−14	−14	47	4

三、B 组资产负债表

表 8-6　B 组资产负债表 (1~5 年)

资产						负债+权益					
流动资产	1	2	3	4	5	负债	1	2	3	4	5
现金	21	62	11	15	118	长期负债	40	60	40	40	40
应收	6	17	18	39	31	短期负债	40	80	60	20	120
在制品	4	8	8	8		应付款					
产成品	14	21	30			应缴税					1
原材料						1 年期长贷		20	20		
流动合计	45	108	67	62	149	负债合计	80	160	120	60	161
固定资产						权益					
土地和建筑	40	40	40	40	40	股东资本	50	50	50	50	50
机器设备	3	42	29	21	40	利润留存	16	−6	−20	−34	13
在建工程	36					年度利润	−22	−14	−14	47	4
固定合计	79	82	69	61	80	权益小计	44	30	16	63	67
资产总计	124	190	136	123	229	负债权益总计	124	190	136	123	228

四、B 组主要经营描述

1. 第一年经营

第一年在本地 P1 投广告 2M，拿到 1P1 订单。第一季卖掉第二条手工线，第二季卖掉第一条手工线。第三条手工线和半自动线继续生产 P1。从第一季开始，每季投 6M 在第六条空线位置建设一条柔性线，将于第二年第一季建成，明年第二季准备上线产 P2。从第二季开始，每季投 4M 在第五条线位置建设一条全自动线用于生产 P2，将在第二年第二季建成。从第一季开始研发 P2，当年研发四季，明年还将研发一季。截至年末，企业当年共下线 5P1，原库存 3P1，卖出 1P1，库存 7P1。原材料按需订制，年末无库存原料。开拓所有市场，ISO 认证全部投资。

2. 第二年的经营

企业第二年初在本地 P1 投 1M，P2 投 2M，区域 P1 投 2M，P2 投 6M，共拿到 2P1、3P2 订单。第二年第二季卖掉第三条手工线。第二年一共有三条线在产，其中半自动继续生产 P1，新建的全自动从第二季开始上线生产 P2，新建的柔性线第一季先上线生产 P1，第二季转产 P2，此后一直生产 P2。第二年第一季 P2 研发完成。截至当年年末，企业共下线 4P1、4P2，加上期初库存的 7P1，一共是 11P1、4P2，卖出 2P1、3P2 后库存 9P1、1P2。原料按需订制，年末无库存原料。第二年年末申请 40M 长贷（企业上年权益 44M，长贷拉满）。继续开拓除国际市场外所有市场，暂只进行 ISO14000 认证。

3. 第三年的经营

第三年年初在本地 P1、P2 分别投 2M、2M 广告，区域 P1、P2 投 3M、3M 广告，共拿到订单 2P1、5P2。原有的三条生产线（一半、一自、一柔）继续维持生产。本年共下线产品 2P1、8P2，加上期初库存的 9P1、1P2，一共是 11P1、9P2，卖出 2P1、5P2 后库存 9P1、4P2。原料按需订制，年末无库存原料。继续开拓所有市场和进行所有认证。

4. 第四年的经营

第四年年初本地投 P1、P2 广告 1M、1M，区域 P1、P2 各投 1M、2M，国内 P1、P2 各投 2M、1M，亚洲 P1、P2 各投 1M、1M，共拿到订单 11P1、12P2。原有的半自动继续产 P1，一全一柔继续产 P2。本年共下线产品 2P1、8P2，加上原库存的 9P1、4P2，共计 11P1、12P2，全部卖出，年末无库存。原料按需订制，年末无库存原料。年末权益从上年的 16M 升至 63M。继续开拓国际市场和进行 ISO14000 认证。

5. 第五年的经营

第五年年初本地 P2 投 1M 广告，区域 P1、P2 各投 1M 广告，国内 P1、P2 各投 1M，亚洲 P1、P2 各投 1M、2M，国际 P1、P2 各投 1M，共拿到订单 2P1、8P2。考虑裁判将经营时间缩短至五年，企业当年生产以卖出为原则，生产排程交完所有订单后，所有生产线先后停产。大厂房第四条、第五条线、第六条线在第四季产品下线后停产，另从第二季开始投 12M 在大厂房第一、二、三条线位置开建三条半自动用于综合发展潜力加分，第四季建成后即停产，企业当年共生产 2P1、8P2，全部卖出，企业年末无在制品，无产品库存，无原料库存。完成国际市场开拓（此前推迟了一年国际市场开拓）。

思考题:

1. 请根据报表数据和主要经营描述编制 B 企业的生产采购计划和现金预算。
2. 第二年 B 组为何暂停国际市场开拓和 ISO9000 认证？
2. 你认为 B 组的经营主要存在什么问题？如何进行改进？
3. 如果经营时间延长至第六年，试为 B 组编制第六年预算和报表。

任务三 C 组实战数据及主要经营描述

一、C 组综合管理费用明细表

表 8-7 C 组综合管理费用表（1~5 年）

年份	管理费	广告费	设备维护	厂房租金	转产费	市场开拓	ISO认证	产品研发	其它	总计
1	4	12	4			4	2	12		38
2	4	3	6			3	2	3		21

续表

年份	管理费	广告费	设备维护	厂房租金	转产费	市场开拓	ISO认证	产品研发	其它	总计
3	4	15	8	3		2	1	12	4	49
4	4	6	9	3		1	1	3	4	31
5	4	19	10							33

二、C 组利润表

表 8-8　C 组利润表（1~5 年）

项目	1	2	3	4	5
销售收入	36	59	119	71	209
直接成本	14	26	54	31	96
毛利	22	33	65	40	113
综合费用	38	21	49	31	33
折旧前利润	−16	12	16	9	80
折旧	4		10	7	5
息前利润	−20	12	6	2	75
财务收/支	4	6	12	12	20
额外收/支					
税前利润	−24	6	−6	−10	55
所得税					5
净利润	−24	6	−6	−10	50

三、C 组资产负债表

表 8-9　C 组资产负债表（1~5 年）

资产						负债+权益					
流动资产	1	2	3	4	5	负债	1	2	3	4	5
现金	5	53	23	34	43	长期负债	40	60	60	80	80
应收	36	59	87	58	90	短期负债	40	80	80	120	140
在制品	8	15	15	17	27	应付款					
产成品	4	4		11	5	应缴税					5
原材料						1 年期长贷		20	20		
流动合计	53	131	125	120	165	负债合计	80	160	160	200	225

续表

	固定资产						权益					
土地和建筑	40	40	40	40	70	股东资本	50	50	50	50	50
机器设备	5	37	37	24	72	利润留存	16	−8	−2	−8	−18
在建工程	24			48		年度利润	−24	6	−6	−10	50
固定合计	69	77	77	112	142	权益小计	42	48	42	32	82
资产总计	122	208	202	232	307	负债权益总计	122	208	202	232	307

四、C组主要经营描述

1. 第一年经营

第一年在本地 P1 投广告 12M，拿到 7P1 订单。三条手工和一条半自动全部继续生产 P1，从第二季开始，每季投 8M 在第五、六条空线位置建设两条全自动，将于第二年第二季建成，明年第二季准备上线产 P2、P3。从第一季开始研发 P2、P3，当年研发四季，明年还将各研发一季。截至年末，企业当年共下线 6P1，原库存 3P1，卖出 7P1，库存 2P1。原材料按需订制，年末无库存原料。开拓所有市场，ISO 认证全部投资。成为本地市场老大。

2. 第二年的经营

企业第二年初在本地 P1、P2、P3 各投 1M，共拿到 6P1、2P2、2P3 订单。新建的两条全自动从第二季开始一条生产 P2，一条生产 P3，原有的三手工和一条半自动继续生产 P1。第二年第一季 P2、P3 研发完成。截至当年年末，企业共下线 6P1、2P2、2P3，加上期初库存的 2P1，一共是 8P1、2P2、2P3，卖出 6P1、2P2、2P3 后库存 2P1。原料按需订制，年末无库存原料。第二年年末申请 40M 长贷（企业上年权益 42M，长贷拉满）。继续开拓所有市场和进行所有认证。继续保持本地市场老大。

3. 第三年的经营

第三年年初在本地 P1、P2、P3 各投 1M 广告，国内 P1 投 5M、P2 投 2M、P3 投 5M 广告，共拿到订单 9P1、4P2、6P3。原有的六条生产线（三手、一半、两自）继续维持生产。C组第三年订单拿超，由于现有生产线只能产 6P1、4P2、4P3，加上库存，与订单还相差 1P1、2P3，于是第一季花 15M 在小厂房一、二、三位置建设三条手工线，其中一二条从第一季上线 P3，第四季下线后停产，第三条手工从第一季上线 P1，第四季 P1 下线后直接卖出，造成 4M 损失（计入其他费用），年末支付小厂房租金 3M。本年所有产品全部卖出无库存，年末无库存原料。继续开拓所有市场和进行所有认证。第三年第一季开始研发 P4，本年共研四季，下年还需再研一季。继续保持本地市场老大。

4. 第四年的经营

第四年年初本地 P1、P2、P3 各投广告 1M，亚洲 P3 投 2M，ISO9000 投 1M，共拿到订单 3P1、3P2、4P3。第四年第一季产品下线后卖掉第二条手工生产线，其余两条手工和一条半自动继续产 P1，两全继续分别生产 P2、P3，在大厂房第二条空线位置和小厂房第

三、四条空线位置从第一季开始建设三条全自动线，每季投资 12M。卖掉上年购置的小厂房第一条手工线，损失 4M（由于生产线还没来得及提折旧就变卖，与上年变卖没有差别，仍然亏损 4M），计入其他费用。小厂房第二条生产线（手工线，去年第四季 P3 下线后停产）第一季上线生产 P3，本年共下线 5P1、4P2、5P3，卖出 3P1、3P2、4P3，库存 2P1、1P2、1P3。原料按需订制，年末无库存原料。第四季研发 P4，下一年第一季可上线生产 P4。继续市场开拓和 ISO 认证。由于市场销售额低于 D 组，丢掉本地市场老大。

5. 第五年的经营

第五年年初本地 P1、P2、P3 各投 2M、P4 投 1M 广告，区域 P3、P4 各投 1M 广告，ISO9000、ISO14000 各投 1M，亚洲 P1、P2 各投 1M、2M，国际 P1、P2 各投 1M，共拿到订单 7P1、6P2、6P3、8P4。新建的三条自动线从第一季始生产 P4，其中小厂房第四条线第四季 P4 下线后停产，大厂房原有的二手工、一半自动、两全继续维持生产，小厂房第一条空线位置从第一季购置手工线生产 P2，至第四季 P2 下线后停产，小厂房第二条线继续生产 P3。企业当年共下线 5P1、5P2、5P3、9P4，加上原库存 2P1、1P2、1P3，共计 7P1、6P2、6P3、9P4，卖出 7P1、6P2、6P3、8P4，库存 1P4，年末无原料库存。夺得本地和国际市场老大。

思考题：
1. 请根据报表数据和主要经营描述编制 C 企业的生产采购计划和现金预算。
2. 试分析，有没有办法让 C 组在第四年成功保住本地市场老大？
3. 你认为 C 组的经营有何成功之处？主要存在什么问题？如何进行改进？
4. 如果经营时间延长至第六年，试为 C 组编制第六年预算和报表。

任务四　D 组实战数据及主要经营描述

一、D 组综合管理费用明细表

表 8-10　D 组综合管理费用表（1~5 年）

年份	管理费	广告费	设备维护	厂房租金	转产费	市场开拓	ISO认证	产品研发	其它	总计
1	4	10				4	2	4	3	28
2	4	8	4			3	2	9		30
3	4	19	4			2	1	2		32
4	4	31	6			1	1			43
5	4	10	10							24

二、D 组利润表

表 8-11　D 组利润表（1~5 年）

项目	1	2	3	4	5
销售收入	22	36	101	157	113
直接成本	8	15	39	66	48
毛利	14	21	62	91	65
综合费用	28	30	32	43	24
折旧前利润	−14	−9	30	48	41
折旧	1		15	9	16
息前利润	−15	−9	15	39	25
财务收/支	4	5	12	17	17
额外收/支					
税前利润	−19	−14	3	22	8
所得税					
净利润	−19	−14	3	22	8

三、D 组资产负债表

表 8-12　D 组资产负债表（1~5 年）

资产						负债+权益					
流动资产	1	2	3	4	5	负债	1	2	3	4	5
现金	18	61	42	24	9	长期负债	40	60	40	60	60
应收		21	31	78	85	短期负债	20	80	100	100	100
在制品	2	10	10	18		应付款					
产成品	8	11	6			应缴税					
原材料	1					1 年期长贷			20	20	
流动合计	29	103	89	120	94	负债合计	60	160	160	160	160
固定资产						权益					
土地和建筑	40	40	40	40	70	股东资本	50	50	50	50	50
机器设备	2	50	35	58	62	利润留存	16	−3	−17	−14	8
在建工程	36		32			年度利润	−19	−14	3	22	8
固定合计	78	90	107	98	132	权益小计	47	33	36	58	66
资产总计	107	193	196	218	226	负债权益总计	107	193	196	218	226

四、D 组主要经营描述

1. 第一年经营

第一年在本地 P1 投广告 10M，拿到 4P1 订单。第一季卖掉第二条手工线，并从第一季起在该位置建一条全自动，第二季卖掉第一条手工，并从第二季起在该位置建一条全自动，这两条全自动都将在第二年上线生产 P2，第三季卖掉第三条手工，并在该位置开建一条全自动，半自动继续生产 P1。从第一季开始研发 P2，当年研发四季，明年还将研发一季。截至年末，企业当年共下线 5P1，原库存 3P1，卖出 4P1，库存 4P1。原材料按需订制，年末无库存原料。开拓所有市场，ISO 认证全部投资。

2. 第二年的经营

企业第二年初在本地 P1、P2 分别投 1M、2M，区域 P1 投 2M、P2 投 6M，共拿到 3P1、3P2 订单。大厂房第一条线（去年第二季开建的全自动）第二季建成后上线生产 P2，第二条线（去年第一季开建的全自动）第一季建成后暂时停产，第二季开始上线生产 P2，第三条线（去年第三季开建的全自动）第三季建成后开始上线生产 P1，第四条线即原有的半自动继续生产 P1。第二年第一季 P2 研发投资结束，同时从第一季开始研发 P3，当年研发四季，下年还将研一季。截至当年年末，企业共下线 3P1、4P2，加上期初库存的 4P1，一共是 7P1、4P2，卖出 3P1、3P2 后库存 4P1、1P2。原料按需订制，年末无库存原料。第二年年末申请 40M 长贷（企业上年权益 42M，长贷拉满）。继续开拓所有市场和进行所有认证。

3. 第三年的经营

第三年年初在本地 P1、P2 各投 4M、5M 广告，区域 P1、P2 各投 1M、3M，国内 P1、P2 各投 3M 共拿到订单 6P1、9P2。第一、二条自动线继续生产 P2，第三条（上年生产 P1）第一季停产，第二季上线生产 P1，半自动继续生产 P1，在大厂房第五、六条空线位置从第一季每季投 8M 建两条全自动，准备在下一年第一季开始上线生产 P3。当年共生产下线 5P1、8P2，加上库存的 4P1、1P2，共计 9P1、9P2，卖出 6P1、9P2 后库存 3P1。年末无库存原料。继续开拓所有市场和进行所有认证。第四季完成 P3 研发投资。

4. 第四年的经营

第四年年初本地 P1、P2、P3 各投广告 3M，区域 P2、P3 各投 3M，国内 P1、P2、P3 各投 2M、2M、3M，ISO9000 投 1M，亚洲 P1、P2、P3 各投 3M、1M、3M，ISO9000 投 1M，共拿到订单 9P1、8P2、6P3。第四年除新建的两条全自动在第一季开始上线生产 P3 外，其余生产线均继续生产无变化，本年共下线 6P1、8P2、6P3，年初库存 3P1，卖出 9P1、8P2、6P3，产品全部卖出，年末无库存。原料按需订制，年末无库存原料。市场开拓和 ISO 认证完成最后投资。夺得本地市场老大。

5. 第五年的经营

第五年年初本地 P1、P2、P3 各投 1M 广告，ISO9000 投 1M，区域 P3 投 1M 广告，国内 P2 投 1M，国际 P1、P2 各投 1M，共拿到订单 6P1、8P2、3P3。由于裁判宣布第五年结束比赛，当年按订单进行生产排程后所有生产线先后停产，其中第一、二、三、四生产线第四季产品下线后停产，第五条于第一季产品下线后停产，第六条于第二季产品下线后停产。第四季在小厂房购置 4 条手工用于加分，购买后即停产。购买小厂房。企业当年共下线 6P1、8P2、3P3，全部卖出，年末无产品库存，无在制品，无原料库存。

思考题：

1. 请根据报表数据和主要经营描述编制 D 企业的生产采购计划和现金预算。
2. 试分析，D 组为何在第三年第一季将 P1 的全自动线停产？做法是否合理？
2. 你认为 D 组的经营主要存在什么问题？如何进行改进？
3. 如果经营时间延长至第六年，试为 D 组编制第六年预算和报表。

任务五　E 组实战数据及主要经营描述

一、E 组综合管理费用明细表

表 8-13　E 组综合管理费用表（1~5 年）

年份	管理费	广告费	设备维护	厂房租金	转产费	市场开拓	ISO认证	产品研发	其它	总计
1	4	7	2			4	2	8	2	29
2	4	5	4			3	2	6		24
3	4	21	5			1	1	1		33
4	4	10	4			1	1			20
5	4	10	10			1				25

二、E 组利润表

表 8-14　E 组利润表（1~5 年）

项目	1	2	3	4	5
销售收入	16	29	145	132	131
直接成本	6	14	64	58	60
毛利	10	15	81	74	71
综合费用	29	24	33	20	25
折旧前利润	−19	−9	48	54	46
折旧	2		13	13	13
息前利润	−21	−9	35	41	33
财务收/支	4	5	12	16	19

续表

项目	1	2	3	4	5
额外收/支					
税前利润	−25	−14	23	25	14
所得税				2	3
净利润	−25	−14	23	23	11

三、E 组资产负债表

表 8-15　E 组资产负债表（1~5 年）

资产						负债+权益					
流动资产	1	2	3	4	5	负债	1	2	3	4	5
现金	6	41	15	72	40	长期负债	40	60	40	100	100
应收		15	59	111	88	短期负债	20	80	80	120	100
在制品	4	12	14	14		应付款					
产成品	12	24				应缴税				2	3
原材料						1 年期长贷		20	20		
流动合计	22	92	88	197	128	负债合计	60	160	140	222	203
固定资产						权益					
土地和建筑	40	40	40	40	70	股东资本	50	50	50	50	50
机器设备	3	43	46	46	89	利润留存	16	−9	−23		23
在建工程	36	12	16	12		年度利润	−25	−14	23	23	11
固定合计	79	95	102	98	159	权益小计	41	27	50	73	84
资产总计	101	187	190	295	287	负债权益总计	101	187	190	295	287

四、E 组主要经营描述

1. 第一年经营

第一年在本地 P1 投广告 7M，拿到 3P1 订单。第三季卖掉第三条手工线，第四季卖掉第二条手工。从第一季开始，每季投 6M 在第六条空线位置建设一条柔性线，将于第二年第一季建成，明年第二季准备上线产 P3。从第二季开始，每季投 4M 在第五条线位置建设一条全自动线用于生产 P3，将在第二年第二季建成。第一条手工和第四条半自动继续生产 P1。从第一季开始研发 P3，当年研发四季，明年还将研发一季。截至年末，企业当年共下线 6P1，原库存 3P1，卖出 3P1，库存 6P1。原材料按需订制，年末无库存原料。开拓所有市场，ISO 认证全部投资。

2. 第二年的经营

企业第二年初在本地 P1 投 1M，区域 P1 投 3M、P3 投 1M，共拿到 3P1、2P3 订单。

大厂房第五条线（去年第二季开建的全自动）第二季建成后上线生产 P3，第六条线（去年第一季开建的柔性线）第一季建成后生产 P1，第二季转产 P3，第一条手工、第四条半自动继续生产 P1，第二条空线从第二季开始建设全自动。第二年第一季 P3 研发投资结束，同时从第一季开始研发 P2，当年研发四季，下年还将研一季。截至当年年末，企业共下线 5P1、4P3，加上期初库存的 6P1，一共是 11P1、4P3，卖出 3P1、2P3 后库存 8P1、2P3。原料按需订制，年末无库存原料。第二年年末申请 40M 长贷（企业上年权益 41M，长贷拉满）。继续开拓所有市场和进行所有认证。

3. 第三年的经营

第三年年初在本地 P1、P2、P3 各投 3M、1M、3M 广告，区域 P1、P2、P3 各投 3M、1M、1M，国内 P1、P2、P3 各投 3M、1M、5M，共拿到订单 12P1、4P2、7P3。第一条手工、第四条半自动继续生产 P1，第五条全自动继续生产 P3，第六条柔性线第一季转产 P1，第二季转产 P2，之后一直生产 P2，第二条空线位置从第一季开始建全自动准备下年上线生产 P3。当年共生产下线 4P1、4P2、5P3，加上库存的 8P1、2P3，共计 12P1、4P2、7P3，正好全部卖出，年末无库存产品和原料。继续开拓所有市场和进行所有认证。第一季完成 P2 研发投资。成为国内市场老大。

4. 第四年的经营

第四年年初国内 P1、P2、P3 各投 1M，亚洲 P2、P3 分别投 2M、4M，ISO9000 投 1M，共拿到订单 3P1、8P2、7P3。第二季产品下线后卖掉第一条手工，同时在该位置从第二季开始建一条全自动，第二条（上年一季开建的全自动）上线生产 P3，第三条、第六条继续生产 P2，第五条继续生产 P3，第四季度 P1 下线后卖掉半自动。本年共下线 3P1、8P2、7P3，年初无库存，产品全部卖出，年末无库存原料。市场开拓和 ISO 认证完成最后投资。保持国内市场老大，夺得亚洲市场老大。

5. 第五年的经营

第五年年初区域 P3 投 2M 广告，ISO9000 投 1M，国内 P2、P3 各投 1M，ISO9000、ISO14000 各投 1M，亚洲 P2、P3 各投 1M，ISO9000 投 1M，共拿到订单 8P2、9P3。除第一条新建线在第二季建成上线生产 P3 外，其余生产线均无变化，继续维持生产。第二季在大厂房和小厂房空线位置建 5 条半自动用以加潜力分，第四季建成后即停产。购买小厂房。企业当年按订单生产排程，交单后所有生产线全部停产，企业当年共下线 8P2、9P3，全部卖出。年末无在制品，无产品库存，无原料库存。继续保持国内、亚洲市场老大。

思考题：

1. 请根据报表数据和主要经营描述编制 E 企业的生产采购计划和现金预算。

2. 试分析，E 组先研 P3、后研 P2 的做法有什么好处和坏处？

3. 你认为 E 组的经营有什么成功之处，还存在什么问题？如何进行改进？

4. 如果经营时间延长至第六年，试为 E 组编制第六年预算和报表。

任务六　F组实战数据及主要经营描述

一、F组综合管理费用明细表

表8-16　F组综合管理费用表（1~5年）

年份	管理费	广告费	设备维护	厂房租金	转产费	市场开拓	ISO认证	产品研发	其它	总计
1	4	11	2			4	2	8	2	33
2	4	21	4			3	2	6		40
3	4	12	4			2	1	1		24
4	4	14	4			1	1			24
5	4	7	4							15

二、F组利润表

表8-17　F组利润表（1~5年）

项目	1	2	3	4	5
销售收入	26	63	46	94	52
直接成本	10	30	22	42	22
毛利	16	33	24	52	30
综合费用	33	40	24	24	15
折旧前利润	−17	−7		28	15
折旧	2		13	8	5
息前利润	−19	−7	−13	20	10
财务收/支	4	6	12	13	16
额外收/支					
税前利润	−23	−13	−25	7	−6
所得税					
净利润	−23	−13	−25	7	−6

三、F 组资产负债表

表 8-18　F 组资产负债表（1~5 年）

资产						负债+权益					
流动资产	1	2	3	4	5	负债	1	2	3	4	5
现金	32	49	22	7	7	长期负债	40	60	40	40	40
应收		44	23	14		短期负债	40	80	80	60	60
在制品	4	12	12	13		应付款					
产成品	8	2	18	16	12	应缴税					
原材料						1 年期长贷			20	20	
流动合计	44	107	75	50	19	负债合计	80	160	140	100	100
固定资产						权益					
土地和建筑	40	40	40	40	70	股东资本	50	50	50	50	50
机器设备	3	43	30	22	17	利润留存	16	−7	−20	−45	−38
在建工程	36					年度利润	−23	−13	−25	7	−6
固定合计	79	83	70	62	87	权益小计	43	30	5	12	6
资产总计	123	190	145	112	106	负债权益总计	123	190	145	112	106

四、F 组主要经营描述

1. 第一年经营

第一年在本地 P1 投广告 11M，拿到 5P1 订单。第二季卖掉第一条手工线，第三季卖掉第三条手工线。第二条手工线和半自动线继续生产 P1。从第一季开始，每季投 6M 在第六条空线位置建设一条柔性线，将于第二年第一季建成，明年第二季准备上线产 P3。从第二季开始，每季投 4M 在第五条线位置建设一条全自动线用于生产 P3，将在第二年第二季建成。从第一季开始研发 P3，当年研发四季，明年还将研发一季。截至年末，企业当年共下线 6P1，原库存 3P1，卖出 5P1，库存 4P1。原材料按需订制，年末无库存原料。开拓所有市场，ISO 认证全部投资。

2. 第二年的经营

企业第二年初在本地 P1 投 7M，P3 投 6M，区域 P1 投 5M，P3 投 3M，共拿到 7P1、4P3 订单。第二年手工和半自动继续生产 P1，全自动第二季建成后上线生产 P3，柔性线第一季建成后先上线生产 P1，第二季 P1 下线后转产 P3，此后一直生产 P3。第二年第一季 P3 研发完成，从第一季开始研发 P2，本年共研发 4 季。截至当年年末，企业共下线 4P1、4P3，加上期初库存的 4P1，一共是 8P1、4P3，卖出 7P1、4P2 后库存 1P1。原料按需订制，年末无库存原料。第二年年末申请 40M 长贷（企业上年权益 43M，长贷拉满）。继续开拓所有市场，进行所有认证。

3. 第三年的经营

第三年年初在本地P1、P3分别投3M、2M广告，区域P3投3M广告，国内P3投4M，共拿到订单3P1、4P3。一手一半继续生产P1，一全一柔继续生产P3。第四季完成P2最后一季研发。本年共下线产品3P1、8P3，加上期初库存共计4P1、8P3，卖出3P1、4P3后库存1P1、4P3。原料按需订制，年末无库存原料。继续开拓所有市场和进行所有认证。

4. 第四年的经营

第四年年初本地投P1、P3广告1M、3M，区域P3投3M，ISO9000投1M，国内P1、P3各投1M、2M，亚洲P3投1M，ISO9000投1M，共拿到订单3P1、9P3。一柔一全继续生产P3，原有的半自动继续产P1，手工第四季P1下线后转产P2。本年共下线产品4P1、8P3，加上原库存的1P1、4P3，共计5P1、12P3，卖出3P1、9P3，库存2P1、3P3。原料按需订制，年末无库存原料。继续开拓国际市场和认证ISO14000。

5. 第五年的经营

第五年年初本地P1、P2、P3各投1M广告，区域P2、P3各投1M广告，国内P1投1M，亚洲P3投1M，共拿到订单4P1、2P2、2P3。考虑裁判将经营时间缩短至五年，企业当年生产以卖出为原则，生产排程交完所有订单后，所有生产线先后停产。其中，第二条P2下线后停产于第三季（上年第四季转产P2），第四条下线1P1后停产于第二季，第五条P3下线后停产于第一季，第六条第一季上线P1，第二季上线P2，P2下线后停产于第三季。企业当年共生产下线2P1、2P2、2P3，加上年初库存的2P1、3P3，共计4P1、2P2、5P3，卖出4P1、2P2、2P3，库存3P3。企业年末无在制品、无原料库存。

思考题：

1. 请根据报表数据和主要经营描述编制F企业的生产采购计划和现金预算。

2. 试分析，同样是先研P3、后研P2，F组为什么权益几乎跌到破产，而E组却排第一？

3. 你认为F组的经营存在哪些问题？如何进行改进？

4. 如果经营时间延长至第六年，试为F组编制第六年预算和报表，F组第六年只能破产吗？

任务七　各年广告竞单情况

在各组主要经营描述中已对每一年各组广告投放及拿单的总体情况做了说明，以下表格8-19至表8-23以表格形式将各年的广告费投放及拿单对比情况做列示。表格中，项目下的"广"指广告费，"额"指企业拿到订单的销售额，"数"指企业拿到的产品数量。9K代表ISO9000，14代表ISO14000。

表 8-19 第一年广告竞单情况

企业	项目	本地						区域						国内						亚洲						国际					
		P1	P2	P3	P4	9K	14	P1	P2	P3	P4	9K	14	P1	P2	P3	P4	9K	14	P1	P2	P3	P4	9K	14	P1	P2	P3	P4	9K	14
A	广	7																													
	额	11																													
	数	2																													
B	广	2																													
	额	6																													
	数	1																													
C	广	12																													
	额	36																													
	数	7																													
D	广	10																													
	额	22																													
	数	4																													
E	广	7																													
	额	16																													
	数	3																													
F	广	11																													
	额	26																													
	数	5																													

表 8-20　第一年广告竞单情况

企业	项目	本地 P1	P2	P3	P4	9K	14	区域 P1	P2	P3	P4	9K	14	国内 P1	P2	P3	P4	9K	14	亚洲 P1	P2	P3	P4	9K	14	国际 P1	P2	P3	P4	9K	14
A	广	7						4	8																						
	额	20						10	20																						
	数	4						2	3																						
B	广	1	2					2	6																						
	额	10	17																												
	数	2	3																												
C	广	1	1	1				1	1																						
	额	29	15	15					21																						
	数	6	2	2					3																						
D	广	5	1					3		1																					
	额	15						9		19																					
	数	3						2		2																					
E	广	1						2		3																					
	额	5																													
	数	1																													
F	广	7		6				5		8																					
	额	19		21				15																							
	数	4		3				3		1																					

表8-21 第一年广告竞单情况

企业	项目	本地						区域						国内						亚洲						国际					
		P1	P2	P3	P4	9K	14	P1	P2	P3	P4	9K	14	P1	P2	P3	P4	9K	14	P1	P2	P3	P4	9K	14	P1	P2	P3	P4	9K	14
A	广	2	4					1	1					2	3																
	额	10	24					14	31					6	17																
	数	2	3					3	4					1	2																
B	广	2	2					3	3																						
	额		18					10	23																						
	数		2					2	3																						
C	广	1	1	1										5	2	5															
	额	26	30	31										16		16															
	数	6	4	4										3		2															
D	广	4	5					1	3	1				3	3																
	额	15	23						17	16				15	31																
	数	3	3	3					2	2				3	4																
E	广	3	1	3				3	1	1				3	1	5															
	额	18	17	17				5	16	16				32		24															
	数	4	2	2				1	2	2				7		3															
F	广	3		2				1	2	3				3	3	4															
	额	14						3		32																					
	数	3								4																					

表 8-22 第一年广告竞单情况

企业	项目	本地 P1	本地 P2	本地 P3	本地 P4	本地 9K	本地 14	区域 P1	区域 P2	区域 P3	区域 P4	区域 9K	区域 14	国内 P1	国内 P2	国内 P3	国内 P4	国内 9K	国内 14	亚洲 P1	亚洲 P2	亚洲 P3	亚洲 P4	亚洲 9K	亚洲 14	国际 P1	国际 P2	国际 P3	国际 P4	国际 9K	国际 14
A	广		3					1	1	1					1					2	1										
A	额		29					15	36	24		1																			
A	数		3					3	5	3																					
B	广	1	1					1	2					2	1					1	1										
B	额	9	27					9	30					20	24					8	14										
B	数	2	3					2	4					5	3					2	2										
C	广		1	1								1										2									
C	额		25	33																											
C	数		3	4																											
D	广	3	3	3										2	2	3		1		3	1	3		1							
D	额	24	58	18										9	9	17				5											
D	数	6	7	2										2	1	2				1											
E	广									3				1	1	1					2	4		1							
E	额									27				13	39	24					21	35									
E	数									3				3	5	3					3	4									
F	广	1		3		1						1		1	2	2					1	1		1							
F	额	14		20												16						17									
F	数	3		2												2						2									

表8-23　第一年广告竞单情况

企业	项目	本P1	本P2	本P3	本P4	本9K	本14	区P1	区P2	区P3	区P4	区9K	区14	国P1	国P2	国P3	国P4	国9K	国14	亚P1	亚P2	亚P3	亚P4	亚9K	亚14	际P1	际P2	际P3	际P4	际9K	际14
A	广		2	2				1	1	1		1	1		1						1	1									
	额		31	17				10	24	27																					
	数		4	2				2	4	3																					
B	广		1					1	2						1					1	2					1	1				
	额		18					9	13						21												7				
	数		2					2	2						3												1				
C	广		2	2	1	1		2		1	1	1	1									1	1	1	1	2	2				
	额		25	18	18			12		19	27											19	28			23	20				
	数		3	2	2			3		2	3											2	3			4	3				
D	广		1	1		1		1		1					1			1	1			1				1	1				
	额		32	25				15		18					14																
	数		4	3				4		2					2																
E	广									2		1		1	1	1		1	1		1	1		1	1	1	1			1	
	额									18				9	27	26					25	35				13	14				
	数									2				2	4	3					4	4				2	2				
F	广		1	1				1	1	1												1									
	额		17					8		18																					
	数		2					2		2																					

思考题:

1. 如何在广告竞单中取胜?
2. 分析各企业广告费投放的策略,拟定或修正你的广告策略
3. 如何避免出现高广告费却拿单失败?

任务八 运营成绩评定

按照团队运营成绩评定规则,在第五年运行结束时,对六家企业进行运营成绩评定。

一、年末权益

表8-24 各企业第五年年末权益

企业	A	B	C	D	E	F
第五年权益	79	67	82	66	84	6

二、各企业第五年年末综合发展潜力数据

表8-25 各企业第五年综合发展潜力数据

企业\项目	A	B	C	D	E	F	综合发展潜力系数分值标准
大厂房	1	1	1	1	1	1	15分
小厂房	1		1	1	1	1	10分
手工生产线			4	4		1	5分/条
半自动生产线	3	4	1	1	5	1	10分/条
全自动/柔性线	4	2	5	5	5	2	15分/条
区域市场开发	1	1	1	1	1	1	10分
国内市场开发	1	1	1	1	1	1	15分
亚洲市场开发	1	1	1	1	1	1	20分
国际市场开发	1	1	1	1	1	1	25分
ISO9000	1	1	1	1	1	1	10分
ISO14000	1	1	1	1	1	1	10分
P2 产品开发	1	1	1	1	1	1	10分
P3 产品开发	1	1	1	1	1	1	10分
P4 产品开发		1					15分
本地市场地位		1					15分/第六年市场第一
区域市场地位	1						15分/第六年市场第一

续表

企业 项目	A	B	C	D	E	F	综合发展潜力系数分值标准
国内市场地位					1		15 分/第六年市场第一
亚洲市场地位					1		15 分/第六年市场第一
国际市场地位			1				15 分/第六年市场第一
高利贷次数		1	6	4	3	6	-4 分/ 20M

三、各企业第五年年末运营成绩及排名

1. 综合发展潜力分

根据表 8-25 计算各组综合潜力分结果如表 8-26：

表 8-26 各组第五年年末综合发展潜力分

企业	A	B	C	D	E	F
综合发展潜力分	240	195	285	240	290	180

2. 运营成绩及排名

运营成绩计算公式：

团队运营成绩=企业所有者权益 * （1+综合发展潜力分/100）-高利贷扣分

各企业运营成绩及排名如表 8-27：

表 8-27 运营成绩及最终排名

企业	E	C	A	D	B	F
运营成绩	315.6	291.7	268.6	208.4	193.65	-7.2
排名	1	2	3	4	5	6

思考题：

1. 假设 C 组与 E 组综合潜力分保持不变，E 组权益不变，C 组权益要增加到多少时最后运营成绩才能超过 E 组？

2. 假设 C 组与 E 组权益保持不变，E 组综合潜力分保持不变，C 组综合潜力分要增加到多少时最后运营成绩才能超过 E 组？

3. 从 1、2 的运算中分析权益与综合潜力分变动对最终运营成绩的决定作用。

模块小结

本模块是对 6 组手工沙盘模拟五年运营的一个实战案例呈现。对实战数据的分析和推演在沙盘学习中具有重要作用。通过对数据反复分析，企业团队可以从中学习到在理论学

习中难以学到的实战经验，可以从他人方案中获得启发，创新企业的经营方案。

沙盘课程是一门实践性极强的课程，在沙盘课程的学习中包含着大量的需要动手操作的环节，但经过学习应该意识到，沙盘课程要求得更多的是动脑，需要企业团队积极思考，通过集体智慧解决运营中的各种疑难问题。

沙盘模拟运营学习需要循序渐进，不可急于求成。要成为沙盘运营的高手，首先需要耐下心来认真研读分析沙盘运营规则，认真分析市场需求预测，把沙盘运营规则中所包含的每一项细则吃透，学会结合规则分析市场，学会从多个角度对市场进行解读，充分理解市场需求发展的变化趋势，并把顺应市场需求发展趋势变化作为方案制定的大方向。沙盘运营方案的制定是一个复杂而充满逻辑联系的问题，仅仅依靠口头的讨论和简单的推演无法制定出一个具有合理性、可行性的方案，它需要企业团队穷尽可能方案，对可能方案通过三年的预算编制去论证其可行性，以预算对方案做出比较，从而做出合理的方案选择。把方案拿到实际中去施行时，还需要在实践中对方案逐步调整，不断优化方案，使之能取得最理想的效果。而在运营的进程中，既要分析市场，又要分析对手，既要保证报表编制等基础性工作的正确性，又要保证企业发展选择的合理性。

附录　沙盘模拟表格资料

附录 1　企业运营记录表格

起　始　年

运营流程表

新年度规划会议				
参加订货会/登记销售订单				
制订新年度计划				
支付应付税				
季初现金盘点（请填余额）				
更新短期贷款/还本付息/申请短期贷款（高利贷）				
更新应付款/归还应付款				
原材料入库/更新原料订单				
下原料订单				
更新生产/完工入库				
投资新生产线/变卖生产线/生产线转产				
向其他企业购买原材料/出售原材料				
开始下一批生产				
更新应收款/应收款收现				
出售厂房				
向其他企业购买成品/出售成品				
按订单交货				
产品研发投资				
支付行政管理费				
其他现金收支情况登记				
支付利息/更新长期贷款/申请长期贷款				
支付设备维护费				
支付租金/购买厂房				
计提折旧				（　）
新市场开拓/ISO 资格认证投资				
结账				
现金收入合计				
现金支出合计				
期末现金对账（请填余额）				

订单登记表

订单号									合计
市场									
产品									
数量									
账期									
销售额									
成本									
毛利									
未售									

产品核算统计表

	P1	P2	P3	P4	合计
数量					
销售额					
成本					
毛利					

综合管理费用明细表

单位：百万

项 目	金 额	备 注
管理费		
广告费		
保养费		
租 金		
转产费		
市场准入开拓		□区域 □国内 □亚洲 □国际
ISO 资格认证		□ISO9000 □1SO14000
产品研发		P2（ ） P3（ ） P4（ ）
其 他		
合 计		

利润表

项 目	上 年 数	本 年 数
销售收入	35	
直接成本	12	
毛利	23	

续表

项　目	上 年 数	本 年 数
综合费用	11	
折旧前利润	12	
折旧	4	
支付利息前利润	8	
财务收入/支出	4	
其他收入/支出		
税前利润	4	
所得税	1	
净利润	3	

资产负债表

资　产	期初数	期末数	负债和所有者权益	期初数	期末数
流动资产：			负债：		
现金	20		长期负债	40	
应收款	15		短期负债		
在制品	8		应付账款		
成品	6		应交税金	1	
原料	3		一年内到期的长期负债		
流动资产合计	52		负债合计	41	
固定资产：			所有者权益：		
土地和建筑	40		股东资本	50	
机器与设备	13		利润留存	11	
在建工程			年度净利	3	
固定资产合计	53		所有者权益合计	64	
资产总计	105		负债和所有者权益总计	105	

第一年

运营流程表

新年度规划会议				
参加订货会/登记销售订单				
制订新年度计划				
支付应付税				
季初现金盘点（请填余额）				
更新短期贷款/还本付息/申请短期贷款（高利贷）				

续表

原材料入库/更新原料订单								
下原料订单	R1	R2	R1	R2	R1	R2	R1	R2
	R3	R4	R3	R4	R3	R4	R3	R4
更新生产/完工入库	P1	P2	P1	P2	P1	P2	P1	P2
	P3	P4	P3	P4	P3	P4	P3	P4
投资新生产线/变卖生产线/生产线转产								
开始下一批生产								
更新应收款/应收款收现								
出售厂房								
按订单交货								
产品研发投资								
支付行政管理费								
其他现金收支情况登记								
支付利息/更新长期贷款/申请长期贷款								
支付设备维护费								
支付租金/购买厂房								
计提折旧							( )	
新市场开拓/ISO资格认证投资								
结账								
现金收入合计								
现金支出合计								
期末现金对账（请填余额）								

现金预算表

	1	2	3	4
期初库存现金				
支付上年应交税				
市场广告投入				
贴现费用	( )	( )	( )	( ).
贴现收入				
利息（高利贷）				
支付到期高利贷				
利息（短期贷款）				
支付到期短期贷款				
申请高利贷				
申请短贷				

续表

	1	2	3	4
原料采购支付现金				
转产费用				
变卖生产线收入				
生产线投资				
工人工资（加工费）				
收到现金前的所有支出				
应收款到期				
产品研发投资				
支付管理费用				
利息（长期贷款）				
支付到期长期贷款				
申请长期贷款				
支付设备维护费				
租金（厂房）				
购买新建筑（厂房）				
市场开拓投资				
ISO 认证投资				
其他现金收支				
库存现金余额				

订单登记表

订单号										合计
市场										
产品										
数量										
账期										
销售额										
成本										
毛利										
未售										

产品核算统计表

	P1	P2	P3	P4	合计
数量					
销售额					
成本					
毛利					

综合管理费用明细表   单位：百万

项　目	金　额	备　注
管理费		
广告费		
保养费		
租　金		
转产费		
市场准入开拓		□区域　　□国内　　□亚洲　　□国际
ISO 资格认证		□ISO9000　　　□1SO14000
产品研发		P2（　　）　　P3（　　）　　P4（　　）
其　他		
合　计		

利　润　表

项　目	上　年　数	本　年　数
销售收入		
直接成本		
毛利		
综合费用		
折旧前利润		
折旧		
支付利息前利润		
财务支出		
税前利润		
所得税		
净利润		

资产负债表

资　产	期初数	期末数	负债和所有者权益	期初数	期末数
流动资产：			负债：		
现金			长期负债		
应收款			短期负债		
在制品			高利贷		
成品			应交税金		
原料			一年内到期的长期负债		
流动资产合计			负债合计		
固定资产：			所有者权益：		
土地和建筑			股东资本		
机器与设备			利润留存		
在建工程			年度净利		
固定资产合计			所有者权益合计		
资产总计			负债和所有者权益总计		

第二年

运营流程表

新年度规划会议									
参加订货会/登记销售订单									
制订新年度计划									
支付应付税									
季初现金盘点（请填余额）									
更新短期贷款/还本付息/申请短期贷款（高利贷）									
原材料入库/更新原料订单									
下原料订单	R1	R2	R1	R2	R1	R2	R1	R2	
	R3	R4	R3	R4	R3	R4	R3	R4	
更新生产/完工入库	P1	P2	P1	P2	P1	P2	P1	P2	
	P3	P4	P3	P4	P3	P4	P3	P4	
投资新生产线/变卖生产线/生产线转产									
开始下一批生产									
更新应收款/应收款收现									
出售厂房									
按订单交货									
产品研发投资									
支付行政管理费									

续表

其他现金收支情况登记				
支付利息/更新长期贷款/申请长期贷款				
支付设备维护费				
支付租金/购买厂房				
计提折旧				( )
新市场开拓/ISO 资格认证投资				
结账				
现金收入合计				
现金支出合计				
期末现金对账（请填余额）				

现金预算表

	1	2	3	4
期初库存现金				
支付上年应交税				
市场广告投入				
贴现费用	( )	( )	( )	( )
贴现收入				
利息（高利贷）				
支付到期高利贷				
利息（短期贷款）				
支付到期短期贷款				
申请高利贷				
申请短贷				
原料采购支付现金				
转产费用				
变卖生产线收入				
生产线投资				
工人工资（加工费）				
收到现金前的所有支出				
应收款到期				
产品研发投资				
支付管理费用				
利息（长期贷款）				
支付到期长期贷款				
申请长期贷款				

续表

支付设备维护费				
租金（厂房）				
购买新建筑（厂房）				
市场开拓投资				
ISO 认证投资				
其他现金收支				
库存现金余额				

订单登记表

订单号										合计
市场										
产品										
数量										
账期										
销售额										
成本										
毛利										
未售										

产品核算统计表

	P1	P2	P3	P4	合计
数量					
销售额					
成本					
毛利					

综合管理费用明细表

单位：百万

项　目	金　额	备　注
管理费		
广告费		
保养费		
租　金		
转产费		
市场准入开拓		□区域　□国内　□亚洲　□国际
ISO 资格认证		□ISO9000　□1SO14000

项　目	金　额	备　注
产品研发		P2（　　）　P3（　　）　P4（　　）
其　他		
合　计		

利润表

项　目	上　年　数	本　年　数
销售收入		
直接成本		
毛利		
综合费用		
折旧前利润		
折旧		
支付利息前利润		
财务支出		
税前利润		
所得税		
净利润		

资产负债表

资　产	期初数	期末数	负债和所有者权益	期初数	期末数
流动资产：			负债：		
现金			长期负债		
应收款			短期负债		
在制品			高利贷		
成品			应交税金		
原料			一年内到期的长期负债		
流动资产合计			负债合计		
固定资产：			所有者权益：		
土地和建筑			股东资本		
机器与设备			利润留存		
在建工程			年度净利		
固定资产合计			所有者权益合计		
资产总计			负债和所有者权益总计		

第三年

运营流程表

新年度规划会议									
参加订货会/登记销售订单									
制订新年度计划									
支付应付税									
季初现金盘点（请填余额）									
更新短期贷款/还本付息/申请短期贷款（高利贷）									
原材料入库/更新原料订单									
下原料订单	R1	R2	R1	R2	R1	R2	R1	R2	
	R3	R4	R3	R4	R3	R4	R3	R4	
更新生产/完工入库	P1	P2	P1	P2	P1	P2	P1	P2	
	P3	P4	P3	P4	P3	P4	P3	P4	
投资新生产线/变卖生产线/生产线转产									
开始下一批生产									
更新应收款/应收款收现									
出售厂房									
按订单交货									
产品研发投资									
支付行政管理费									
其他现金收支情况登记									
支付利息/更新长期贷款/申请长期贷款									
支付设备维护费									
支付租金/购买厂房									
计提折旧								( )	
新市场开拓/ISO 资格认证投资									
结账									
现金收入合计									
现金支出合计									
期末现金对账（请填余额）									

现金预算表

	1	2	3	4
期初库存现金				
支付上年应交税				
市场广告投入				
贴现费用	( )	( )	( )	( )

续表

	1	2	3	4
贴现收入				
利息（高利贷）				
支付到期高利贷				
利息（短期贷款）				
支付到期短期贷款				
申请高利贷				
申请短贷				
原料采购支付现金				
转产费用				
变卖生产线收入				
生产线投资				
工人工资（加工费）				
收到现金前的所有支出				
应收款到期				
产品研发投资				
支付管理费用				
利息（长期贷款）				
支付到期长期贷款				
申请长期贷款				
支付设备维护费				
租金（厂房）				
购买新建筑（厂房）				
市场开拓投资				
ISO 认证投资				
其他现金收支				
库存现金余额				

订单登记表

订单号									合计
市场									
产品									
数量									
账期									
销售额									
成本									
毛利									
未售									

产品核算统计表

	P1	P2	P3	P4	合计
数量					
销售额					
成本					
毛利					

综合管理费用明细表 　　　　　单位：百万

项 目	金 额	备 注
管理费		
广告费		
保养费		
租 金		
转产费		
市场准入开拓		□区域 　□国内 　□亚洲 　□国际
ISO 资格认证		□ISO9000 　　□1SO14000
产品研发		P2（ 　） 　P3（ 　） 　P4（ 　）
其 他		
合 计		

利润表

项 目	上 年 数	本 年 数
销售收入		
直接成本		
毛利		
综合费用		
折旧前利润		
折旧		
支付利息前利润		
财务支出		
税前利润		
所得税		
净利润		

资产负债表

资　产	期初数	期末数	负债和所有者权益	期初数	期末数
流动资产：			负债：		
现金			长期负债		
应收款			短期负债		
在制品			高利贷		
成品			应交税金		
原料			一年内到期的长期负债		
流动资产合计			负债合计		
固定资产：			所有者权益：		
土地和建筑			股东资本		
机器与设备			利润留存		
在建工程			年度净利		
固定资产合计			所有者权益合计		
资产总计			负债和所有者权益总计		

第四年

运营流程表

新年度规划会议								
参加订货会/登记销售订单								
制订新年度计划								
支付应付税								
季初现金盘点（请填余额）								
更新短期贷款/还本付息/申请短期贷款（高利贷）								
原材料入库/更新原料订单								
下原料订单	R1	R2	R1	R2	R1	R2	R1	R2
	R3	R4	R3	R4	R3	R4	R3	R4
更新生产/完工入库	P1	P2	P1	P2	P1	P2	P1	P2
	P3	P4	P3	P4	P3	P4	P3	P4
投资新生产线/变卖生产线/生产线转产								
开始下一批生产								
更新应收款/应收款收现								
出售厂房								
按订单交货								
产品研发投资								
支付行政管理费								

续表

其他现金收支情况登记				
支付利息/更新长期贷款/申请长期贷款				
支付设备维护费				
支付租金/购买厂房				
计提折旧				（　）
新市场开拓/ISO 资格认证投资				
结账				
现金收入合计				
现金支出合计				
期末现金对账（请填余额）				

现金预算表

	1	2	3	4
期初库存现金				
支付上年应交税				
市场广告投入				
贴现费用	（　）	（　）	（　）	（　）
贴现收入				
利息（高利贷）				
支付到期高利贷				
利息（短期贷款）				
支付到期短期贷款				
申请高利贷				
申请短贷				
原料采购支付现金				
转产费用				
变卖生产线收入				
生产线投资				
工人工资（加工费）				
收到现金前的所有支出				
应收款到期				
产品研发投资				
支付管理费用				
利息（长期贷款）				
支付到期长期贷款				
申请长期贷款				

续表

	1	2	3	4
支付设备维护费				
租金（厂房）				
购买新建筑（厂房）				
市场开拓投资				
ISO 认证投资				
其他现金收支				
库存现金余额				

订单登记表

订单号										合计
市场										
产品										
数量										
账期										
销售额										
成本										
毛利										
未售										

产品核算统计表

	P1	P2	P3	P4	合计
数量					
销售额					
成本					
毛利					

综合管理费用明细表

单位：百万

项　目	金　额	备　注
管理费		
广告费		
保养费		
租　金		
转产费		
市场准入开拓		□区域　□国内　□亚洲　□国际

项　目	金　额	备　注
ISO 资格认证		□ISO9000　□1SO14000
产品研发		P2（　　）　P3（　　）　P4（　　）
其　他		
合　计		

利润表

项　目	上 年 数	本 年 数
销售收入		
直接成本		
毛利		
综合费用		
折旧前利润		
折旧		
支付利息前利润		
财务支出		
税前利润		
所得税		
净利润		

资产负债表

资　产	期初数	期末数	负债和所有者权益	期初数	期末数
流动资产：			负债：		
现金			长期负债		
应收款			短期负债		
在制品			高利贷		
成品			应交税金		
原料			一年内到期的长期负债		
流动资产合计			负债合计		
固定资产：			所有者权益：		
土地和建筑			股东资本		
机器与设备			利润留存		
在建工程			年度净利		
固定资产合计			所有者权益合计		
资产总计			负债和所有者权益总计		

第五年

运营流程表

新年度规划会议									
参加订货会/登记销售订单									
制订新年度计划									
支付应付税									
季初现金盘点（请填余额）									
更新短期贷款/还本付息/申请短期贷款（高利贷）									
原材料入库/更新原料订单									
下原料订单	R1	R2	R1	R2	R1	R2	R1	R2	
	R3	R4	R3	R4	R3	R4	R3	R4	
更新生产/完工入库	P1	P2	P1	P2	P1	P2	P1	P2	
	P3	P4	P3	P4	P3	P4	P3	P4	
投资新生产线/变卖生产线/生产线转产									
开始下一批生产									
更新应收款/应收款收现									
出售厂房									
按订单交货									
产品研发投资									
支付行政管理费									
其他现金收支情况登记									
支付利息/更新长期贷款/申请长期贷款									
支付设备维护费									
支付租金/购买厂房									
计提折旧									（ ）
新市场开拓/ISO 资格认证投资									
结账									
现金收入合计									
现金支出合计									
期末现金对账（请填余额）									

现金预算表

	1	2	3	4
期初库存现金				
支付上年应交税				
市场广告投入				
贴现费用	（ ）	（ ）	（ ）	（ ）

续表

	1	2	3	4
贴现收入				
利息（高利贷）				
支付到期高利贷				
利息（短期贷款）				
支付到期短期贷款				
申请高利贷				
申请短贷				
原料采购支付现金				
转产费用				
变卖生产线收入				
生产线投资				
工人工资（加工费）				
收到现金前的所有支出				
应收款到期				
产品研发投资				
支付管理费用				
利息（长期贷款）				
支付到期长期贷款				
申请长期贷款				
支付设备维护费				
租金（厂房）				
购买新建筑（厂房）				
市场开拓投资				
ISO 认证投资				
其他现金收支				
库存现金余额				

订单登记表

订单号										合计
市场										
产品										
数量										
账期										
销售额										
成本										
毛利										
未售										

产品核算统计表

	P1	P2	P3	P4	合计
数量					
销售额					
成本					
毛利					

综合管理费用明细表　　　　　　　　　　　　　　　　　单位：百万

项　目	金　额	备　注
管理费		
广告费		
保养费		
租　金		
转产费		
市场准入开拓		□区域　□国内　□亚洲　□国际
ISO 资格认证		□ISO9000　　□ISO14000
产品研发		P2（　　）　P3（　　）　P4（　　）
其　他		
合　计		

利润表

项　目	上 年 数	本 年 数
销售收入		
直接成本		
毛利		
综合费用		
折旧前利润		
折旧		
支付利息前利润		
财务支出		
税前利润		
所得税		
净利润		

资产负债表

资　产	期初数	期末数	负债和所有者权益	期初数	期末数
流动资产：			负债：		
现金			长期负债		
应收款			短期负债		
在制品			高利贷		
成品			应交税金		
原料			一年内到期的长期负债		
流动资产合计			负债合计		
固定资产：			所有者权益：		
土地和建筑			股东资本		
机器与设备			利润留存		
在建工程			年度净利		
固定资产合计			所有者权益合计		
资产总计			负债和所有者权益总计		

第六年

运营流程表

新年度规划会议								
参加订货会/登记销售订单								
制订新年度计划								
支付应付税								
季初现金盘点（请填余额）								
更新短期贷款/还本付息/申请短期贷款（高利贷）								
原材料入库/更新原料订单								
下原料订单	R1	R2	R1	R2	R1	R2	R1	R2
	R3	R4	R3	R4	R3	R4	R3	R4
更新生产/完工入库	P1	P2	P1	P2	P1	P2	P1	P2
	P3	P4	P3	P4	P3	P4	P3	P4
投资新生产线/变卖生产线/生产线转产								
开始下一批生产								
更新应收款/应收款收现								
出售厂房								
按订单交货								
产品研发投资								
支付行政管理费								

续表

新年度规划会议				
其他现金收支情况登记				
支付利息/更新长期贷款/申请长期贷款				
支付设备维护费				
支付租金/购买厂房				
计提折旧				( )
新市场开拓/ISO资格认证投资				
结账				
现金收入合计				
现金支出合计				
期末现金对账（请填余额）				

现金预算表

	1	2	3	4
期初库存现金				
支付上年应交税				
市场广告投入				
贴现费用	( )	( )	( )	( )
贴现收入				
利息（高利贷）				
支付到期高利贷				
利息（短期贷款）				
支付到期短期贷款				
申请高利贷				
申请短贷				
原料采购支付现金				
转产费用				
变卖生产线收入				
生产线投资				
工人工资（加工费）				
收到现金前的所有支出				
应收款到期				
产品研发投资				
支付管理费用				
利息（长期贷款）				
支付到期长期贷款				

续表

	1	2	3	4
申请长期贷款				
支付设备维护费				
租金（厂房）				
购买新建筑（厂房）				
市场开拓投资				
ISO 认证投资				
其他现金收支				
库存现金余额				

订单登记表

订单号											合计
市场											
产品											
数量											
账期											
销售额											
成本											
毛利											
未售											

产品核算统计表

	P1	P2	P3	P4	合计
数量					
销售额					
成本					
毛利					

综合管理费用明细表

单位：百万

项　目	金　额	备　注
管理费		
广告费		
保养费		
租　金		
转产费		

续表

项　目	金　额	备　注
市场准入开拓		□区域　□国内　□亚洲　□国际
ISO 资格认证		□ISO9000　□1SO14000
产品研发		P2（　　）　P3（　　）　P4（　　）
其　他		
合　计		

利润表

项　目	上 年 数	本 年 数
销售收入		
直接成本		
毛利		
综合费用		
折旧前利润		
折旧		
支付利息前利润		
财务支出		
税前利润		
所得税		
净利润		

资产负债表

资　产	期初数	期末数	负债和所有者权益	期初数	期末数
流动资产：			负债：		
现金			长期负债		
应收款			短期负债		
在制品			高利贷		
成品			应交税金		
原料			一年内到期的长期负债		
流动资产合计			负债合计		
固定资产：			所有者权益：		
土地和建筑			股东资本		
机器与设备			利润留存		
在建工程			年度净利		
固定资产合计			所有者权益合计		
资产总计			负债和所有者权益总计		

附录2　生产计划及采购计划一（1~3年）

生产线		第1年				第2年				第3年			
		一季度	二季度	三季度	四季度	一季度	二季度	三季度	四季度	一季度	二季度	三季度	四季度
1	产品												
	材料												
2	产品												
	材料												
3	产品												
	材料												
4	产品												
	材料												
5	产品												
	材料												
6	产品												
	材料												
7	产品												
	材料												
8	产品												
	材料												
合计	产品												
	材料												

附录2　生产计划及采购计划一（4~6年）

生产线		第4年				第5年				第6年			
		一季度	二季度	三季度	四季度	一季度	二季度	三季度	四季度	一季度	二季度	三季度	四季度
1	产品												
	材料												
2	产品												
	材料												
3	产品												
	材料												
4	产品												
	材料												
5	产品												
	材料												

续表

生产线		第4年				第5年				第6年			
		一季度	二季度	三季度	四季度	一季度	二季度	三季度	四季度	一季度	二季度	三季度	四季度
6	产品												
	材料												
7	产品												
	材料												
8	产品												
	材料												
合计	产品												
	材料												

附录3　开工计划

产品	第1年				第2年				第3年			
	一季度	二季度	三季度	四季度	一季度	二季度	三季度	四季度	一季度	二季度	三季度	四季度
P1												
P2												
P3												
P4												
人工付款												

产品	第4年				第5年				第6年			
	一季度	二季度	三季度	四季度	一季度	二季度	三季度	四季度	一季度	二季度	三季度	四季度
P1												
P2												
P3												
P4												
人工付款												

产品	第7年				第8年				第9年			
	一季度	二季度	三季度	四季度	一季度	二季度	三季度	四季度	一季度	二季度	三季度	四季度
P1												
P2												
P3												
P4												
人工付款												

附录4　采购及材料付款计划

产品	第1年				第2年				第3年			
	一季度	二季度	三季度	四季度	一季度	二季度	三季度	四季度	一季度	二季度	三季度	四季度
R1												
R2												
R3												
R4												
材料付款												

产品	第4年				第5年				第6年			
	一季度	二季度	三季度	四季度	一季度	二季度	三季度	四季度	一季度	二季度	三季度	四季度
R1												
R2												
R3												
R4												
材料付款												

产品	第7年				第8年				第9年			
	一季度	二季度	三季度	四季度	一季度	二季度	三季度	四季度	一季度	二季度	三季度	四季度
R1												
R2												
R3												
R4												
材料付款												

附录5　生产采购计划二（1~3年）

产线	类型	年初状态	第一年				第二年				第三年			
			1Q	2Q	3Q	4Q	1Q	2Q	3Q	4Q	1Q	2Q	3Q	4Q
线1	手	2												
线2	手	3												
线3	手	1												
线4	半	1												

续表

产线	类型	年初状态	第一年				第二年				第三年			
			1Q	2Q	3Q	4Q	1Q	2Q	3Q	4Q	1Q	2Q	3Q	4Q
线 5														
线 6														
线 7														
线 8														
线 9														
线 10														
原料	当期消耗													
	当期订单													

附录 5 生产采购计划二 (4~6 年)

产线	类型	年初状态	第四年				第五年				第六年			
			1Q	2Q	3Q	4Q	1Q	2Q	3Q	4Q	1Q	2Q	3Q	4Q
线 1														
线 2														
线 3														
线 4														
线 5														
线 6														
线 7														
线 8														

产线	类型	年初状态	第四年				第五年				第六年			
			1Q	2Q	3Q	4Q	1Q	2Q	3Q	4Q	1Q	2Q	3Q	4Q
线9														
线10														
原料	当期消耗													
	当期订单													

附录：ITMC 企业经营模拟沙盘运营

ITMC 沙盘运营规则

筹码

共 5 种颜色，分别代表：

蓝币 现金（应收款+厂房设备价值+ ISO+研发+市场开拓）

红币 原材料 R1

绿币 原材料 R2

灰币 原材料 R3

黄币 原材料 R4

空桶+红、绿、灰、黄 相应原料的原材料订单

空桶 负债（应付款+短贷+长贷+高利贷+应交税）

（注：20 倍数为空桶，不足 20 为空桶套兰币）

产品和市场

产品：P1、P2、P3、P4

产品 BOM：P1- R1、P2- R1+ R2、P3- 2R2+ R3、P4-R2+ R3+2 R4

市场：本地、区域、国内、亚洲、国际

规则：企业目前只从事 P1 在本地的生产销售

1、研发：P2、P3、P4 只有在研发结束后才可以进行生产，并有资格获得相应订单

2、市场：区域、国内、亚洲、国际只有在市场开拓结束后才有资格获得相应订单

（开拓可以同时进行，但须注意现金流，不可以中断，不可以加速。）

广告和竞标

广告投放单

规则：必须在规定时间内交出广告投放单，否则予以 3M 的现金惩罚

年度	市场类别	P1	P2	P3	P4
第一年	本地				
	区域				
	国内				
	亚洲				
	国际				

竞标规则：

1. 第一年：按照市场投入金额排名

2. 第二年起，按照以下顺序进行

①上一年度销售量最大者首先挑选该市场该产品的订单

②在当前市场，按照该项产品的广告投放量从高到低依次挑选订单

③如果两组本年该市场该产品广告投入相同时，根据上一年该市场该产品销售量决定先后顺序

④如果两组上一年该市场该产品销售量也相同时，按照当前市场上全部产品广告投放量从高到低依次挑选订单

3. 特殊要求

①某产品已经进入的某市场，以后每年最少投入 1M 以维持市场（市场维护费），否则视为放弃市场，隔年若想接该市场订单，需重新开拓市场。

②具备 ISO 认证后才可以获得有相应标记的订单

厂房

厂房	购价	租金	售价	容量
A	32M	4M/年	32M（4Q）	4 条生产线
B	24M	3M/年	24M（4Q）	3 条生产线
C	12M	2M/年	12M（4Q）	1 条生产线

1. 购买：年末进行，购买厂房后将购买现金放在相应的厂房价值处

2. 租赁：年末进行，租赁厂房应在每年末支付租金

3. 出售：每季度都可以，出售后将出售价放在 4Q 的应收账款处

4. 折旧：厂房不提折旧

生产线

生产线	购买价格	安装周期	生产周期	转产周期	转产费用	维护费用	出售残值
手工线	5M	0Q	3Q	无	无	1M/年	1M
半自动	8M	2Q	2Q	1Q	1M	1M/年	2M
全自动	16M	4Q	1Q	2Q	4M	1M/年	4M
柔性线	24M	4Q	1Q	无	无	1M/年	6M

1. 购买、安装：新生产线在购买时按照安装周期平均支付购买价格，全部支付完毕后才可以投入使用，生产线投资在每季度平均投入，可以中断，但不能加速。

2. 转产：所有生产线都可以生产所有产品，但是半自动线和全自动线在转产时需要一定的转产周期，并支付相应的转产费用，手工线和柔性线无此限制。注意：当生产线上有在制品时不能转产。

3. 维修费：当年投入使用的生产线每条支付 1M 的维修费，当年售出的生产线不支付维修费，当年建成新生产线且未投入使用不支付维修费用，生产线使用一年后维修费用见

上表。

4. 出售：按照相应的出售残值从生产线价值中扣除，并放入现金中，差值记折旧。

生产

产品	手工线加工费	半自动线加工费	全自动线/柔性线加工费
P1	1M	1M	1M
P2	2M	1M	1M
P3	3M	2M	1M
P4	4M	2M	1M

1. 生产进度：手工线为3个期间，半自动线为2个期间、全自动线和柔性线都为1个期间。每条生产线在同一时刻只能生产一个产品

2. 加工费：在原料上线时便按照如上表格支付相应的加工费

原料

原料采购	账期
<=5个	现金
6—10个	1Q
11—15个	2Q
16—20个	3Q
>=20个	4Q

原料采购价格	账期
R1—1M	1 Q
R2—1M	1 Q
R3—1M	2 Q
R4—1M	2 Q

1. 采购提前期：R1：1Q, R2：1Q, R3：2Q, R4：2Q

2. 批量采购：按照表中设定应付款

3. 原料变卖：变卖给老师，按照原值1/2处理；组与组之间价格可以协商进行

产品研发

产品	P2	P3	P4
研发时间	6Q	6Q	6Q
研发投资	6M（1M/Q）	12M（2M/Q）	18M（3M/Q）

1. 资格：P2、P3、P4只有在研发结束后才可以开始生产，并有资格获得相应销售订单

2. 时间：可以随时中断或终止，但不可以加速进行

3. 转让：产品研发结束后可以转让，转让价格不低于相应研发费用

ISO 认证

质量认证	ISO9000	ISO14000
认证时间	2 年	4 年
所需投资	2M（1M/Y）	4M（1M/Y）

1. 资格：只有 ISO 认证在结束后才有资格获得相应销售订单

2. 时间：可以随时中断或终止，但不可以加速进行

行政管理费

每季度 1M

贷款

1. 总金额：

①长期贷款+短期贷款≤年初所有者权益×2

②高利贷与贷款银行协商进行，没有额度限制

2. 利率、期限及利息、本金支付方式：

①短期贷款：利率 5%，到期还本+利息，期限为 4 个季度

②长期贷款：利率 10%，每年度末支付利息，到期还本+利息，期限 6 年

③高利贷：利率 15%，到期还本+利息，期限为 4 个季度

贴现

未到期的应收款可以随时向银行贴现，不论应收款期限长短，贴现比率统一为 1/7，即每贴现 7M，只能获得 6M 现金

交货

1. 普通订单：按照订单约定时间交货

2. 加急订单：当年的第一季度必须交货

3. 逾期交货：按照 75% 结算货款，并且必须在所有的逾期订单交完货后才可以交其他订单

折旧

1. 范围：自己拥有并投入使用的生产线都要提取折旧，厂房、土地、未投入使用的生产线不提取折旧

2. 计算方法：生产线的年初净值×1/3，不计算小数部分，折旧最少为 1M，按单条生产线折旧。

3. 说明：生产线的年初净值，也即当年增加的固定资产不提取折旧，当年便买的固定资产减少部分计提折旧。

所得税

1. 比率：33%

2. 计算方法：损益表中的利润总额×33%，不计算小数部分

3. 亏损的处理：

①当年亏损（损益表中的利润总额＜0），当年不计算所得税

②以前年度亏损，当年赢利的，按照弥补以前年度亏损后的余额计算所得税

实训内容

初始化设置（每组初始状态都是相同的）：

1. 盘面摆放

现金26M；应收款8M，其中：2Q、3Q各4M；在制品：6M，其中生产线1的第一期间、生产线3的第三期间、生产线4的第二期间各有一个在制品；产成品：6M（P1：3个）；原材料：2M（R1：2个）；原料订单：R1：2个；拥有厂房A，价值40M；机器和设备现有价值12M；短期贷款：26M，其中：3Q，4Q各13M；应交税金3M

2. 财务报表

损益表　　　　　　　　　　　　　　　　　　单位：百万

项目	去年
一、主营业务收入	36
减：主营业务成本	14
二、主营业务利润（亏损以"－"填列）	22
加：其他业务收入	
减：其他业务支出	
综合费用	16
三、营业利润（亏损以"－"填列）	6
加：营业外收入	
减：营业外支出	
四、利润总额（亏损以"－"填列）	6
减：所得税	2
五、净利润（亏损以"－"填列）	4

资产负债表　　　　　　　　　　　　　　　　单位：百万

资产	年初数	负债及所有者权益	年初数
流动资产：		负债：	
现金	20	短期负债	40
应收账款	18	应付账款	
原材料	4	应交税金	2
产成品	8	长期负债	
在制品	8		
流动资产合计	58	负债合计	42
固定资产：		所有者权益：	

续表

资产	年初数	负债及所有者权益	年初数
土地建筑净值	32	股东资本	45
机器设备净值	10	以前年度利润	9
在建工程		当年净利润	4
固定资产合计	42	所有者权益合计	58
资产总计	100	负债及所有者权益总计	100

第　年（本年在教师带领下进行）

任务清单（该步任务完成请标记√，该步不需进行请标记×）

年初：

支付应交所得税　　　　　　□

支付广告费　　　　　　　　□

登记销售订单　　　　　　　□

每个季度：	一季度	二季度	三季度	四季度
短贷还本付息	□	□	□	□
更新短期贷款	□	□	□	□
申请短期贷款	□	□	□	□
归还应付款	□	□	□	□
更新应付款	□	□	□	□
原料入库	□	□	□	□
更新原料订单	□	□	□	□
下原料订单	□	□	□	□
完工入库	□	□	□	□
更新生产	□	□	□	□
投资新生产线	□	□	□	□
生产线转产	□	□	□	□
变卖生产线	□	□	□	□
开始下一批生产	□	□	□	□
产品研发投资	□	□	□	□
应收款收现	□	□	□	□
更新应收款	□	□	□	□
按订单交货	□	□	□	□
支付行政管理费用	□	□	□	□

年末：

长贷还本付息　　　　　　　　　　　　　　　　　　　□

更新长期贷款　　　　　　　　　　　　　　　　　　　□

申请长期贷款	☐
支付设备维修费	☐
支付租金	☐
计提设备折旧	☐
购买租赁出售厂房	☐
新市场开拓投资	☐
ISO 资格认证投资	☐
关账（计算所得税）	☐

第　年销售订单

序号						合计
市场						
产品名称						
账期						
交货期						
单价						
订单数量						
订单销售额						
成本						
毛利						

第　年的现金收支明细表

项目	1	2	3	4
期初余额				
应收款到期				
变卖生产线				
变卖原料				
变卖厂房				
短期贷款				
高利贷贷款				
长期贷款				
收入总计				
支付上年应交税				
广告费				
贴现费用				
归还短贷及利息				
归还高利贷及利息				
原料采购支付现金				

续表

项目	1	2	3	4
成品采购支付现金				
转产费				
生产线投资				
加工费用				
产品研发				
行政管理费				
长期贷款及利息				
维修费				
租金				
购买新建筑				
市场开拓投资				
ISO 认证投资				
其他				
支出总计				
期末余额				

第　年的财务报表

综合费用明细表

单位：百万

项目	广告费	转产费	产品研发	行政管理	维修费	租金	市场开拓	ISO 认证	利息	折旧	合计
金额											

损益表

单位：百万

项目	去年	今年
一、主营业务收入		
减：主营业务成本		
二、主营业务利润（亏损以"-"填列）		
加：其他业务收入		
减：其他业务支出		
综合费用		
三、营业利润（亏损以"-"填列）		
加：营业外收入		
减：营业外支出		
四、利润总额（亏损以"-"填列）		
减：所得税		
五、净利润（亏损以"-"填列）		

资产负债表   单位：百万

资产	年初数	期末数	负债及所有者权益	年初数	期末数
流动资产：			负债：		
现金			短期负债		
应收账款			应付账款		
原材料			应交税金		
产成品			长期负债		
在制品					
流动资产合计			负债合计		
固定资产：			所有者权益：		
土地建筑净值			股东资本		
机器设备净值			以前年度利润		
在建工程			当年净利润		
固定资产合计			所有者权益合计		
资产总计			负债及所有者权益总计		

主要参考文献

［1］夏远强，叶剑明．企业管理 ERP 沙盘模拟教程 ［M］．北京：电子工业出版社，2007.

［2］路晓辉，陈晓梅．沙盘模拟原理及量化剖析 ［M］．北京：化学工业出版社，2009.

［3］何晓岚．ERP 沙盘模拟实用教程（实物+电子）［M］．北京：北京航空航天大学出版社，2010.

［4］陆清华．ERP 原理与实践 ［M］．北京：北京理工大学出版社，2011.

［5］张堃．工商管理专业知识与实务 ［M］．北京：中国人事出版社，2012.

［6］陈冰．ERP 沙盘实战（第三版）［M］北京：经济科学出版社，2013.

［7］王小燕，等．ERP 企业经营电子沙盘模拟实验 ［M］．北京：中国人民大学出版社，2014.